三　聯　書　店　（　香　港　）　有　限　公　司

U0103366

現代伊斯蘭復興運動

■　張　銘　著　■

責任編輯　陳翠玲
封面設計　彭若東

書　　名　現代伊斯蘭復興運動
著　　者　張　銘
出版發行　三聯書店（香港）有限公司
　　　　　香港域多利皇后街九號
　　　　　JOINT PUBLISHING (H.K.) CO., LTD.
　　　　　9 Queen Victoria Street, Hong Kong
印　　刷　陽光印刷製本廠
　　　　　香港柴灣安業街三號七樓
版　　次　2002年1月香港第一版第一次印刷
規　　格　大32開（133×210mm）336面
國際書號　ISBN 962·04·2102·7
　　　　　本書原由中國社會科學出版社以書名
　　　　　《現代化視野中的伊斯蘭復興運動》出版，
　　　　　經由原出版者授權本公司在香港地區出版發行。

目　錄

序

　　說起對伊斯蘭復興運動的興趣，也許源於自己對於現代化多元發展模式的研究興趣。作爲我們這一代早已步入中年的人來說，中華民族在現代化道路上的坎坷曲折經歷始終像一塊石頭壓在心上。百多年的追求和嚮往，百多年的磨難和憂傷，總使人不能不感到現代化對於我們這樣一個古老的東方社會來說顯得那麼的遙遠和飄渺。朦朧之中，你似乎拽住了它的衣角，但醒來才發現是一個夢。無數的奮鬥、無數的犧牲，似乎總塡不平那將我們和它隔絕開來的溝壑。我們轉了好幾個圈子，否定了又否定，但到頭來發現每一次總是回到原地，面對我們前人所無法克服的那些老問題。痛定思痛，我們才深深地體悟到，現代化的挫折，對我們來說的確不是什麼一時一事上的策略失誤問題。

　　是不是歷史對中華民族這個“罪孽深重”的“黃色文明”特別嚴苛？帶着這樣的一個問題，我們考察了世界現代化的歷史進程。結果發現不然。世界上幾乎所有的那些古老文明在邁向自己的現代化道路時都似乎顯得極爲沉重：從歐洲文化之都法蘭西大革命的狂暴，到夾在東西方文化之間的俄羅斯變革的煩惱；從拉丁美洲通向民主道路的周折，到今天伊斯蘭世界普遍表現出來的絕望，都在反復地說明這一點。有人認爲，這也許是一種文化的宿命，現代化對這些文明來說本該經歷如此磨難。

然而，如果這些民族真的因自己的社會文化結構而"本該如此"的話，那麼我們又怎麼去面對像土耳其凱末爾改革成功的案例呢？但如果"不該如此"的話，那我們為什麼又在那麼多的成功經驗引導下還是一遍一遍地走不出自己的誤區呢？我們在這裡遇到了一個帶有兩難性質的"悖論"。

　　正是這個兩難性的悖論使我們對迄今為止人們的建立在啟蒙理性基礎上的各種現代化解釋框架產生懷疑。這也就是說人們在解釋那些現代化成功經驗時很可能發生了"誤讀"現象：真正導致成功的原因還未被人們認識，而人們所認識的充其量只是一種附會。古老的傳統文化按照這種誤讀去追求自己的現代化，也許正好走上一條對自己來說是最為艱難、最為曲折的道路。

　　在這樣一種思路下去觀照世界的現代化歷史進程，你就會發現，幾乎所有的現代化重大受挫事件，不管發生在過去還是現在，都成了一種歷史哲學所謂的"同時代現象"。儘管我們的現代化受挫和其他文化、民族的現代化受挫有着不同的時代背景、不同的社會經濟政治結構等方面的重大差異，但我們面臨的挑戰和經受的苦難在性質上卻沒有什麼很大的不同，我們所需要解決的實際上是一個相當類似的時代大課題。

　　這樣你就會看到，伊斯蘭復興運動不再是一個離我們很遙遠，與我們今天的現代化探索毫不相干的問題了。伊斯蘭復興運動尤其是其中的原教旨主義者在國內、國際社會中所表現出來的那種虔誠、狂熱、捨身和忘我的改造社會、改造世界的精神，對有些人來講，也許是不可思議。但對我們這個經歷過義和團、經歷過解放、經歷過"文革"的民族來說，總有一種似曾相識燕歸來的感覺。每當你面對這一類社會結構性大震盪時，你心頭總會升騰起一種悲涼的感覺。它們之所以生活在一種虛幻的自慰之中，把一場後衛戰當作前衛戰來打，完全是因為現代化對社會結構的破壞已經達到了這樣一種程度：不通過一場自毀式的道德理想革命，社會就無法求得自己的生存。

當然，以伊斯蘭復興運動為象徵的這一類歷史事件，並非像有些人們所認為的那樣，是完全的非理性社會運動。實際上，它將一個苦難的、全面失範的社會拉離了夢魘，使之在極度混亂之時能迷途知返，較快地回到自己所熟悉的運行軌道上。它為人們重建了一個對社會來說是必須的"精神家園"，恢復了社會的秩序和穩定。它在這些方面表現出一個社會在大難臨頭時自我修復的"大智慧"。

然而，所有這些都不值得我們去歌功頌德。雖然它以自己可歌可泣的勇氣和精神喚回了一個民族失去的靈魂，但它畢竟是以一個民族、一種文化的深重苦難作為前提，以回到前現代為代價的。

作為一種失敗的現代化模式，留給我們的最重要教訓莫過於如何去防止自己重蹈這一覆轍。正是這一要求，使我們不能不引出一個全面反省人們對現代化發展的解釋框架問題。

既往的現代化發展解釋框架作為啟蒙理性的產物，總是把經濟增長和某些基於成功國家的社會、文化取向作為現代化發展的參照系，作為自己的努力目標。這些假說性理論很少把古老傳統社會在市場經濟腐蝕下的迅速全面失範問題納入視野，很少有人提出傳統社會結構與商品市場經濟的"親和度"問題來，很少有人認為古老傳統社會現代化轉型中的一切變革都應以此為戰略中心來展開，也很少有人把變革社會中政治權力在商品市場經濟條件下，所擁有的"威信"和"感召力"作為一個頭等重要目標去加以建設。

相反，絕大多數人把古老傳統社會轉型期的這種"全面失範"現象看成是轉型社會不可避免的正常現象，認為這些問題會隨着經濟發展和政治、社會變革逐步受到控制。這種說法對於那些社會傳統結構與商品市場經濟"親和度"較高的社會來說也許不無道理，在那種社會中，社會結構或先天性具有兼容市場經濟的能力，或後天不自覺地發展出了一種能有效制約市場經濟巨大腐蝕作用的資源。然而，對於古老的傳統社會來說，市場經濟的腐蝕能力卻似乎無堅不摧，無攻不克，因此那徹頭徹尾、無法無天的“全面失範”最後總是把社會帶到不得不用血與火來重造的地步。

以這樣一種眼光去回過頭去看那些現代化成功者的足跡，它們雖然模式不盡相同，背景也甚懸殊，但在得益於某種文化、社會因素對於市場經濟腐蝕下社會全面失範的有效遏制方面，似乎卻有着某種共性。而且現代化成功國家在這方面體現出來的共性，遠遠超過了諸如經濟增長、民主、自由、信任、法制等一系列被認爲是現代化重要條件所具有的共性。

這是不是一把我們迄今尚未認識的，但卻有可能打開通向現代化大門的鑰匙？也許，古老的傳統社會離現代化的距離並不像我們所想像的那樣遙遠，只因我們總是背朝着它，才會越折騰越遭罪。

當然，這樣說並不意味着像經濟增長、民主、自由、信任、法制等因素不重要或不值得去追求。但對於古老的傳統社會來說，這裡有一個輕重緩急的問題。遏制住市場經濟對社會結構的巨大解構能力，是這些社會良性運行、避免爆炸性局面出現的最根本基礎，任何變革措施與政治口號的真正內在價值不是抽象的，而正是要體現在解決這一問題的能力上。因此哪些措施與目標在先，哪些在後也應按這個標準來作定奪。只有在解決了最基本也最重要的社會生存條件後，其他與此關係不甚緊密、但對社會進一步發展必會涉及的問題才有了解決的條件和可能。否則我們就有可能將衆多矛盾和麻煩集中到本來就極危險的時期，突破一個社會“可接受變異空間”，導致像伊斯蘭原教旨主義革命那樣的“社會結構性大震蕩”。

應該看到，當今那些“後發”的現代化轉型國家所處的內外環境很不同於那些“早發”現代化國家。從外部條件來說，“後發”國家沒有什麼手段能把轉型期社會內部的巨大張力轉移到外部世界去，相反，惡劣的競爭環境還使這些國家可能要承受先進國家轉嫁的危機。從社會內部來說，人口爆炸、資源短缺、環境污染、生態危機步步緊逼，形勢險惡。這樣，留給社會轉型所需要的時間和空間就顯得格外的少，相應之下，社會對現代化轉型的戰略和策略失誤也就更爲敏感。這在某種程度上更加深了當今世界的發展困境，使現代化"後發"國家的步伐顯得更爲蹣跚。

時代是不是在要求我們去進行一次對現代化發展更深層次的反思？

各國現代化發展是不是應該在新的思路下去開掘自身文化資源，趟出一條自己的新發展道路來呢？

我們是不是正站在一個新的十字路口，在作一種必將會影響我們自己和我們後代命運的選擇？

正是本着這樣一種精神，我們將伊斯蘭復興運動放在世界現代化的歷史進程中作了考察，並提出了目前這樣的一個解釋框架。這樣的一個視角，應該說既是我們想通過對於伊斯蘭復興運動這一當代世界上現代化受挫最新表現形式的剖析而體現出來的，也是在這個剖析過程中逐漸明朗和深化的。

貝爾納在談及科學上的成功例子時，做了這樣一個總結："科學發現總是最先對有準備的頭腦開放。"在這個意義上，我們也許可以說，"後發"現代化國家成功道路的開闢，有待於理論認識上的創新。我們沒有希冀我們已經完全解開了古老傳統社會現代化轉型的"密碼"，但我們希望我們的討論能有助於現代化"多元特色"理論的深化。

作者謹識

1999 年 11 月

導論　世界現代化進程中的伊斯蘭復興運動

在後冷戰世界的國際政治舞台上，伊斯蘭原教旨主義運動以其暴烈、悲壯和多少有點殘酷的面貌給人們留下了相當深刻的印象。伊斯蘭原教旨主義運動被很多人稱爲"政治伊斯蘭"，它實際上只是那具有更廣泛社會基礎的伊斯蘭復興運動的一個組成部份。如果說"政治伊斯蘭"只是伊斯蘭復興運動中的一個極端派別，並不具有廣泛的代表性的話，那麼伊斯蘭復興運動則是一場遍佈伊斯蘭世界的政治、社會、文化運動。約佔世界五分之一人口的廣大穆斯林如今轉向了伊斯蘭復興運動，把它看成是認同、意義、穩定、合法性、發展、力量和希望的源泉。最能體現這種精神的口號是："伊斯蘭是我們的解決辦法"。這裡的情況正像蘇丹伊斯蘭精神領袖圖拉比所講的：覺醒是全面的——它不只是個人在政治上的不滿，而是在世界觀與文化方面的不滿，這是一種徹頭徹尾的社會全面改造。有人認爲，伊斯蘭復興運動"至少是一個和美國革命、法國革命與俄國革命同樣重要的歷史事件"[1]，我們可以看到，伊斯蘭復興運動對今天世界的影響是巨大的。

當我們把目光投向後冷戰世界政治中的眾多地區熱點問題時，會發現這些熱點中有許多和伊斯蘭世界有着直接、間接的關聯。前南斯拉夫各民族圍繞着波黑地區主權展開的生死搏鬥；亞美尼亞和阿塞拜疆這兩個前蘇聯的共和國對於納卡地區的爭奪；伊拉克和西方之間自海灣戰爭以來的對抗；巴以之間長期以來的對抗；蘇丹不同民族、部族之間因文化宗教分歧而引發的戰爭；印度和巴基斯坦之間持續的對抗邁向了核對峙的邊緣；阿富汗持續了近20年的戰火開始蔓延到了鄰國……情況正像亨廷頓所描繪的那樣，伊斯蘭在它和其他文明所交界的地方都存在着大大小小的磨擦和衝突。用他的原話來講，那就是"伊斯蘭有着一條血淋淋的邊界"。

當我們再來關心伊斯蘭社會本身的發展時，我們又看到，很多伊斯蘭國家內部政治、經濟和社會的不穩定夾雜着伊斯蘭原教旨主義崛起的因素。這樣的問題已成爲衆多伊斯蘭國家政府極爲頭痛的事情。阿拉伯世界最大的國家埃及在努力提高自己的實力地位的同時，不能不和國內極端的穆斯林兄弟會這個伊斯蘭原教旨主義組織進行長期的苦鬥；阿爾及利亞瀕於崩潰的經濟和社會秩序完全是阿爾及利亞伊斯蘭原教旨主義政黨對於世俗政府1991年背棄民主程序而發動的"全民戰爭"的結果。就連一向被稱爲"世俗主義堡壘"的土耳其，也爲國內日益強盛起來的伊斯蘭政黨所苦惱，埃爾巴坎領導的土耳其伊斯蘭繁榮黨目前是土耳其最大的政黨，得到了衆多的土耳其人的支持，伊斯蘭黨領導的政府雖然已在軍隊、總統和在野黨聯合發起的一場"軟政變"中被趕下了台，但其發展勢頭似乎難以遏制。

我們如果關心一下每天的新聞報導，還可以看到，在國際社會的衆多暴力事件、恐怖活動中，都有着那些極端伊斯蘭恐怖組織的影子。廣泛活躍在中東各國政治舞台上的"穆斯林兄弟會"、"哈馬斯運動"、"伊斯蘭眞主黨"、"伊斯蘭拯救陣線"等伊斯蘭原教旨主義組織在追求自己的政治目標時，也許是出於無奈而一直在使用極端手段。有些伊斯蘭恐怖組織還把他們的暴力恐怖活動推向世界各地，造成許多傷及無辜的惡性恐怖事件。最近發生在非洲國家肯尼亞、坦桑尼亞的爆炸案便是很典型的例子。今天的人們也許會有一種抹不去的印象：伊斯蘭原教旨主義即等於恐怖主義。儘管這種印象並非完全正確，因為實際上今天的伊斯蘭原教旨主義也有着自己豐富多彩的面目，但它留給人們的影響卻又是可以理解的。

從長遠的眼光來看，伊斯蘭復興運動還構成了國際政治及伊斯蘭世界自身發展中的不穩定因素。有人提出，在後冷戰世界上，伊斯蘭所象徵的"綠色威脅"已經取代了冷戰時期的"紅色威脅"而成為當今世界政治的一個主角。還有人從世紀之交的國際戰略高度出發，認為伊斯蘭復興運動很可能是全世界在下一個世紀應該加以密切注視和認真對待的對象；認為從今以後我們觀察世界政治的角度和方法都必須做出某種相應的調整，因為伊斯蘭世界的內部張力以及它與西方世界、其他文明世界之間的對抗或許是 21 世紀世界政治將要圍繞展開的一條"主軸"。

儘管這些說法是否有誇張之嫌，是一個完全可以討論的問題，但伊斯蘭復興運動成為當今世界政治必須要去關注的重點問題，這已是不爭的事實。我們看到，在一個聯繫日益緊密的世界上，伊斯蘭教復興運動的高漲的確不僅僅是伊斯蘭世界的內部事務，它的影響涉及到了國際關係格局，涉及到了世界經濟政治的發展。顯然，在一個日益聯成一體的世界上，人們無法不去注意這個在許多人眼中似乎是個麻煩的伊斯蘭問題。

然而，當人們站在國際政治戰略高度想對伊斯蘭復興運動的未來乃至對伊斯蘭世界的未來作一種基本估價時，我們發現這是一個相當複雜的、涉及領域相當廣闊的大課題。人們往往會把自己不甚理解或難以解釋的涉及伊斯蘭復興運動的種種現象歸諸於伊斯蘭教的傳統特徵：激情奔放、容易衝動、好鬥黷武、易走極端等等。但問題實際上並非如此簡單，一部伊斯蘭世界近現代改革的歷史告訴我們，穆斯林在面對外來挑戰、變法圖強中並不缺少自己的理性思維、遠見卓識和膽略氣度。因此問題倒是在於，我們對伊斯蘭復興運動本身及其涉及到的很多問題有多少深入的思考和研究？我們對伊斯蘭復興運動的很多解釋和看法本身有沒有過於膚淺和武斷的嫌疑？為什麼作為第三世界發展中國家一部份的伊斯蘭世界會有那麼大的能量、激情和膽量？伊斯蘭教為什麼在一個多少"去魅"了的世界上能得到某些國家中大多數民眾的支持，甚至包括許多受西方教育的知識份子的擁戴？為什麼伊斯蘭復興運動會無視自己歷史上的經驗和教訓、無視周邊國家所取得的重大進展，而去返身求諸自己的過去，去求諸那似乎顯得不入時的信仰？伊斯蘭復興運動所具有的特點有多少和它的傳統特徵有關，有多少又具有着一種其他國家同類運動同樣具有的共性？伊斯蘭世界究竟有沒有自己的未來，它的社會改革出路到底在哪裡？

對這樣一些問題的回答需要我們全面地深入伊斯蘭復興運動本身，深入伊斯蘭世界的歷史，需要我們把伊斯蘭復興運動放到整個世界近現代歷史的進程中去考察。站在這樣一個角度，我們不難看到，伊斯蘭復興運動的展開背景既有整個世界近現代所發生的巨大變化，也有伊斯蘭世界在現代化運動中不屈不撓的努力，更有伊斯蘭世界所一再經歷的"現代化磨難"。儘管當代伊斯蘭復興運動的興起也有着一些較為複雜的外部原因，但總的說來它是和伊斯蘭世界當前所經歷的嚴重現代化困頓有關。伊斯蘭復興運動所具有的能量和感召力來源於整個社會在今天所遭受的重大挫折，來源於廣大民眾的普遍失望和忍無可忍，來源於作為伊斯蘭社會良知的知識份子的沉重反思。像近現代世界歷史中一切大規模的羣眾革命運動一樣，伊斯蘭復興運動所反映的是一個民族或一個文化在轉型時期陷於滅頂之災時發出的抗爭吼聲。希冀這樣的社會運動會具有常規狀態下的"理性"和"克制"是不現實的。這樣的社會運動正要通過社會機體的"非常反應"來清除嚴重危及社會基本生存的異化因素，它是要以眾多社會成員的非理性行為來實現社會基本生存和延續這樣的“大理性”。儘管這從社會現代化發展的角度來講，是一種完完全全的倒退。

從這個出發點來看問題，我們會感到，伊斯蘭世界所面臨的挫折和它所做出的拚死抗爭，實際上離我們並不很遙遠。

面對當今我國社會改革所面臨的眾多問題和困惑，我們每一個人的確會有一種憂患意識。我們每個人都在希冀中國能在這個回合中走出自己已經走了百多年的“怪圈”，希望我們的社會不要再陷入“反現代化”的社會結構性大震蕩。然而，我們又都知道，沒有什麼東西能保證我們不重蹈覆轍，除非我們能從自己和他人的現代化歷史進程中不斷去總結經驗和教訓。本着這樣一種精神，願與讀者一起走進一個對我們既陌生又不陌生的世界，去體悟那個世界中人們的痛苦、悲哀、絕望和掙扎；去總結東方傳統社會在走向現代化過程中的癥結所在。我們相信，具有自己民族特色的現代化道路的認識和開闢，並不存在於我們自己的武斷和自封自詡之中，而只能存在於對歷史和現實的不斷剖析和解釋之中。

伊斯蘭文明自 7 世紀興起於西亞地區以來，曾經歷了自己數個世紀的輝煌時期。阿拉伯帝國、奧斯曼帝國當時都是地跨三大洲，領世界文明風騷的“一代天驕”。然而自從現代工業文明崛起於歐洲之後，伊斯蘭世界在強大的生存壓力下面，開始了自己充滿苦難的“文明再造歷程”。在勇敢地嘗試了復古主義、現代主義、世俗主義、民族主義、國家主義、“社會主義”、原教旨主義等多種自強道路後的今天，伊斯蘭文明實現現代化的問題依然在一片朦朧之中。有人認為，歷史是不是對伊斯蘭這個東方古老的文明特別殘酷了一些，在人們即將跨進 21 世紀之時，依然讓其擁有一條“血淋淋的邊界”，依然讓它陷在國內暴力和鎮壓的惡性循環之中，依然讓它在現代化的門檻之外苦苦掙扎。

然而，當我們將眼光轉向世界，特別是轉向廣大的發展中國家時，便會發現伊斯蘭文明的痛苦又不是一種孤立的現象，而是很多文明、很多國家的一種共同命運。不難看到，追求現代化的過程，實際上也就是各個國家、各個民族的傳統與文化經受衝擊和考驗的過程。從世界範圍的現代化進程來看，這個過程已經持續了兩個多世紀，並且必然地還會延伸到 21 世紀的大部份時間裡（羅榮渠《現代化新論續篇》）。從個別的國家和民族來講，現代化陣痛的時間和烈度雖然和原有的傳統與文化的結構和性質有很大關聯，但經歷一個痛苦的轉型時期卻是各國、各民族的共性。在這樣一個特定意義上，我們可以把整個世界近現代的歷史看成是一部各國、各民族相繼摸索和備嘗轉型痛苦的歷史。反過來，世界各國各地區探索現代化的經歷、遭遇和產生的影響也就構成了我們理解近現代世界歷史的一條紅線。

　　面對這樣一種將現代化和世界歷史進程放到一起考察的要求，人們理解世界歷史進程和現代化問題的原有框架似乎顯得力不從心。時代對於認識和把握世界歷史、認識和把握現代化問題的要求已成為一種重大的推動力量，它呼喚着一種新的解釋框架，激勵着人們以一種全新的視角去觀察問題。

　　梅棹忠夫，一位在中國並不很有知名的日本學者，曾在自己寫於 60 年代的一本書中對世界現代化的歷程作了一個大膽的猜測。他認為現代化的世界歷史進程從世界範圍來講，並不是毫無規律可循的，一定的氣候和地理條件決定人們的生活方式和相互交往的範圍和特點，從而在某種程度上奠定了文明產生和演進的深厚物質基礎，規定了現代化在世界範圍內展開的順序和時間。梅棹忠夫以這一立論為基礎，提出了自己的現代化進程理論假說。根據這個假說，世界現代化進程的歷史得到了某種說明。不僅如此，梅棹忠夫據此提出的一些歷史預測也很奇怪地得到了部份的應驗。具體地講，他將世界各地區按照降雨量、濕潤度方面的差異，劃分成爲濕潤、準乾旱和乾旱三個地帶。他發現，古老文明的最初發源儘管主要來自準乾旱地帶，但現代化的推進方式卻是按照濕潤地帶、準乾旱地帶和乾旱地帶這樣一個程序陸續展開的。在梅棹忠夫看來，歐美和日本都處在濕潤地帶，他們率先在西方和東方世界實現現代化都不是偶然的。所以在他的現代化日程表上，處於"準乾旱地帶"和"乾旱地帶"的國家和地區顯然是排在較後的不利位置上的。[2]

80 年代末到 90 年代初，拉丁美洲在經歷了漫長的磨難後，現代化終於出現了不少亮色，而東亞、中國和東歐也在自己的摸索中取得了相當成績。於是有人從文明、文化的角度對此進行了歸納和總結，提出了現代化的宗教影響說。這一學說從宗教是一種生活方式這樣一個基點出發，認爲世界現代化的進程的展開，是和各國、各民族所信奉的傳統宗教文化有着密切關聯。一般來講，基督教與市場經濟文化具有較高的親和力，因此商品經濟作爲一種生活方式首先在英國得以開拓，並在有相當基督教背景的國家和地區率先取得成功是毫不奇怪的。按照傳統宗教文化與商品市場經濟的親和能力這一尺度，世界現代化可能的排列順序依次是：基督教、天主教、東正教、儒教和伊斯蘭教。如果將傳統宗教文化和大地區粗略地結合起來看，那麼現代化會按歐洲、美洲、亞洲以及非洲這樣一個大致的順序上展開。按照這種觀點，儒教和伊斯蘭教的現代化所需時間顯然將較長，而難度也會相應增加[3]。

我國在這方面的研究應該講這些年來取得了很大的進展，也提出了一些具有自己特色的理論解釋框架。現代化問題研究的學界前輩羅榮渠先生在自己的論著中，以一種相當宏觀的視野對世界現代化進程作了高度概括，提出了 21 世紀是現代化的"第三世紀說"，描述了世界現代化進程中迄今爲止的"三次浪潮"。羅榮渠先生提出自己觀點的理論立足點和進行分析的方法和角度和上述兩種看法當然有很大的不同，但是在羅先生的大框架中，我們不難看到，他把廣大的第三世界發展中國家列入了 21 世紀將繼續進行現代化變革的主要行列。毫無疑問，像中國、伊斯蘭世界完全是這個隊列之中的重要角色。

在羅先生看來，自英國革命以來的世界現代化歷程大體上可以分成三個階段或者說三次浪潮。這三次現代化浪潮的最初源頭無疑可以一直追溯到英國。兩百多年前發生在英國的那場工業革命使大機器生產方式成為一種不可逆的歷史進步，並由此將人類歷史分割成農業文明和工業文明兩個時代，將世界各地區、各國分割成工業社會和農業社會兩大部份。自此以後，世界進入了一個向工業社會、向現代化過渡的大時代。在這樣一個大時代中，工業社會所具有的超強競爭壓力迫使一個又一個的地區和國家不能不先後投入工業化、現代化的進程之中，從而形成了一個又一個的追求現代化的浪潮。

儘管到底分成幾個浪潮或幾個階段可以有不同的標準和不同的看法，但我們的確能在世界歷史的進程中感覺到這種發展。

從 18 世紀後期到 19 世紀中期，現代化浪潮開始波及歐洲、北美，某種程度上還要加上拉美。1776 年北美的獨立戰爭，1789 年法國大革命，1848 年席捲歐洲的革命運動，以及 19 世紀拉美的反殖民主義鬥爭，構成了這一波浪潮的主要內容。

從 19 世紀下半葉到 20 世紀初，現代化浪潮已不再限於歐美而開始向世界其他地區擴展。除了那些在第一階段沒有能夠開闢出自己現代化道路的國家如德國、意大利以及眾多的拉美國家繼續自己的努力之外，俄羅斯、日本、埃及、土耳其、中國等一批國家也開始加入世界現代化進程，探索自己的現代化道路。這些非西方的古典文明國家投身現代化事業，為第二波現代化浪潮確實添加了不少色彩。

第三波現代化浪潮從 20 世紀下半葉開始一直到我們今天。廣大的第三世界發展中國家是加入這一波浪潮的主要對象。在第一波、第二波中那些沒有打通自己現代化道路的參與國也繼續在這一個時期進行自己的再努力。廣大發展中國家投身現代化道路的探尋，使世界現代化歷史進程進入了一個全面開花的階段。

展望 21 世紀，世界現代化進程還將掀起新的波瀾。

將現代化看成是一個世界性的歷史進程，將一種文明、一個地區、一個國家或民族的現代化探索放到一個更宏大的背景之下去考察，將現代化及其引起的反衝看成是我們理解整個近現代世界歷史發展的一條主線，這既是我們這個時代在認識世界歷史方面的一大突破，也是我們分析和認識具體歷史事件的一種指南。儘管目前的種種解釋性框架並沒有也不可能窮盡我們對世界和地區歷史問題的認識，但它在新視角開創上的建樹，的確引起了我們在認識伊斯蘭復興問題上濃厚的興趣。在某種程度上我們似乎有這樣一種直覺：在伊斯蘭復興問題中，隱藏着某種解讀現代化世界歷史進程，尤其是解讀具有自身深厚文化底蘊的東方傳統社會實現現代化的密碼。研究伊斯蘭復興問題，破譯其中隱含的文化密碼，將會大大加深對中國實現現代化的艱難曲折道路的理解，會有助於我們更有理性地去思考和探索未來的現代化方案。

現代化確實可以說是人類孜孜以求的一種進步事業，現代化的實現也確實是人類提升自我的有效手段。然而不能不令人遺憾的是，現代化實現的過程卻絕對沒有半點詩情畫意。人們看到，向現代化、工業化的過渡絕對不只是一個經濟、技術或生產結構更替換的問題，而是一場"可怕的非常複雜的政治、社會和文化大變動"。在現代化浪潮湧動的地方，以商品市場經濟及與之相應的文化與價值觀為核心的一整套體制，無論是從古老的傳統社會內部衍生出來的，還是從外部引進或強加的，它作爲一種"異己"的生活方式總是對原有社會造成全方位的衝擊，總是多少伴有社會生活中的大規模"失範"現象，總是造成原有社會一定程度的結構性震盪，總是帶來一種所謂的"整合性危機"。可以這麼說，在世界近現代歷史中，無論我們把目光投向哪裡，都不難看到人們爲現代化所付出的重大代價。當然，爲人類的進步事業，爲人類自身的最後"解放"而有所付出是必要的，甚至也是難以避免的。這裡的情況就像馬克思在談到歷史發展的辯證法時所深深感慨的那樣：人類進步本身類似於那種可怕的異教神祇，"只有用人頭做的酒杯才能喝下甜美的酒漿"。初讀馬克思對歷史發展的領悟眞讓人感到一種震撼。然而，倘若你眞正地深入世界現代化進程的研究中，便又會感到問題似乎還不是那麼簡單。

反觀一部現代化的世界歷史進程，人們不難發現，人類在追求現代化，在爲自身的進步和提升而付出犧牲和代價的時候，存在着一種嚴重的"不公正現象"。有些地區和國家在付出了一定的代價之後就較爲順利地邁入了現代化的行列；而有些地區和國家卻在用盡心機和招數，備嚐磨難甚至付出巨大犧牲之後，依然不得現代化之門而入。這也就是說，現代化所造成的整合性危機儘管是普遍的，但地區和國家之間在危機程度上的差異上卻似乎有着天壤之別，在較爲極端些的例子中，現代化的大門在一個相當長的時期中對特定地區和國家始終緊閉，一任你在"現代化地獄"中輪迴。這的確讓人感到有點齒冷和奇怪，難道現代化也像猶太教教義中的上帝那樣，讓某些地區和國家成爲自己的"選民"，而讓另一些淪爲"棄民"嗎？

從理性的角度來分析，通向現代化的難易，也許是和一個地區、一個國家的傳統文化、社會結構和商品市場經濟結合的"親和力"有關。一般來講，一個社會原有的傳統文化和社會結構與商品市場經濟兩者之間的親和能力越大，那麼雙方在相互作用過程中，每一方使對方所受的衝擊和扭曲就越小，因而引起的社會震蕩也就越小。這類社會雖然不能保證在轉型時期不發生革命，但總體上講轉型會顯得較爲平穩，改良和妥協會逐漸成爲整個社會變革的主基調。相反，如果兩者之間的親和性很小，雙方在互動過程中都以破壞、扭曲對方作爲自身發展的前提，那麼這類社會在轉型的過程中，就會顯得特別的艱難，特別的無序和混亂。傳統文化、社會結構在這個過程中會遭到嚴重破壞，而商品市場經濟也會在其中遭到極度的扭曲，表現出自己所具有的巨大破壞和解構的功能。顯然，這樣的社會面臨的整合危機就會特別的深重，社會變革的代價就會大到整個社會根本無法承受的地步。結果對現代化的嚮往，總是在這些社會中結出最爲苦澀的果實：社會生活的全面失範和生活在底層、承擔無限重負的民衆絕望心態結合在一起，聚集成一種能引起"社會結構性大震蕩"的足夠能量，最終促成社會發生一場"玉石俱焚"式的巨變。近現代世界歷史中那些捲帶着人們的激情、震撼過人們心靈、造成過世界性對抗的羣衆性大革命無不是以這些足以引起爆炸的內部能量鬱積作爲基礎的。

如果說革命的改良主義意味着傳統與現代性之間的妥協的話，那麼，轉型社會中的羣衆性大革命則標誌着社會對於前階段所嘗試的現代化道路的無法容忍和徹底否定。正因爲如此，在羣衆性大革命所高舉的旗幟上，我們總能夠看到反對特定現代化方式的憤怒和道義上的譴責，都能看到對於走一完全不同於既往道路的憧憬和希冀。這也就是說，羣衆性大革命總是將對舊發展模式的批判和對新發展模式的開闢有機地聯繫在一起。事情還不限於此，在近現代世界歷史上，羣衆性大革命所涉及的發展模式變更，不僅使一個國家、一個民族內部產生巨大的方向性轉換，而且還總是造成不同文明之間嚴重的誤解、對立和對抗。在這個意義上，亨廷頓所謂的

"文明衝突"，實際上並非如他所言，只是一種"後冷戰時代"的歷史現象，它實際上是我們這個世界自近現代以來一直存在着的最觸目的現實。正是這些建立在模式轉換、模式對抗基礎之上的文明衝突，才構成了一次又一次的世界現代化發展危機和一次又一次的全球性對抗。

在世界現代化發展的第一波浪潮中，法蘭西充當了這一"現代化棄民"的角色。工業化、商品經濟和啓蒙運動在法國的全面鋪開對整個社會造成的災難性影響深刻地表現在：當原有道德價值規範受到毀滅性衝擊而徹底喪失原有的約束能力時，沒有任何有效的外在和內在規範能發揮替代性的約束功能。整個社會的全面失範不可避免地造成一種"世紀末"現象，不能不使每個社會中人都感到絕望、惶恐和迷惘。路易十五的那句名言"我死之後哪怕它洪水滔天"很典型地代表着人們在一個普遍喪失了理想信念的社會中的一種自白、一種心態。著名的奧地利作家斯·茨威格在他的那本路易十六王后的傳記《命喪斷頭台的法國王后》中所竭力想加以揭示的，也正是在這一大社會背景下王室生活的糜爛和昏庸。這樣的一種社會不會擁有良好的秩序和禮節，不會有什麼強烈的正義感和廉恥感，因而人們也都很少去考慮遵守社會所要求他們的"角色規範"。在這種狀態下，社會運行談不上什麼效率，相反其運行成本卻會因整體的無序而增至無限，並使社會中的每個人，尤其是生活在社會底層的普通民眾承受所有的這一切代價，從而造成民怨沸騰、民變四起的結果，社會最終難以避免陷入惡性循環的結局。在這樣一種大災難面前，羣衆性的大革命遂成為社會機體調動自身"免疫機制"的最終手段，它以非理性大爆發的形式蕩滌一切"異己的現代化因素"，相對恢復社會原有的秩序和規範基礎。法國大革命是人類在近現代所遇到的最典型的"社會結構性大震蕩"。它顯現出來的一個民族所可能具有的激情、狂熱和巨大破壞能量，第一次使人們感到社會機體所表現出來的"非理性狂暴"，第一次使人們冷靜下來，考慮改變自己對社會變革的線性思維方式。

法國的社會整合危機不僅給自己的國家和人民帶來了深重的災難，也使歐洲陷入了一場生死大搏鬥。英國不惜一切代價的介入，既是為了維護歐洲大陸均勢這一切身利益，也是為了捍衛自身的生存方式和價值觀念。

值得一提的是，作為一個西方國家的法國，在邁向現代化的經歷上實際上並不像很多人想當然認為的那樣，具有典型的"西化"色彩。相反，從法國的社會結構，從它的傳統文化和商品市場經濟的"親和能力"，從後來革命所表現的"民粹主義"性質來看，它都具有很濃厚的東方味道。這裡的情況也正像顧準曾感受到的那樣，1789—1917—1949這三大歷史事件之間有着一種內在的相似性和延續性，是代表着轉型社會中的一種價值取向的。在這個意義上，那個時代的英、法之爭，的確帶有"文明衝突"、或至少是"亞文明衝突"的色彩，而不僅僅像亨廷頓所概括的那樣，只是西方文明之間的"內戰"。

正因為現代化的實現過程充滿着痛苦和悖論，因此我們看到，隨着現代化的浪潮以英國為中心，幾呈同心圓的方式一浪一浪地向外擴展時，現代化所帶來的社會結構性震蕩和紛擾也使一個又一個的大陸相繼陷入了前所未有的煩惱和苦難之中。老實說，這也許還是人類有史以來所遇到的最大挑戰。

隨着廣大的非西方文明地區被一個一個地捲入現代化發展浪潮，隨着被捲入的國家和地區在自身文化傳統和商品市場經濟和西化發展模式相互間形成的排斥，"現代化磨難"、"社會結構性大震蕩"現象不僅表現出自身烈度的增強，也逐漸顯現出一種普遍性來。拉丁美洲、俄羅斯、中國所經歷的百多年磨難和大喜大悲，都是這方面很典型的例子。伊斯蘭復興運動於當代的崛起，實際上就是在這同樣背景之下的一個最新表現形式。所以我們說，儘管伊斯蘭復興運動帶有自身很強烈的個性色彩，但從總體上講還是不難加以理解的。

從廣義上講，伊斯蘭復興運動幾乎貫穿在伊斯蘭教創立之後的漫長歷史發展階段當中。

自穆罕默德和四大哈里發以降，伊斯蘭世界經歷了自己的全盛時代，但也數度陷入過暗無天日的紛爭和動亂。伊斯蘭教的成功我們這裡暫不討論，就它所面對的紛爭和動亂而言，原因是多方面的。伊斯蘭社會所面對的各種結構破壞因素，也即系統論所謂的"無組織力量"，既有權威繼承制度雜亂、政教關係漸趨複雜，還有因領土不斷擴大而必然帶來的民族矛盾激化；因統治秩序失控、社會高度動蕩造成的利益紛爭；以及因追求目標不同而出現的內部異端。也許是伊斯蘭文化生命力的一種體現，我們看到，每當伊斯蘭社會處於艱難困苦之際，一種消除異己因素，復歸伊斯蘭傳統的衝動便會匯聚起來，形成聲勢浩大的運動，阻絕伊斯蘭社會在每況愈下的通道中行進。因此，在伊斯蘭社會的歷史發展進程中，只要社會內部的"無組織力量"積累到一定程度，便會一無例外地激起伊斯蘭傳統的強烈反彈。從文明演化的角度講，這種復興伊斯蘭的運動也許代表着伊斯蘭文明的自我修復機制。這種機制在一個相當長的歷史時期內，維繫着伊斯蘭文明的延續和發展。可以說，"復興伊斯蘭"早在穆斯林社會進入近代之前就已經成爲伊斯蘭教的一個深厚傳統了。

在早期的伊斯蘭復興運動中，蘇菲派運動也許可以算是一種比較有影響的表現形式。

伊斯蘭教是一種教人入世而不是出世的宗教。在它和世俗生活融爲一體而極易爲普通百姓接受的同時，卻很難滿足那些具有強烈精神追求，力圖超凡入聖的信徒的要求。因此在伊斯蘭教興起後不久，其內部就存在着兩種不同的發展傾向：一種是在提倡內心誠信的同時，較爲重視信仰的外在形式和信仰者個人的行爲，它後來發展成爲制度化的伊斯蘭教，即以經、訓、教法知識爲主要體現的信仰體系；另一種發展傾向則在提倡潛心功修的同時，突出信仰的內在精神和信仰者個體人格的完美，他們有着一種強烈的精神追求，力圖超越塵世，達到一種認識主宰、直覺主宰，直至與主宰合而爲一的境界。早期的蘇菲派便是追求這後一種生活方式的虔信者。在這些人看來，先知穆罕默德潛心功修追求完美人格是穆斯林應該追隨的眞精神和眞傳統，伊斯蘭的正道就在於復興這些被人們淡忘的精神和傳統。

7 世紀末，隨着征服的成功、財富的巨大增加，追逐世俗享受的腐敗之風開始在統治階層中滋長並造成伊斯蘭統治上層的人格精神退化。到倭馬亞王朝，統治者的貪婪腐化，窮奢極慾達到了新的頂峰，加上宮廷政治的險惡黑暗，當政者對教胞的迫害和殺戮，社會矛盾更趨激烈。這一切爲那些打着復興伊斯蘭旗幟，追求內在精神超越的蘇菲派提供了難得的發展機遇，苦行主義和禁慾主義遂作爲一種社會思潮在伊斯蘭世界得到了迅速發展，他們的活動開始帶上了社會運動的性質。蘇菲派作爲社會運動，與當時一些武力反抗哈里發統治的做法不同，它主要表現爲對王朝世俗化、殺戮、瀆神等行爲的一種羣體性的消極抗議形式。蘇菲主義運動力圖以自己的信仰行爲規範爲整個動盪着的社會指出一條復興和獲救之路。蘇菲主義對伊斯蘭早期精神的嚮往，在一定程度上制約了統治階級上層過度世俗化和頹廢的傾向，強化了伊斯蘭教義對人們行爲規範的力量。

然而，這種力圖追尋先知精神生活追求的努力似乎是注定要失敗的。它除了受到來自統治階級對宗教正統地位壟斷行爲的挑戰外，還受制於它自身所倡導的出世修煉和泛神論主張，這類行爲和主張對社會的解構功能遠遠大於它所具有的社會建構性功能，因而蘇菲派的崛起大體上只能加劇伊斯蘭社會的矛盾和離心力，而不可能成爲一種有效的替代性社會改造方案。也正因爲如此，蘇菲派"復興傳統"的主張總是無法奏效。情況有時甚至倒了過來，蘇菲派的行爲被認爲是加劇社會解體和無序的重要原因，因而在其他的宗教復興派別看來，它本身就應成爲"復興傳統"所必須加以革除的對象。

蘇菲主義的衰落似乎標誌着伊斯蘭教內部最初宗教改革嘗試的失敗，宣告了神秘主義式的"復興傳統"此路不通。

幾乎是和制度外變革嘗試同時在進行中的另一種變革，來自於制度化伊斯蘭教的內部。面對伊斯蘭王朝的統治危機，面對伊斯蘭教在發展中遇到的其他一系列問題，伊斯蘭需要發展，需要具有相當的適應性和容納能力。因此僅僅固守先知的片言隻語，或強調先知的既定原則和方針已經不再能有效地面對各種挑戰了。於是制度化的伊斯蘭教在經、訓、教法的創造性解釋和運用上進行了不懈的努力，幾大學派爲了搶佔有利地位，都打起了"復興傳統"的旗幟，對教義進行重新解釋和充實。在這個過程中，"推理"、"創制"等一系列在實踐中已經在使用的方法，作爲一種伊斯蘭教義首肯的原則被確定下來，從而使伊斯蘭教獲得了前所未有的靈活性和創造性。正是依靠這種機制，伊斯蘭世界在一個千變萬化的環境中不斷地調整自己，探索新的發展道路。

伊斯蘭教所具有的這種靈活性和創造性還通過另外一種很有趣的方式表現出來：那就是每當危機來臨，伊斯蘭在前一階段中所進行的"創制"自然地爲後起的"伊斯蘭復興運動"提供攻擊的靶子。而伊斯蘭社會也藉此獲得一種新的探索機會。這樣我們看到，在制度化的伊斯蘭教內部，通過"創制"和"復興運動"，構成了一種文明不斷進行新的探索以及進行自我糾錯的"學習機制"。我們認為，正是這種機制使伊斯蘭文明成功地從一種部落宗教發展成為世界性宗教，成功地包容和同化了許多不同的民族和文化，成功地經受住了時間的考驗。

伊斯蘭復興運動在歷史上是偉大的伊斯蘭文明的有機組成部份，它有着自身重要的社會功能。

伊斯蘭復興運動的又一個高潮是在一種全新的形勢下發生的。歷史進入近代以後，伊斯蘭世界所面對的結構性破壞因素又加進了西方的殖民統治和外來文化的衝擊，西方的挑戰加深了伊斯蘭社會的災難。伊斯蘭世界對此所作出的最初反映帶有着自己的歷史慣性，它總是像既往那樣求諸伊斯蘭傳統。具體地說，當時的奧斯曼帝國階級矛盾與民族矛盾交織在一起，社會危機到處可見，帝國的統治早已變得難以忍受，英國殖民主義更使其雪上加霜。處於水深火熱之中的穆斯林在萬般無奈的情況下，終於高舉起宗教復興的旗幟，以回到《古蘭經》為號召，力圖挽狂瀾於即倒，對外肅清異族勢力奴役，對內蕩滌一切辱教禍國之污泥濁水。這樣，伊斯蘭復興運動進入了一個新階段。

這一時期發生在阿拉伯半島上的大規模伊斯蘭復興運動波及範圍很廣，出現的教派也很多，其中有 18 世紀阿拉伯半島的瓦哈比運動；19 世紀蘇丹的馬赫迪運動，北非的薩努西運動和伊朗的巴布教運動，埃及人哈桑·巴納創立和領導的影響整個中東地區的穆斯林兄弟會的活動等。上述時期所發生的這些宗教運動，儘管採取的形式多種多樣，但都一改蘇菲派苦修苦煉的做法，都在"復興伊斯蘭"的旗幟下積極發動和組織聲勢浩大的政治和社會運動，都不約而同地以實際行動來掃除和蕩滌那些威脅到伊斯蘭社會生存和發展的內部和外部污泥濁水，都力圖使社會重新回到伊斯蘭教的原旨教義上，以光大和弘揚伊斯蘭教的精神和傳統。

伊斯蘭世界這一時期的復興運動是對嚴重的民族矛盾和社會統治危機所作出的一種本能反抗，它在某種程度上表明了伊斯蘭教在中東地區所具有的那種凝聚力和感召力。儘管這一時期的伊斯蘭復興運動沉重打擊了殖民主義勢力，在整肅社會內部生活上取得了某種程度的成功，對歷史發展產生了重大的影響，有些成果甚至還一直保留到了今天。但從整體來看，這種依靠帶有歷史慣性的“復興運動”來清除異己的“無組織力量”，探求新的發展可能的做法，在一個新的時代裡已顯陳舊。時代對伊斯蘭社會的復興提出了新的要求。

　　復興伊斯蘭傳統努力在新時代中的挫折和失敗所帶來的失望，使先進的穆斯林不能不去嘗試另一種變革圖強的形式。既然“傳統”無法“復興”，爲何不能作出“權變”，爲何不能做更大膽的“創制”以變革傳統、學習西方而自強？這樣，新階段的變革和舊時期的抗爭已有很大的不同，它已不再必然地採取盲目地排外形式，已不再局限在傳統主義範圍內進行應變和反抗，先進的穆斯林在艱難地認識到西方所具有的無可抵禦的優勢後，逐漸從被動到主動，力圖在大規模變革自身的基礎上，去弱圖強，順應潮流，進行成功的應戰。不難發現，在新的歷史時代中，復興伊斯蘭的強烈願望似乎按照自身的發展邏輯開始走向自己的反面，儘管這樣一種多少有背伊斯蘭傳統的選擇在當時還有很大的保留，並且是只能意會而不加言傳的。

　　新的探索始於奧斯曼帝國的“坦齊馬特”運動，史稱奧斯曼“百年改革”。“坦齊馬特”是以效法西方爲手段，以富國強兵爲宗旨、以鞏固蘇丹封建統治爲目的、帶有很明顯的世俗性傾向的伊斯蘭現代改革運動。它所實現的改革舉措，往往不是以伊斯蘭法而是以國家利益作爲合法性依據，從而在客觀上削弱了傳統的宗教基礎。坦齊馬特運動應該說爲古老的奧斯曼社會生活帶來了某種改善，帝國古老的大地上出現了一系列聞所未聞、見所未見的新制度、新思想、新技術、新習俗。可以說，坦齊馬特運動是穆斯林社會敢於正視現實，面對西方壓力而作出的重大應戰性反應。它在某種程度上表現出伊斯蘭世界所擁有的自我改造和自我調節的能力。

然而，一度轟轟烈烈的坦齊馬特運動由於種種原因並沒有打通奧斯曼邁向現代化的道路，改革最終沒能振興帝國經濟，未能挽救帝國繼續衰落的命運。1875 年奧斯曼帝國被迫宣佈國家財政破產，從而進一步加深了對列強的依附和屈從。這實際上標誌着坦齊馬特運動陷入了全面困境。

19 世紀初，正值奧斯曼蘇丹謝里姆三世的現代改革因教俗保守勢力的反對而慘遭失敗之際，名義上屬於奧斯曼的埃及異軍突起，出現了一場聲勢浩大的、旨在建設一個能與歐洲國家相媲美的強大獨立國家的現代改革運動。這一繼奧斯曼坦齊馬特的運動使人們眞正感到了伊斯蘭世界現代改革的不可避免。發動和領導這場偉大運動的，是當時的埃及新任總督穆罕默德·阿里帕夏。阿里的改革深入到了埃及社會經濟政治文化生活的方方面面，措施相當得力，策略幾乎無懈可擊，成就斐然。由於阿里的改革啓動了埃及現代化進程，因此，他被譽爲現代埃及的奠基人。然而到阿里身後，改革事業在種種壓力下未能繼續下去，出現了“人亡政息”的現象。

綜觀奧斯曼蘇丹的“百年改革”和埃及阿里的維新變革，我們看到，伊斯蘭世界的早期覺醒是難能可貴的。它至少向世人表明了，伊斯蘭文明在面對時代的大變局時，並非只是一味地堅持保守、僵化和“復古”。伊斯蘭世界像其他東方傳統社會一樣，在面臨生與死的挑戰時，並不缺乏具有遠見卓識的改革家，並不缺乏那種“橫刀向天”的氣度和膽略。

然而我們同時又看到，伊斯蘭世界的這種早期覺醒和勇敢嘗試都沒有能夠成功地打通這些國家通向現代化的道路。這件事本身也許並不值得奇怪。奧斯曼帝國的改革家們所面對的本來就遠非是一個很快能找到完滿答案的時代大挑戰。它涉及到一個文明最痛苦的自我否定和脫胎換骨，涉及到對西方文化本質和東方傳統社會結構的認識，涉及到傳統文化的轉型和再創造。幾代開明君主的不懈努力雖然使這些社會發生了巨變，但它們所採用的“效法”西方的做法，不可能在當時的情況下調動全民族的積極性，不可能真正解決穆斯林社會和商品經濟之間所存在的巨大文化斥力，也不可能在短時間內從根本上克服一個衰敗中的帝國所必然面對的眾多矛盾。相反，改革本身帶來了社會結構性的動盪，不同程度地激化了利益集團之間的矛盾鬥爭，相對地惡化了行政環境，增加了社會運行和管理成本的支出。正因為如此，奧斯曼帝國作為一個具有濃厚東方傳統的社會，在自己勇敢的初期改革中都不期而遇地出現了重大的曲折和反復。在這個特定意義上，奧斯曼蘇丹的“百年改革”和埃及阿里的維新變革作為東方傳統社會改革嘗試的正面意義也許並不在於它的那些具體舉措的成敗得失，而是在於改革嘗試本身所顯示出來的東方傳統文化勇於變革的決心和謀略，在於它為後來的改革運動奠定了一個較為堅實的思想、文化和心理基礎，在於它以自己的失敗為後人揭示出改革的複雜性並標示出了一塊改革沒有成功的誤區。

　　如果說奧斯曼蘇丹的百年改革和埃及阿里的現代化改革代表着伊斯蘭世界早期的覺醒，打開了伊斯蘭世界器物、體制層面改革，嘗試了一條多少背離了伊斯蘭傳統的改革之路的話，那麼，這些改革後來的失利更是帶給伊斯蘭世界對最初改革的全面反思。伊斯蘭世界為什麼沒有通過這些改革而強大起來，為什麼這些改革反而加劇了社會矛盾和社會動盪，怎樣才能真正地找到一條強大自我，克服危機和挑戰的道路，所有這些都成爲先進的穆斯林思想家都不能不去面對，不能不去回答的時代課題。現代化總會把道路選擇問題擺在一代又一代人的面前。

在這樣一種新的歷史條件下，一些受過西方教育或西方現代思想影響，又看到歷史無法割斷的穆斯林知識份子，開始了這方面的努力。考慮到原教旨主義和過分西化這兩種頗爲極端的前期選擇都不同程度地受挫，他們便想在不危及伊斯蘭基本教義、文化傳統乃至穆斯林世界統一的前提下，對伊斯蘭教進行某種重大的現代性改革。使伊斯蘭傳統的優勢結合西方文明長處，激發出伊斯蘭社會內部的能量，以適應穆斯林社會發展的需要，並最終達到再現伊斯蘭世界昔日的輝煌、威嚴和力量這一目標。

相對於前兩種較極端的思潮而言，這種新的選擇無論從實踐上還是從理論的邏輯上都具有較強的吸引力。作爲這一思潮的代表，阿富汗尼和他的弟子阿布杜所倡導的伊斯蘭現代改革主義運動爲伊斯蘭世界的自強自新寫下了新的篇章。他們推動的宗教改革促使業已啓動而又歷經磨難的中東穆斯林國家現代化進程進入了新的一輪探索。

面對一個時代的悲劇，阿富汗尼認眞地總結了伊斯蘭世界衰落的原因，在他看來，穆斯林國家之所以積弱不強，飽受西方帝國主義的侵略和奴役，主要是由於自身的分裂和不團結。他認爲，伊斯蘭教在自身的長期發展中，逐漸滲進了異端邪說，失去了早期的純潔性和魅力，從而毀掉了伊斯蘭世界賴以安身立命的精神支柱和凝聚核心，毀掉了廣大穆斯林統一的行爲規範。以致伊斯蘭世界到近代幾乎成爲落後的代名詞。阿富汗尼強調，要想擺脫西方列強的奴役和壓迫，要想避免伊斯蘭國家國力日趨衰退，要使穆斯林國家由弱變強，獲得新生，最重要的就是需要宗教思想的覺醒和革新，需要恢復伊斯蘭教真精神，從而確立一個全世界穆斯林認同和團結的基礎。

　　阿富汗尼認為，除非全世界穆斯林能夠在伊斯蘭教真精神的基礎上聯合起來，形成一個統一有領導的泛伊斯蘭運動，否則穆斯林社會就難免要遭到瓜分豆剖，被各個擊破的命運。正是阿富汗尼喊出了"全世界穆斯林，聯合起來！"的戰鬥口號。既然阿富汗尼把穆斯林社會獲救的最後希望寄託在泛伊斯蘭聯合基礎之上，因而也就不奇怪他為什麼不遺餘力地強調伊斯蘭教作為穆斯林政治和心理認同精神紐帶的重要性。他一再號召全世界穆斯林在《古蘭經》旗幟下團結起來。而在推動伊斯蘭世界聯合的實踐過程中，他往往傾向於支持一個開明的哈里發以建立一個統一、強大的伊斯蘭國家。在阿富汗尼看來，這是處於衰落、渙散狀態下的穆斯林社會戰勝西方侵略的惟一途徑。

　　阿富汗尼是個改革派，他關於恢復伊斯蘭真精神，建立一個聯合、統一的穆斯林世界的主張決不是一種抗拒變革的手段。阿富汗尼在對傳統作一種揚棄性堅持的基礎上，對西方現代文明採取了一種較為現實主義的態度。他將罪惡的西方殖民主義勢力與先進的西方科學文化這兩者作了嚴格區分，力圖打消穆斯林將這兩者等同起來的糊塗觀念和錯誤認識。他看到了西方文明所具有的那些先進與合理方面，認為穆斯林必須克服感情上的厭惡，主動地去學習、吸收、利用這些東西，為促進伊斯蘭社會發展服務。為此他主張穆斯林世界應該毫無顧忌地大膽實行"拿來主義"。

　　阿富汗尼的伊斯蘭教現代改革思想誕生於一個苦難的時代，反映了那一代伊斯蘭知識份子不囿陳見俗套，敢於自強迎變的大無畏精神。這一思想在某種程度上順應了一些穆斯林國家上層統治者消弭民族矛盾和階級矛盾、克服統治危機的內在要求，同時也部份地滿足了廣大穆斯林羣眾情感和心理上的需求，因而阿富汗尼的學說自提出後，獲得了較強烈的反響，引起很多人，包括很多穆斯林國家君主的關注。好幾位君主先後邀請他出任要職。然而對阿富汗尼來說很不幸的是，在他和這些君主的合作過程中，往往總是同林異夢，他的抱負不僅很難依托於這些君主而獲得實現，相反，他自身的自由也最終喪失於"開明君主"之手。

阿布杜是阿富汗尼的弟子。儘管他師承了阿富汗尼很多思想，但和他老師不同的是，阿布杜對政治領域中的改革往往表現出一種相當謹慎的態度。阿布杜在政治改革的方略上，主張應考慮國情和文化上的差異，不能盲目地照搬照抄，而應有一個適應、調整甚至有所創新的過程。比如，他在原則上反對專制制度，贊同代議制。但在涉及到具體應用的問題時，他認爲尚需慎重。他指出，當時埃及人民的思想覺悟、文化素質尚未達到實行代議制的要求，在這樣的條件下，代議機構難以行之有效地發揮作用。因此，他不主張立即在埃及成立代議政府，而是更希望有一個"正直的專制者"。

在政治改革突破口的選擇問題上，他基本上主張採用緩進側擊、迂迴進攻的戰略。他似乎更注重國民素質的提高、人才的培養以及社會自身的完善提高能力。他強調，改革的當務之急是以教育啓發人民，以教育推動改革。他甚至認爲，社會內部進行眞正的改革才是達到驅逐殖民者的較好途徑，他主張將反對英國佔領當局的鬥爭完全限制在合法的範圍內。

和伊斯蘭教歷史上曾出現過的原教旨復古主義不同，阿富汗尼和阿布杜倡導的伊斯蘭現代改革主義運動，是以復興伊斯蘭教爲旗幟，以促進和完善穆斯林國家現代化進程爲宗旨的改革運動，是對西方政治、經濟、文化壓力的一種積極反應。他們倡導的復古主義並非是要回歸伊斯蘭早期的社會模式，而是想託古改制，面向現實和未來，重建公正的社會秩序。這一運動和"坦齊馬特"運動也有區別，它對傳統持有一種更理性的看法，希望伊斯蘭傳統能發揮潛在的積極作用，並在一個更高的層面上達到與現代性的融合。而且同注重物質、體制層面改革的"坦齊馬特"運動相比，阿富汗尼與阿布杜在當時的歷史條件下更注重於對廣大穆斯林的思想啓蒙和觀念更新，注重人頭腦的"現代化"。伊斯蘭現代改革主義運動雖然沒有提出系統、完整的教義哲學和政治理論，但他們在著述和實踐活動中所表達的"堅持伊斯蘭教、反對殖民主義、提倡理性、崇尙科學"這四大主張，基本上勾勒出了其主體思想。

將復古主義與現代主義相結合的另一層意義還在於，他們力圖開拓出一條具有自己特色的現代化道路，在傳統和現代化之間架起一座溝通和傳承的橋樑。這方面非常典型地體現在他們調和宗敎和科學及理性間矛盾的努力上。他們通過引經據典，協調宗敎與理性、科學之間的關係，確立了伊斯蘭教與現代化相適應相一致的觀點，爲伊斯蘭社會接納現代化打開了一條思想通路。而他們提出的在維護伊斯蘭敎及其價值的前提下，吸收西方文明中的有用部份，以求得穆斯林社會發展進步的主張，實際上爲伊斯蘭國家提供了一種新的發展思路，從一定意義上說，這也爲伊斯蘭國家的現代化進程確立了一條原則，即伊斯蘭國家的現代化必須與民族傳統文化接軌。

然而問題在於，這樣一個似乎可行的方案在當時的歷史條件下卻沒有自己實現的可能。這既有外在條件限制，也有其理論上局限。阿富汗尼的泛伊斯蘭主義學說雖然反映了當時伊斯蘭國家和人民可貴的自強自立精神，反映了他們要求進行變革，擺脫帝國主義殖民枷鎖的迫切願望，並因此將伊斯蘭復興運動推向了一個新的高潮。然而，由於泛伊斯蘭主義過於突出宗敎意識形態，過於強調宗敎的認同作用，這就多少限制了穆斯林社會面對西方文明挑戰作出應戰的範圍，不可避免地模糊了人們對於伊斯蘭文明轉型突破方向選擇的認識，勢必導致減少對當時已經多少激化了的階級和民族矛盾的敏感性。更重要的是，泛伊斯蘭主義還是一把雙刃劍，它既可被伊斯蘭現代改革派拿來作爲革新自強的武器，也可以被那些一心只顧及既得利益維護的統治階級拿來作爲因循保守、抗拒改革的利器。在極端的情況下，泛伊斯蘭主義甚至能爲它的敵人殖民主義者所利用，成爲進行分化瓦解、各個擊破的工具。正因爲如此，阿富汗尼所倡導的泛伊斯蘭主義儘管在穆斯林世界上上下下響應者甚衆，但卻因其內部存在大量相互矛盾和相互抵消的因素而形不成一種積極的"合力"。

不僅如此，歷史還向我們表明，很少有一種跨民族、跨國家的泛宗教或泛種族的運動在近現代能發揮自己的積極作用，成功地推動某個地區和國家實現自身的現代化。這樣，一個合乎邏輯的問題就擺到了我們的面前：如果古老文明的新生，現代化事業的進展如一些成功範例所提示的那樣，總是在民族國家的範圍內才最有希望的話，那麼希冀於一種跨區域的意識形態聯合能有效地推動古老文明邁向現代化的想法或實踐本身，是不是一種迷失？甚至是不是一種虛妄？

阿布杜在政治改革方面的溫和主張在有着激進傳統的伊斯蘭世界是罕見而難能可貴的。它雖然沒有阿富汗尼激進改革的那種激動人心和壯烈的氣勢，但卻似乎更合乎社會變革的一種內在要求，更能反映出先進的伊斯蘭知識份子那種洞明世事、超越時代的敏銳觀察能力。然而，這一整套在對激進政治改革道路反省基礎上形成的，帶有着阿布杜自己對社會、宗教、歷史和哲學認識的理論，在當時民族矛盾十分激烈、埃及人民處於英國殖民者殘酷的政治壓迫和經濟剝削的現實下是不可能有什麼號召力的。在很多人看來，阿布杜以教育推進改革，以改革促進英國撤軍之主張，不僅顯得迂遠失當，甚至有着助紂爲虐的嫌疑。因此這既難以滿足人們急迫的要求，又遇到了日益高漲、並最終佔主流地位的埃及民族主義運動的指責和抵制。

伊斯蘭復興運動在經歷了上述這樣一個"之"字型發展之後，似乎走到了自己的盡頭。它在伊斯蘭這一框架內嘗試的各種形式的改革都失敗了，剩下的選擇還有什麼呢？幾乎沒有，除了全盤否定自我。而全盤否定自身這對穆斯林來講委實太艱難了。

伊斯蘭作爲一種生活方式，作爲一種傳統文化，作爲一種宗教信仰對穆斯林來講是神聖的，是命根子。正因爲如此，伊斯蘭世界的現代化實踐一直是圍繞着器物層面、體制層面展開。改革絕少深入到宗教意識形態這一帶有根本性的傳統方面。伊斯蘭世界的這種做法抽象地講，無所謂好壞。如果伊斯蘭和西方這兩種文明的磨合沒有什麼重大的結構性障礙而進行得較順利的話，那麼對自身傳統作較大程度的保留本是無可非議的。世界上確實有些文化在實現這種融合時並不需要過多地否定自身的傳統。然而，問題正在於，伊斯蘭文明和很多具有悠久歷史的東方文明一樣，在和外來的、建立在商品經濟基礎之上的文明相融合的過程中，總是面臨不可克服的困難，巨大的社會結構性振蕩嚴重威脅着社會的生存。儘管已有的改革失敗並不能證明伊斯蘭社會不可能開闢出一條帶有自己傳統特色的現代化道路。但在幾個世代面臨一次又一次的失敗面前，人們對伊斯蘭的信心不能不受到動搖，人們不能不對伊斯蘭教本身能否適應現代化變革這個根本問題提出疑問。如果是伊斯蘭教堵塞了社會的現代化進程，爲什麼就不能搬掉伊斯蘭教？如果傳統文化捆住了人們的前進手腳，爲什麼就不能棄絕傳統文化？如果國家和民族的強盛、現代化是最重要的目標，那麼失去了工具作用的宗教和傳統爲什麼就不能讓路？正是在這樣一種思路的指引下，伊斯蘭教的現代變革必然地要轉向激進的世俗化變革嘗試。

伊斯蘭世界的世俗化變革嘗試是穆斯林對於伊斯蘭教的一種絕

望表現，它的出現標誌着伊斯蘭復興運動魅力的減退甚或可以說是一種終結，它標誌着人們不再把伊斯蘭看成是一種有效的解決方法。毫無疑問，伊斯蘭世界的世俗化改革是一種脫胎換骨，是在和傳統作最徹底的決裂，是在主觀上割斷自身和歷史、傳統間的聯繫。今天，無論人們對"全盤西化"這一選擇有什麼樣的看法，但都不能不承認當時推動伊斯蘭世界進行這樣一種義無反顧嘗試的，是一些壯懷激烈、可敬可歌的改革家。而從現代化的歷史經驗積澱來講，他們所作的探索和所走過的道路不管是成功還是失敗，都是一筆值得我們後人去認真加以總結和不斷去再認識的寶貴財富。

伊斯蘭世界對於世俗化改革的全面推進興起於 20 世紀初期。其中開展得較有聲色、具有典型性的主要有凱末爾領導的土耳其現代化運動，禮薩汗領導的伊朗現代化運動和阿馬努拉領導的阿富汗現代化運動。在這三場震驚伊斯蘭世界的世俗化改革運動中，凱末爾領導的土耳其革命開展得最為徹底，而取得的成功也最為引人注目。

凱末爾作為奧斯曼土耳其新一代的政治領袖，是一個堅定的民族主義者。在土耳其民族面臨生死存亡之際，他堅決反對西方帝國主義的侵略，毫不含糊地維護民族的獨立與尊嚴。為了使土耳其擺脫屈辱地位，迅速強盛起來以自立於世界民族之林，凱末爾認為必須對給民族給國家帶來苦難的傳統進行徹底改造，必需全面學習西方國家之所以富強的現代文明，必須大刀闊斧地在土耳其進行一場全面的社會革命。可以說，凱末爾在國家發展模式的決策上是一個典型的全盤西化主義者。他認為所謂"文明"，就是歐洲的文明，土耳其為了自己的生存和發展，必須加入這一隊伍，爭取成為西方即現代世界的一部份。為此，土耳其就應該在實質上和形式上切切實實和完完全全地採取當代文明的那種生活方式。在這樣一個認識基礎上，凱末爾利用新建民族國家以及自身的全部能量和權威，在政治、宗教、社會、文化和經濟各個領域大膽地推行全面徹底的改革措施，努力推動社會向世俗化和"西化"方向發展。凱末爾給土耳其帶來了一個"緊迫"、"快速"的"羣衆運動和一個充滿變革的時代"。

土耳其在兩次世界大戰之間所推行的以世俗化爲特色的現代化改革運動，是伊斯蘭世界在經歷了近兩百年長期且反復摸索的基礎上出現的一次"突變"。從土耳其民族國家的發展來講，它無疑取得了令人矚目的成就。它結束了不再適應時代要求的封建神權政治體制，建立了統一的民族國家，創立了一種對土耳其來講是全新的社會經濟、政治和文化體制，從而眞正走上了一條探索獨立自主的民族復興之路。土耳其的改革理論和實踐給伊斯蘭世界的現代化運動留下深遠影響，它拉開了穆斯林國家世俗化的序幕，揭示了穆斯林國家世俗化的可能性。向土耳其看齊一時成爲振奮人心的口號。的確，土耳其的成功點燃了伊斯蘭世界邁向現代化社會的希望火炬，凱末爾也成爲幾代革新志士的偶像和楷模。

從土耳其起源的民族主義和世俗主義改革浪潮，經過早年伊朗禮薩汗和阿富汗阿馬努拉的實踐洗禮，到第二次世界大戰以後的歲月裡達到了自己的高峰狀態。隨着民族解放運動的不斷高漲，亞非地區先後出現了幾十個獨立的穆斯林國家。儘管伊斯蘭教在這些國家爭取民族獨立的鬥爭中也發揮了很大的作用，但人們高舉的主要旗幟毫無疑問是民族主義。而且世俗主義、民族主義、自由主義、社會主義這些非伊斯蘭意識形態在這些國家中廣爲流傳，影響很大。傳統的伊斯蘭教政治功能除在極少數國家外，都被削弱到了最低限度，它在很大程度上只被看作爲一種民族文化遺產來對待。而繼凱末爾之後，又出現了一批像納賽爾、布邁丁、蘇加諾這樣深得民衆擁護的民族主義領袖，那種振臂一呼，萬衆歡騰的場面使很多人切身地感受到伊斯蘭教的衰落。一位伊斯蘭歷史學家沙姆·沙拉比在 1966 年寫道，在當代阿拉伯世界，伊斯蘭教已經完全被忽略了。可以想像，如果民族主義和世俗主義真能克服伊斯蘭世界現代化過程中所面臨的種種困難，成為社會完成自己轉型的特殊橋樑，那麼也許伊斯蘭教的再度復興就沒有任何希望了。現代社會不是不需要宗教信仰的支撐，但它絕不會呼喚宗教狂熱和宗教極端主義。

然而，全部的問題正在於，在那些民族主義和世俗主義取得了初步勝利的穆斯林國家中，社會的現代化進程先後都出現了重大的挫折。社會沒有像原來預料的那樣，在經濟、政治、文化進一步的深入變革中大踏步挺進，從而使民族國家順利完成現代化改造，實現經濟起飛，達成國家富強之目標。相反，穆斯林國家的現代改革，總是奏出強烈的不諧之音。搬運進來的西方經濟、政治體制，總是“逾淮為枳”，結出苦澀的果實。“土耳其經驗”的推廣不僅沒有能夠在其他國家中奏效，就是在土耳其本國，一度顯得堅如磐石的世俗主義曾幾何時也受到了動搖，面臨着自己想像不到的困境。在社會動蕩、經濟困難、貧富分化和信仰失落的衝擊下，人們再度困惑和迷惘起來：我們幾乎付出了一切，我們拔掉了自己的“根”，可我們又得到了什麼？人們看到在這些變遷中的伊斯蘭國家中，不堪改革重荷的社會底層存在着普遍的絕望心態，他們的政治態度日益走向激進化和極端化。在這樣的人羣中，伊斯蘭教的旗幟重新具有了一種特殊的魅力，一種戀舊復古的思緒油然而生，人們再一次惦念起那被自己拋棄了的過去，甚至想通過訴諸“過去”來清算現在，開闢未來。伊斯蘭社會的現代化困頓和挫折為伊斯蘭的再崛起提供了沃土。

戰後伊斯蘭復興運動的再崛起始於 60 年代後期。它首先表現在一些世界性的伊斯蘭組織，如世界穆斯林大會，伊斯蘭世界聯盟，伊斯蘭會議組織等加強了它們的活動，形成了人們所謂的“新泛伊斯蘭主義運動"。和 19 世紀的泛伊斯蘭主義運動有所不同，新時期的泛伊斯蘭運動不再謀求以某個哈里發爲核心建立統一的伊斯蘭國家或聯邦，它突出全世界穆斯林共同的宗教信仰、共同文化遺產和各個穆斯林民族之間的傳統聯繫；它倡導加強伊斯蘭國家之間的團結，開展在政治經濟、文化、科學和教育等領域的合作，促進各國的繁榮和發展；它號召伊斯蘭國家在國際事務中採取一致立場，維護伊斯蘭世界的共同利益，反對外來勢力對伊斯蘭世界的干涉和控制。

　　隨着國際性的伊斯蘭活動日益增多，其影響也不斷擴大，在這個時期裡，伊斯蘭信徒人數在穆斯林世界和非穆斯林世界都有非常明顯的增加。而這些現象反過來又極大地促進了廣大穆斯林自我意識的覺醒，和伊斯蘭國家間認同感的加強。這一發展導致了 1981 年伊斯蘭會議組織第三次國家首腦會議簽署了一份表明對伊斯蘭敎共同立場的文件。這一被稱爲《麥加宣言》的文件向全世界宣稱：

　　"我們伊斯蘭民族會前進，會復興。我們伊斯蘭民族爲有《古蘭經》、'聖訓'而自豪，爲有《古蘭經》、'聖訓'制定的完善生活準則而自豪，因爲這一生活準則指導我們伊斯蘭民族追求眞理、向善、自救，使我們不忘文明遺產，使我們擺脫盲從和誤入歧途；因爲這一生活準則給我們提供精神動力，喚醒我們利用我們的所有能量，爲我們提供邁向正道的精神食糧。"

　　如果說"新泛伊斯蘭主義"還帶有相當的開放和理性色彩，代表着伊斯蘭上層精英觀點的話，那麼這個時期的伊斯蘭原敎旨主義則以崇尙"復古"，和"回到原敎旨"爲特徵，更多地反映了伊斯蘭下層民衆對變革社會的絕望心態。隨着 1960—1970 年代伊斯蘭世界經濟政治形勢的惡化，伊斯蘭原敎旨主義在西亞中東迅速崛起，並逐漸成爲新時代伊斯蘭運動的主流，構成了伊斯蘭復興運動的重要內容。

對這個時期產生重大影響的著名伊斯蘭原教旨主義早期思想家有埃及的哈桑·班納、阿布·阿拉·毛杜迪和賽義德·庫特卜。這些思想家儘管各自的經歷和具體的政治觀點不盡相同，但在基本立場上極為相似。他們都對現存的社會秩序表現出強烈的不滿，對之持一種徹底的否定態度。他們認為伊斯蘭世界迄今為止所嘗試的一切變革主張都是一種"蒙昧"，都是對於真主的背離，因此他們主張要徹底清除從外部引進的世俗教育、法律制度、政黨體制和生活方式，純潔社會，純潔人們的思想。他們都強調伊斯蘭教的普遍性和強調伊斯蘭教的原旨教義。他們都從《古蘭經》和"聖訓"那裡尋求社會合法性的來源。他們聲稱，伊斯蘭制度必須用最初的源泉來澆灌。他們都強調真正的穆斯林不能消極避世，而是要以一種積極的態度投入鬥爭，向"蒙昧狀態"開戰，為主道的發揚光大而開展"傑哈德"（聖戰）。作為一種義務，真正的穆斯林要以實際的行動來恢復真主的主權和統治權，建立真主的王國：一個不受污染的、完全按照伊斯蘭方式和標準而存在的社會，一塊完全排除世俗主義、民族主義、愛國主義這類非伊斯蘭影響的淨土。

在實踐中，除了像沙特家族那樣的"溫和"派別外，這一時期的伊斯蘭原教旨主義運動基本上帶有較極端的色彩。埃及原教旨主義組織策劃的刺殺薩達特總統行動，穆斯林兄弟會在各國進行的武裝顛覆和破壞活動，沙特的麥加大清真寺流血慘案都向世人清楚地表明了伊斯蘭原教旨主義者為實現自己理想的決心和採取的手段。

70 年代末爆發的伊朗伊斯蘭革命是這個時期影響最為深遠的伊斯蘭原教旨主義運動。雄心勃勃的巴列維國王絕對沒有料到，自己大力倡導和推進的"白色革命"這個力圖在伊朗實現現代化方案，會為伊斯蘭原教旨主義運動在伊朗的崛起準備了基礎、添加了動力、提供了方便。現代化"強行軍"給伊朗人民帶來的苦不堪言的"現代化磨難"，終於使伊朗這個巴列維自詡的"世界第五軍事強國"在一夜之間被原教旨主義者推翻。霍梅尼像一切革命時代所湧現出來的"奇里瑪斯"一樣,從社會巨大的苦難之中汲取能量,建造了一個對伊朗人民來講既充滿魅力,又極爲沉重的"道德理想王國"。伊朗伊斯蘭革命的成功在中東國家引起了強烈的反響和"共鳴",很多穆斯林將伊朗革命視爲"現代史上伊斯蘭教少有的勝利"。在伊朗革命成功的巨大鼓舞下,伊斯蘭原教旨主義極端勢力在各地掀起了復興伊斯蘭的新高潮,他們不惜採用暴力甚至恐怖手段以達到推翻世俗政權、建立伊斯蘭國家的目的。許多伊斯蘭國家在這種情況下,爲了爭取主動權,不能不搶打伊斯蘭牌。它們大都在憲法和法律中或加入了尊重伊斯蘭教的條款,或重申伊斯蘭教的國教地位,都多多少少地強化了社會生活各領域的伊斯蘭色彩。

伊朗伊斯蘭革命的勝利是戰後伊斯蘭復興運動的一次偉大成功,它的出現既標誌着戰後伊斯蘭教回潮的高峰,也意味着伊斯蘭世界進入了現代化的大陣痛時期。從歷史的經驗來看,伊斯蘭世界的社會結構動蕩和社會的整合革命將進入一個高發時期。儘管以伊朗伊斯蘭革命爲代表的新探索並不能打開巴列維國王所未能打開的伊斯蘭世界現代化的大門,但伊斯蘭革命中爆發出來的再造社會的巨大激情和能量卻明明白白地告訴我們,伊斯蘭文化傳統所蘊含的深重歷史慣性。具有這樣一種歷史慣性的文化或文明,它實現自身現代化的道路可能是多樣的,但絕少可能是一個簡單地向西方文明靠攏的線性過程。

伊朗革命在 80 年代末和 90 年代的西亞、中東和北非地區獲得了迴響。隨着一些伊斯蘭國家政治、經濟狀況的惡化,以及海灣戰爭爆發與冷戰結束引起的外部環境變化,中東地區的伊斯蘭復興運動再顯生機。伊斯蘭原教旨主義以較強勁的勢頭在北非和馬格里布地區形成了新中心,並有向西亞、中亞蔓延的趨勢。

蘇丹是繼伊朗之後建立起神權政治的伊斯蘭國家。自獨立以來，蘇丹爲自己的富強和現代化進行了各種嘗試，僅尼邁里總統就在自己二十年的從政生涯中先後嘗試了社會主義、民族主義和憲政主義。1989年通過政變上台的軍政府也嘗試了一個階段的世俗集權主義。然而，由於國內的民族矛盾、社會矛盾交織在一起，構成難以克服的巨大障礙，所以每一種嘗試都沒有能夠取得成功，社會在一次又一次的轉向中搞得疲憊不堪，人們的不滿隨着生活水平的每況愈下而不斷增強，伊斯蘭解決方案逐漸成爲絕大多數蘇丹阿拉伯人的嚮往。而在社會四分五裂的情況下，伊斯蘭也是爲蘇丹阿拉伯民族取得認同的惟一也是最後的文化傳統資源。所以不同於伊朗的是，蘇丹伊斯蘭神權政治不是一場轟轟烈烈大革命的結果，而是集權於一身的軍政府的無奈選擇。情況正像蘇丹伊斯蘭精神領袖圖拉比所言，在蘇丹沒有其他任何東西能取代伊斯蘭而成爲一個民族國家得以凝聚的核心，成爲邁向現代化可資利用的資源。他聲稱，沒有伊斯蘭，"蘇丹就沒有認同、就沒有方向。"

儘管蘇丹的例子也許有點特殊，但我們通過它仍然能夠看到，伊斯蘭復興在當代伊斯蘭國家中再掀起高潮絕對是有着它自身的內在原因的。也許伊斯蘭世界的大多數人們實際上並不認爲伊斯蘭是良藥，也知道虔誠與祈禱解決不了社會長遠的發展問題，但人們在無奈之中又不能不求助於它。實現現代化發展的確是該地區幾代精英和民衆的共同願望，但深受"現代化磨難"之苦的民衆實在因不堪重負而只能轉向伊斯蘭。新的伊斯蘭運動誠然面臨許多新的困難，但蘇丹與伊朗的革命表明，它們確實解決了長期困擾着伊斯蘭世界的一個最大問題，即推翻或變革了極度腐敗和無序的世俗統治，提供一種比較穩定的社會秩序和統一的思想信仰。

阿爾及利亞是目前北非人們比較關注的伊斯蘭復興運動的關鍵地區之一。阿爾及利亞在歷史上和法國有着很密切的關係，受西方文化影響甚深，獨立後又經歷了一個黃金發展時期，因而一直被人們看好。然而意想不到的是，在經歷了 80 年代艱難困苦之後，它一下子背離了自己的既往發展道路，突然迸發出空前的伊斯蘭原教旨主義激情。在 90 年代初政府組織的地方和議會選舉中，伊斯蘭政黨獲得了壓倒性的選票，民主為伊斯蘭政黨顯示自己的能量和最後奪取政權開通了道路。伊斯蘭復興運動的這種聲勢最終迫使政府不能不扯下民主的外衣，以實行軍事管制的方式取消了會導致伊斯蘭政黨直接掌握政權的第二輪全國大選。

軍政府的強權政策暫時避免了阿爾及利亞伊斯蘭政府的出現，但卻帶來了一場全民族的內戰。伊斯蘭復興運動在這場戰爭中表現出來的頑強、兇悍和酷烈的精神既給阿爾及利亞政府帶來了巨大的麻煩，也給整個民族造成了無可挽回的損失。為了阻遏伊斯蘭原教旨主義的發展，阿爾及利亞失去了自己發展現代化的幾乎所有基礎。這不能不說是一個民族的大悲劇。人們擔心，長期的阿爾及利亞內戰會成為該地區通向一場浩劫的路標和象徵，在這場浩劫中，伊斯蘭將在自己力所能及的範圍內戰勝一個又一個在製造着社會極度無序和混亂的"現代化"政權，從而實現自己的全面復興。

伊斯蘭復興運動最具戲劇性的表現也許可以說是在土耳其。土耳其自 20 年代拋棄奧斯曼這一沉重的歷史包袱，以世俗主義和民族主義為指引，在社會經濟、政治和文化建設方面取得了重大成功，成為伊斯蘭世界現代化改革的典範。對土耳其素有研究的美國學者劉易斯在 1993 年還對土耳其的民主前景表示了自己樂觀的看法，認為土耳其完全有可能再一次成為其他許多國家的榜樣。

然而，正是這個有可能成為"其他許多國家的榜樣"的土耳其僅在幾年之中就爆出了冷門。1995 年，土耳其伊斯蘭原教旨主義政黨繁榮黨在大選中奪得了 21.3% 的選票，一舉成為國會中的最大政黨。1996 年 5 月，繁榮黨終於組成聯合政府，其領袖埃爾巴坎出任總理。人們不無驚訝地發現，民主政治運行了近半個世紀的土耳其竟然最終和凱末爾所開創、確立的世俗主義和民族主義原則"分道揚鑣"了！繁榮黨政府雖然執政一年後在一場"軟政變"中被趕下台，但伊斯蘭在土耳其這一"世俗化堡壘"中的強勁復興勢頭引起的震驚和疑問卻一直縈繞在人們的腦海中。

伊斯蘭社會的變革困境存在於其社會政治經濟文化的結構特徵之中。伊斯蘭世界在發起一次又一次自我批判、變革圖強運動之後，最終都免不了帶有悲劇色彩的"現代化絕望"這個結局。面對這樣一種命運，奮起抗爭的伊斯蘭志士仁人不能不一代又一代痛苦地進行重新思考和重新摸索。今天他們最終自覺不自覺地舉起伊斯蘭這面在外人心目中也許並沒有什麼特別希望的旗幟，已不再是僅僅爲了爭取恢復那似已漸漸遠去的昔日榮耀和光輝。他們不過是想以復歸傳統作爲號召，重整旗鼓，重新探索一條能給社會帶來新希望的現代化道路。坦率地說，伊斯蘭世界今天的復興運動只是它所經歷的現代化苦難的一個象徵。儘管伊斯蘭復興運動也許並不代表伊斯蘭世界的明天，但卻是通向明天、通向新選擇的必要前提。

伊斯蘭復興運動作爲一種對轉型時期社會苦難抗爭的集中表現，當然不能不把它的矛頭指向推動現代化改革的政治權威，指向這些權威帶給人們無窮苦難的那種"模式"，不能不在某種程度上借助於傳統的力量來爭取人心、穩定社會、結束動盪。這樣一來，整個復興運動也就不可能不表現出某種強烈的反"現代化"色彩，不可能不和整個世界的現代化進程形成某種背離。當今一些伊斯蘭原教旨組織和像伊朗這樣的神權政治國家蔑視理性、抬高神啓，推行伊斯蘭教法統治，強調伊斯蘭教的完美性、完整性，對外來思想影響持堅決徹底的排斥態度，力圖建立一個嚴格遵守伊斯蘭教原則的理想社會等一系列做法，便十分典型地體現出這一點。

由此我們可以看到，伊斯蘭復興運動的興起不可能直接推動伊斯蘭世界自身現代化進程的發展，相反，由於這個復興運動對傳統所進行的神化和膜拜，由於它從思想到體制大踏步地回歸傳統，整個伊斯蘭世界的現代化進程不可避免地會顯得遷延時日，跌宕曲折，在這個意義上我們說，伊斯蘭復興運動儘管是可以理解的，但它畢竟在將整個民族投入反對特定現代化發展模式的同時，助長了自己的偏激、狂熱和虛妄。這就不能不使整個民族在特定的歷史時期內無法清醒地把握自身所面臨的時代挑戰、時代課題的性質，無法在付出慘重的代價之前及早地悟出融合到世界中去的歷史必然性，無法及時地把自己的注意力及時地放到探尋現代化發展的新模式、新道路這個至關重要的課題上去，在這個意義上，伊斯蘭的復興又差不多是伊斯蘭世界的悲哀。

然而，伊斯蘭復興運動興起的意義又並不完全是消極的。伊斯蘭革命結束了廣大群眾在一個全面失範社會中極其痛苦的夢魘，為他們重新提供了一塊完整的"精神家園"；這一革命還使整個社會免於在一個毫無出路的現代化模式中不斷地沉淪，使它在無法成功地開闢前進道路而陷於極度混亂之時能迷途知返，較快地回到傳統的支撐點上；革命還在客觀上有利於社會秩序的恢復、力量的積蓄，從而為後一輪的發展重新奠定基礎。不僅如此，伊斯蘭復興運動的另一層積極意義還在於，它以自己的失敗使人們再一次重視起現代化發展模式的多元化問題，儘管它本身並不一定能夠開闢出一條具有自己特色的現代化之路。在這個意義上，伊斯蘭革命和歷史上多種形式的群眾大革命一樣，以中斷特定現代化發展模式的方式宣告某類現代化模式普適性神話的破產。

我們說，一定的現代化模式所代表的發展方向在某種程度上固然標示了人類社會整體的共同前進坐標，但這種模式本身是否必然成為其他民族的楷模則是另一回事，不注意到變革社會主體間的差別，不注意到變革背景上的變化，而盲目地去照搬別人的具體模式，便有可能造成嚴重不良後果。我們看到，近現代世界上所發生的那些社會結構性大震蕩，無不是以不同文化模式的整合災難爲背景，以傳統社會結構的快速自我摧毀爲基礎的。在這裡，社會作爲一個複雜系統在變革自身結構過程中的"可接受變異空間"問題始終沒有得到應有的重視，人們似乎以爲，一個社會的文化模式嬗變可以是無限制的，可以無需考慮傳統社會結構特點，以及這些特點對外文化要素的容納能力、親和程度這些問題而按人們的願望進行。現在，伊斯蘭世界爆發的革命再一次提請人們注意，一個社會的傳統結構是不能忽視的。社會結構變革一旦超過自己的"可接受變異空間"，出現非理性的社會結構大震蕩就難以避免。

這就向古老的傳統社會提出了一個重大的理論和現實問題：那就是如何根據自己的社會結構特點發展出現代化的新整合方式，以控制社會矛盾積累、避免社會結構性大震蕩的出現。這一點對於那些已經經歷過這種震蕩而沒有打通社會現代化道路的國家來講，就具有特殊的意義。歷史雖然不可能完全重演，但有時卻常會表現出某種相似，甚至驚人的相似。不能從現代化歷史經驗中汲取教訓的民族便要付出沉重的代價。而從世界歷史發展的角度來講，尋求東西方文明間新的接合點則意味着現代化發展模式的多元化，意味着人類對付未來不測挑戰的應戰能力的儲備，其意義更不容忽視。

伊斯蘭復興運動的興起在某種意義上還是醫治人們"現代化恐懼"的一種"良藥"。它通過製造一種驅使人們進入迷狂狀態的社會氛圍而使社會情感好惡的鐘擺盡可能地趨向於"反現代化"的極端，盡可能快地宣洩前階段所積累起來的情感能量，從而爲社會新一輪的懷疑、新一輪的否定和新一輪的探索積蓄功能，準備前提和條件。在一定程度上，東方社會也許只有通過這樣一種悲喜劇的方式才能加快拉開與"昨日之我"距離的步伐，才能以一種跳躍式的突進打破亨廷頓在他的新著《文明的衝突與世界秩序重建》中所謂的“被鎖定的”、古老傳統社會的“完型文化”。在這個意義上，我們今天在對世界近現代歷史上出現的衆多羣衆性“大革命”運動進行深刻反省的時候，是不是還應該保留幾分“再反思”精神？在那些以非理性大爆發爲特徵的社會運動中，是不是還隱藏着某種我們人類目前的理性尚難以把握的社會“大智慧”？

綜上所述，我們可以認爲，伊斯蘭復興運動在當代的興起是整個漫長的東西方文明結合歷史進程中一再出現的“整合難產”的一個新結果。站在世界歷史進程的高度來看伊斯蘭復興運動，的確能發現它是一個矛盾的統一體，它所表現出來的對傳統的回歸實際上具有着多層含義，而作爲一個新的“輪迴”周期的始點，伊斯蘭復興運動又昭示着伊斯蘭世界在未來有着新的發展可能。回顧世界現代化的歷史進程，命運之神似乎對古老的傳統文明顯得特別的嚴苛，在後者幡然醒悟，力圖革故鼎新、勵精圖治的情況下仍然關閉上幾乎所有可能的發展大門，迫使它不能不重操傳統的武器掙扎在那虛幻解脫的煉獄之中。幾代人的血淚和苦痛，幾代人的沉重和發憤都不能感動它。是不是這扇發展的大門一定要有智慧女神的金鑰匙才能開啓呢？

看來，作爲古老傳統社會一員的伊斯蘭世界是否能在經歷了新的曲折之後眞正地找到自己的出路，在很大程度上取決於伊斯蘭世界冷靜下來後對自己所面臨的時代歷史大課題的再認識，取決於它在新的一輪“輪迴”中解決這一時代歷史大課題的技巧。在這個意義上，伊斯蘭世界遲早會重新站在歷史發展的十字路口，面對一次新的選擇。

說西方和伊斯蘭文明的關係會成爲理解 21 世紀國際政治的“主軸”，也許是過分誇張了一些。但伊斯蘭復興運動對於伊斯蘭社會，對於世界經濟政治未來的發展來說，的確是一椿不可忽略的大事。站在國際政治的角度來講，一個崛起於現代化挫折中的大規模羣衆革命運動，也許是今天文明世界最難於處理的問題。在世界近現代歷史上，人類文明的大廈曾不止一次地在這種運動面前顫動。而今天，只要看一下有那麼多的發展中國家都在努力發展自己的生化能力和核能力，你就可以想像，一個相互聯繫愈益緊密的世界正面臨一種什麼樣的挑戰和考驗！如果伊斯蘭世界的情況不能得到改善，如果現代化對於衆多發展中國家來講還是那樣的艱難和痛苦，那麼，今天的汽車炸彈到明天也許就會形同兒戲了。

一個在轉型過程中受挫的社會，是一個充滿着仇恨和怨忿的社會。這種社會往往會產生尋找"敵人"的強烈衝動。而作爲倡導"反現代化運動"的領袖，更具有一種義務來向人們指出這種敵人之所在。這既是爲了說明先前一切社會苦難的原因，指明當前鬥爭的方向的要求；也是向人們承諾美好世界，給人以希冀的前提；更是動員人們投身運動、煥發激情和加強認同感的手段。我們能在近現代世界歷史的畫卷中不止一次地觀察到，正是通過對這種敵人的發現、打擊乃至消滅，一個民族、一個國家會在特定時期內獲得一種在現代化挫折時期所根本不可能具有的激情、希冀和認同，爆發出巨大的有時甚至是可怕的能量來。當這種敵人在這種社會內部時，我們會看到，一種主義，一種意識形態會成爲人們激烈批判的對象，而代表或象徵這種主義或意識形態的那部份社會成員就會成爲"人民公敵"，成爲"祭品犧牲"送上"神聖事業"的祭壇。如果這種敵人在社會外部時，我們又會看到，國際政治關係會迎來一個風高浪急的時代。"文明間衝突"的戰鬥號角會驚天動地地吹響。

從一個受挫的轉型社會中崛起的羣衆性革命運動，也是一種充滿着反省意識和批判精神的運動。它會對造成先前社會苦難的特定現代化模式持一種徹底批判和徹底否定的態度。伊斯蘭復興運動在這一點上也不例外，它作爲對於伊斯蘭社會轉型期大苦難的一種

"清算"形式，在對"現代化"、西方化和商品化這一類所謂的"苦難根源"問題上，表現出了自己極爲強烈的批判、否定和排斥情緒。這種抵制情緒難免會帶有一定的非理性色彩，會有一種否定先前一切的傾向，會在實踐過程中表現出一系列"矯枉過正"的做法，會在理論上有自己一整套東西從根本上否定"現代化"，否定"商品化"，否定"西方化"。把"西方"社會作爲自己的敵人，是這種運動的普遍傾向。

從一個受挫的轉型社會中崛起的羣衆性革命運動，還是一個充滿了道德理想主義和希冀的運動。它們在批判那個全面失範的"舊世界"的同時，會憧憬、勾勒出一個理想的新世界，會倡導和追求一種嚴格的社會道德生活，會致力於一種新發展模式的開拓。我們看到，這樣的一種理想必然地會和處在世界發展主流地位的那些社會發展模式形成一種鮮明的對照，會在理論上和實踐中對一系列重大課題形成自己截然不同的哲學世界觀。

所有這一切表現看起來似乎都帶有着嚴重的消極成份在內。但平心而論，這實際上是歷史在爲自己開闢新的前進方向時普遍採用的手段。可以想像，如果一種新的希冀不通過一種特殊方法全方位地激發出社會所擁有的潛力，一個社會實際上就很難告別昨日之我，完成社會系統的"躍遷"。在這個意義上，我們應該對那些在苦苦掙扎、尋求着新出路的轉型中社會表示理解和同情。他們的某些非理性行爲，他們的騷動不安，並非是常態，並非是某種不可改變的傳統或文化原因造成的，而是社會機體所普遍具有的應急能力的一種反映形式，是社會嘗試爲自己打通前進道路的普遍做法。因此，即使所有這些探索、掙扎到後來被證明是錯誤的，它也有自己當時存在的那種理由。

更何況我們不能把我們今天的主流文明看成是人類文明發展的終結，不能排除新的探索運動存在着爲人類文明的進一步拓展作出直接、間接貢獻的可能。在人類面臨的挑戰愈益繁多、嚴重的情況下，人類文明不可能停止自己的探索和創造，不能不面對未來提出一個個似乎可行的方案。正如一個哲人說得好，人類是一種"希望動物"，它必須憑藉自己所編織的"希望"之繩，才能攀向充滿未知、懸在空中的未來，才能開闢那隱藏着的可能發展空間。儘管人類有許許多多的希望以及由這些希望激發出來的行動被證明是錯誤的，因而會在"攀援"過程中以失敗而告終，但我們不能否定，犯錯誤本身是人類社會開發那些可能性發展空間過程中無可避免的副產品。這也就是說，人類社會的演進過程，從總體上來講依靠的就是"試錯"方法。我們人類今天所形成的特定的文明模式和特定發展階段，完全是這種試錯過程的結果。

當然，以我們今天的經驗來看，伊斯蘭復興運動的眾多嘗試對於穆斯林社會探尋一條真正的解放之路、現代化之路也許不會有什麼直接的幫助，而它想通過對外部世界的改造來實現自我價值的做法，也多半不會成功。一般而言，這類強烈的反現代化激情會在現實面前，會在背離現代化的道路無法走通的情況下逐步得到某種揚棄。這也就是說，這一類大規模的群眾性革命運動遲早會在時間的作用下，站到一個新的高度上重新反思自己，重新規劃自己。應該說，在這方面也許沒有什麼東西會比一個民族從自己的切身體會中吸取經驗和教訓，然後作出自我調整更好的安排了。

鑒於轉型社會中群眾性革命運動所具有的這一系列特徵，外部世界，不管是同一文明還是不同文明，最好是對這種運動保持一種寬容的態度。這既是體現一種政治人道原則，又是一種國家安全的需要。說它是一種政治人道原則，是因為不應該"趁人之危"，落井下石。一個陷於"反現代化運動"的民族的確是一個不幸的民族，在時代的大潮衝擊下，在現代化挫折的打擊下，他們把一場後衛戰當作前衛戰來打，生活在一種虛幻的滿足感之中。他們否定他們前輩追求過的一切東西，摧毀現代社會發展所需要的基礎，把整個社會拋入一種"瘋狂"之中。他們在沒有發洩完因"挫折"而積累起來的巨大社會能量前，在沒有遇到新的重大挫折前，是不可能清醒過來，作一種全面反思的。因此，對這類社會持一種寬容態度，保持一定的距離，留一個時間、空間讓它們自我學習、自我總結，是十分必要的。如果外部世界在理解這一道理的基礎上還要加入積極反對、攻擊和干涉這類社會的行列，那麼我們講，這在政治上就是不道德的了。

說它是一種安全的需要，是指盡可能避免把這一社會積聚的高度能量引向外部世界，造成重大的國際衝突和戰爭。一個崛起於現代化挫折中的社會，是一個告別了昨日之困頓、軟弱、無力的社會，是一個同仇敵愾、具有一切行動潛力的社會，也是一個需要敵人和尋找敵人的社會。因此與之保持適當的距離，盡可能避免刺激它、激怒它，避免引火燒身，是外部世界的明智之舉。歷史表明，和這樣的一個社會為敵，作殊死戰鬥，結果往往是利少弊多，損失慘重。無論你自己最初認為有多少必勝的把握。

當然，外部世界有時會出現無法保持距離的情況，不管你如何理解，如何克制，如何冷處理，一個崛起於現代化挫折中的社會，就是指你為敵，就要向外輸出自己的"革命"，就是要用它全部的能量向外部世界挑戰，表現出這個社會與外部世界為敵的姿態。這的確是一種非常危險的狀態，因為外部世界的寬容、退讓都無法避免衝突的發生。在歷史上，這一類挑戰者總是最具危險性。因為在這種情況下雙方為之戰鬥的，不再是什麼具體的利益，而是整個兒的生活方式，這類戰爭沒有任何妥協的餘地，除非作戰雙方看不到徹底戰勝的前景。這類戰爭總是使原有的國際政治秩序出現結構性的"震盪"，甚至重組。正因為如此，這一類挑戰一直成為近現代國際政治中最為棘手的問題，每一次的這類衝突，人類都為之付出了慘重的代價。在迄今爲止的歷史中，這種最具危險性的挑戰已經構成過對人類存在本身的威脅，而隨着科學技術在當代世界上的長足發展，人類所擁有的毀滅性武器的多樣化、擴散化，崛起於現代化挫折中的社會的確有可能會再一次、也更嚴峻地把這個問題重新擺在我們大家面前。屆時，人類已不是在現代化和傳統之間或文明之間做選擇，而是在生存和毀滅之間做選擇了。

在這個意義上，國際社會有必要把自己的關注重心移到這個問題的解決上來。對於外部世界來講，最好的解決辦法也許不是事後如何去加以防範，如何去加以遏制，而是在於事先如何對那些正在遭受現代化社會挫折的社會給予特別的幫助，幫助他們建立社會安全預警系統，幫助他們建立社會保障系統，幫助他們制定適當的政策措施，以減緩其內部矛盾積累的速度。防範有可能滋生大規模羣眾性革命運動的土壤和氣候的形成。

其實，所謂的"文明間衝突"，基本上都發生在"現代化受挫"之後所爆發的非常運動時期，發生在這個時期所爆發的羣眾性大革命運動之中。回顧歷史不難發現，文明衝突的重大事件，從法蘭西大革命到俄國革命再到中國革命，從德國法西斯崛起到日本軍國主義的猖獗，從拉丁美洲現代化歷史上的蹣跚步態到今日伊斯蘭世界的憤怒激性，都說明了這樣一點：沒有現代化進程的嚴重受挫，就不會有極端的反西方運動，因而也不大可能出現一種激烈的全球性生死對抗。而在通常情況下，非西方文明實際上並不排斥借鑒、學習和引進西方文明的優秀成果。相反，一個社會在它以一種極端憤怒的大革命形式拒斥西方文明、拒斥現代化之前，往往都有過一個主動的、大規模的引進和西化的過程。因此關鍵的問題恐怕不是這些社會本質上不願吸取西方文明，而是西方文明和這些文明沒有一種自然的親和能力。因而如何解決"文化親和"問題，不致使引進的市場經濟體系和商品文化成爲一種勢不可擋的社會解構因素，這才是最爲重要的。

在我們這個時代，防止變革中社會爆炸性局面的出現，也許將成爲未來世界政治、人類和平所必須要加以考慮和研究的重大課題。國際社會，尤其是發達國家，有必要在這個方面改變自己的外交政策和思路。新時代的國際和平投資有必要採取全新的形式。

然而不無遺憾的是，當我們回顧西方世界在這方面的表現歷史時，看到的也許是最糟糕的東西。

西方文化中有一種根深蒂固的看法，即認爲自己的文明是一種具有普遍性的東西。它們堅持，全世界的人們都應該擁抱西方的價值觀、制度和文化，因爲這是人類最高級、最文明、最自由、最合乎理性、最現代、最好的東西。他們認爲，其他社會中的人們都要採用西方的這一套做法，如果他們在這方面沒有這類要求，仍熱衷於他們看到的傳統文化，他們就是某種錯誤觀念的犧牲品。情況正如亨廷頓所講的，西方總是想把他們自己那套獨特的體制、觀念和文化強加給世界其他地方，而不管這些地方的國家和民族有着什麼樣的文化歷史背景，不管這些國家和民族目前社會的具體情況和存在的特殊矛盾，也不管這種強加最終有可能產生什麼樣可怕的結果。這就不難理解，爲什麼一些得到西方政府全力支持的政權，反而總是因可怕的國內動盪而垮台。

然而，面對由此造成的嚴重後果，西方很少想到過自己有什麼責任，更不必說反省自己在這方面的過失了。相反，它這個時候往往先是推卸責任，繼爾又會積極地干涉和阻止由自己行爲導致的後果，把這多少是由自身行爲產生的後果看成是洪水猛獸，力圖大加撻伐，這就不能不激怒一個處於非常狀態下的民族，不能不激化西方和這些處於非常狀態的社會之間的矛盾，造成所謂的"文明間衝突"。

今日的西方有很多人都在爲冷戰時代的結束而慶幸，認爲西方在半個多世紀的鬥爭中終於取得了徹底的勝利，擺脫了共產主義這一"夢魘"。在某種意義上，這的確可以說是西方的"勝利"。然而，也許是這一重大的歷史事件離我們還太近，因而很少有人以一種宏大的歷史眼光將冷戰這一事件放到世界現代化的歷史進程中作一種通盤的考察和解釋，很少有人站在文化或文明衝撞變遷的角度來看待冷戰。即使像亨廷頓這樣被認為確實具有廣闊歷史視野的政治學家，也還未意識到這一點。他對美國外交的反思和建言只停留在後冷戰時期，他認為在一個業已發生巨大變化了的世界上，帶有冷戰思維慣性的美國外交政策已不能適應一個多元文化的新時代了。其實，冷戰本身又何嘗不是一場"文明間的衝突"呢？它所反映的又何嘗不是一個多元文化時代和"一元普遍主義"文化觀之間的衝突呢？要在先前東西方之間的"冷戰"和今天西方與伊斯蘭文明之間的"衝突"當中，畫出一條界限分明的鴻溝，那在邏輯上是不徹底的。平心而論，美國的對外政策，大而言之，西方的對外政策，還從來沒有過多元文化共生共存、共同發展的視野。

的確，在一個科學技術已把人類緊緊地捆綁在一起的世界上，東方和西方，發展中國家和發達國家都需要一種新的多元文化世界觀來指導和處理相互之間的關係，需要以一種理解、同情和互助的精神去協同處理那些可能危及世界和平與人類生存的重大課題。如果說，迄今為止的"文明間衝突"因我們的無知而沒有加以積極預先防範的話，那麼我們希望，未來的"文明間衝突"不要因為我們的偏見和固執阻止我們去積極預先防範而發生。在這個意義上，世界未來的和平與人類未來的前景取決於我們今天的選擇。

【1】參見亨廷頓：《文明的衝突與世界秩序重建》，美國西蒙與舒斯特出版公司 1997 版，第 109 頁。

【2】參見梅棹忠夫的《文明的生態史觀》。

【3】參見 Jim Granato 的《文化價值觀對經濟發展的影響》，載《美國政治學雜誌》1996 年秋季號。

第一章　伊斯蘭教的創立和伊斯蘭文化傳統

第一節　伊斯蘭教的創立

大凡偉大的世界性宗教的產生，除了有着它自身獨特的自然環境條件、時代歷史背景外，恐怕還都有着一種巨大的社會動蕩和由這種動蕩帶來的人類巨大痛苦作爲催化劑，都有着那種獻身於民衆解脫，社會改造的思想家的睿智和靈感、激情和虔誠作爲酵母。伊斯蘭教的誕生也不例外。

一、伊斯蘭教創立的歷史背景

伊斯蘭教 7 世紀興起於阿拉伯半島。從地緣角度講，阿拉伯半島西隔紅海與埃及相望，東與兩河流域的古老文明接壤，北受地中海文明輻射，南又可通過海洋與印度文明接觸。自古以來它就是歐、非、亞三大洲的樞紐地帶，處在與世界上幾大主要文明互動交往的關節點上，佔有較大溝通優勢。因此，歷史上該地區周邊文明之間的殺伐征戰、經商貿易、文化往來、宗教傳播對阿拉伯半島人們的生活都產生過重大影響。這種情況一直持續到了伊斯蘭教的出現。

然而，在很長一個歷史時期中，阿拉伯半島成爲周邊文明風暴漩渦的"颱風眼"，它的文明發展水平遠遠低於周邊。它在這一地區的"文化"交往活動中表現出一種很大的被動性。出現這一現象的原因，如果用"年鑒史學派"的"長時段"框架來解釋的話，也許和這一地區的氣候、地理條件有關。

從氣候地理條件來講，阿拉伯半島的條件總體上說比較特殊。在半島西部、南部沿紅海、阿拉伯海一帶，有着系列的延綿山脈，這些山脈阻絕了來自海洋的潮濕氣流，從而使半島大部份地區年降雨量都在 100 毫米以下。這就造成了半島的沙漠與半沙漠的氣候特徵。作爲例外，只有在西南部靠山沿海的狹小區域內，降雨量較大，氣候濕潤、土壤肥沃。而生活在這一得天獨厚環境中的阿拉伯居民也很早地發展了灌溉農業，大量種植香料，開展了和印度的海上貿易以及與周邊幾個發達文明地區的陸上貿易，形成了較高的文明。在阿拉伯世界的早期歷史上，該地區以在阿拉伯半島上形成數條南北貿易商道（半島西南部與地中海、埃及和兩河流域間文明的貿易通道）的形式，向半島內地輻射自己的文化。然而由於種種原因，這一地區的文明較早地衰落了。儘管它對於阿拉伯民族文化的形成產生過重大的影響，但卻並未成爲後來作爲阿拉伯文化主流的伊斯蘭文明的直接基礎。

伊斯蘭文明的眞正誕生地是乾旱或半乾旱的阿拉伯半島內地。生活在這裡的居民大多是一些稱爲貝杜因人的游牧部落。和世界上大多數游牧部落一樣，貝杜因人傳統的生活方式是逐水草而居。他們的主要生活來源是依靠其放牧的駝羣和羊羣。大體上講，他們每年沿一定的路線在大範圍內遷徙游牧，生活雖不很穩定，但也不是完全沒有規律。由於嚴酷氣候的制約，食物和水草往往不敷所需，因此部落經常不得不分散爲小規模的游牧羣落。一般情況下它們以 15—20 個有着緊密血緣關係的帳篷爲單位，並在相互間保持聯繫和呼應。我們不難看到，阿拉伯內陸的文明由於受制於嚴酷的環境，它不能不以一種簡單的"文明再複製"來保持自身和生態環境之間的脆弱平衡。

儘管世界上的游牧部落都有覬覦和掠奪鄰居財富的渴求和能耐，但貝杜因人[1]卻有點與衆不同。這與衆不同並非來自其主觀方面，而主要來自客觀方面：滾滾財源就在自己的腳邊。由於貝杜因人生活的地區接近繁忙的商路，加上游牧部落的流動性，貝杜因人的生活實際上從很早開始就和商貿結下了間接的不解之緣。一方面，貝杜因人男子常常充當商隊的嚮導和護衛，作爲游牧生活的補充；另一方面，他們作爲剽悍的游牧民族，又不會甘心永遠充當金錢的奴隸，他們很自然地把獵取商隊的財富看作是一種更爲直截了當的生存手段。從更深層次來講，貝杜因人甚至把這種劫掠納入自己的文化，把它看成是自己生活方式的組成部份。因此，他們不僅把劫掠看成是一種經濟手段，而且還是一種在倫理文化上被認可的，受到稱道的行爲。在阿拉伯貝杜因人的觀念中，成功的劫掠是男子漢表現自己大丈夫氣概的一種最恰當的方式。儘管這看起來有點奇怪，但無庸否認的是，正是這種民族風俗培養出了貝杜因人的勇武好鬥，集體精神和豪俠氣概。

在伊斯蘭教出現前，氏族組織是貝杜因人社會的基礎。那些自認爲有共同祖先的氏族組成部落。部落以血緣作爲紐帶，尊奉共同的風俗習慣祭拜儀式，組織一致對外的軍事組織，形成一種凝聚力很高的社會單位。在內部相互關係上，部落成員間大體上保持着民主和平等的關係。當時的部落首領還不能獨斷專行，而必須靠自己的經驗、威望和感召力來施加影響。氏族和部落對於每一個成員來講，具有非凡的意義，它作爲一種命運共同體，保障成員的權利和生計，爲其所受傷害報復，甚至對其罪行負責，因而成員對氏族和部落絕對忠誠。在貝杜因人的感情中，集體的利益、榮譽至高無上，血統的純潔與高貴優於一切。在貝杜因人看來，部落就是一切，部落之外，很少存在共同利益，也沒有什麼必須要遵循的行爲規範。這種情況直到部落間的交往逐漸密切，部落聯盟應勢產生後才有一定的改變。

在伊斯蘭教興起之前的數百年時間裡，貝杜因人的社會明顯地處於停滯狀態，他們自己從未超越氏族、部落發展階段，沒有建立過統一的國家。貝杜因人幾乎全是文盲，在信仰問題上盛行萬物有靈論，偶像崇拜。幾乎每個部落，每個氏族都有自己的保護神。在這個被稱爲"阿拉伯人的蒙昧時代"裡，有着許多看來似乎有點荒謬、迷信但有時也有點說不清的風俗。比如，他們認爲貓頭鷹是一種從被殺害人頭裡飛出來的復仇鳥，直到人們爲被害者復了仇，它才會停止鳴叫。再如，他們在族人死後，往往把其生前作爲坐騎的駱駝的脖頸倒轉，並幽閉於洞中直至餓死。他們認爲只有這樣，其主人才會得到"超度"。貝杜因人的這些做法在他們自己是一種傳統和風俗，但在周邊較高的文明看來，便不啻是一種"愚昧"。對於當時其他發展水平較高的文明來說，貝杜因人不過是一批尚未開化的"野蠻人"罷了。

然而，歷史的發展往往會越出人們的理性預期。正是在這樣一種社會停滯的情況下，卻出現了一系列推動貝杜因人從部落社會邁向民族、邁向國家的動因。歷史的機遇終於開始垂顧這個似乎被人遺棄的地區和人民。

動力之一是部落之間連綿不斷的血族仇殺。大規模的血族仇殺撼動了貝杜因人長期僵化的社會結構。據傳，阿拉伯最早也最有名的部落仇殺是發生在半島東北部的"白蘇斯戰爭"。這場戰爭延續了 40 年，而起因卻只是一方部落的酋長射死了對方部落的一隻母駝。據統計，這個時期發生的大大小小部落戰爭多達 1700 多次。這些大多發生在同宗部落間的血族仇殺，加速了氏族制度和部落宗教的衰落，有力地推動了部落間的結盟、聯合和交往關係的發展。

動力之二是國際商道的變化。自古以來，阿拉伯半島上除了存在一條南北商道外，還有着溝通地中海地區和兩河流域及遠東地區的重要商道。由於阿拉伯半島上的特定人文地理氣候因素，到4世紀時，這東西向的商道從南北兩端繞過了阿拉伯半島：北部經幼發拉底河和波斯灣；南部經紅海和阿拉伯海。然而到了6世紀下半葉，這條國際商路出現了對於阿拉伯貝杜因人來講意義重大的變化。由於拜占庭帝國和波斯薩珊帝國之間爆發的長期戰爭，以及由此引起的普遍混亂，堵塞了這條東西商道的北通道。而埃及也因和拜占庭之間的鬥爭而無力維持經紅海、阿拉伯海的南通道。這樣，人們不能不利用由敘利亞經希賈茲到也門的這條傳統商道來實現地中海和遠東之間的貿易。這一變化的直接結果是，阿拉伯半島的中西部地區在商路的這一變遷滋養下，開始繁榮起來，並在這樣的基礎上出現了一些商業性城市。麥加、麥地那和塔伊夫就是其中較有名的三座。後來成為伊斯蘭教誕生地的麥加，在當時尤為繁華。城內建有後來著名的克爾白神殿，殿內當時供奉着360多尊各阿拉伯部落神的偶像。每年的禁月，阿拉伯人從四面八方雲集麥加，祭祀各自崇拜的神靈，同時進行廣泛的商品交易和文化活動。

動力之三是部落之間的相互襲擊和劫掠，以及對付大規模武裝商隊的需要，獲得商貿財富刺激的阿拉伯貝杜因人在生存環境發生重大變化的情況下，生存方式也很快進行了調整：從游牧為主向劫掠財富為主轉變，而劫掠對象也不再僅僅限於貿易商隊。阿拉伯貝杜因人在襲擊和劫掠日益頻繁，且規模越來越大的情況下，不能不在社會組織層面作出適應性變革，以抗衡日益巨大的生存淘汰壓力。這樣，出於保障自身安全和掠奪財富的雙重要求，廣大的貝杜因人中小部落，甚至大部落都走上了尋求聯合之路。這種生態學上稱之為"生態緊逼"現象所導致的"馬太效應"，以一種超越人們主觀意志的力量，強制性地推動部落、部落聯盟不可逆地走向更大規模的聯合。社會組織的巨大擴張儘管一方面帶來戰爭規模、戰爭能量加強的可能性，但另一方面也使得社會組織不能不超越血緣聯合，不能不使得內部的規範和秩序得到空前的加強。這樣，阿拉伯貝杜因人終於因此而掙脫了長期約束和限制自身發展的部落制度，迎來了一個新的發展契機。用當代的系統論觀點來看，這種變化也許是不奇怪的：系統所獲能量的巨大變動為系統結構變化具備了必要條件。

動力之四是由商業經濟發展所帶來的社會結構性動盪。阿拉伯半島內地商業城市的出現，商貿經濟的繁榮，極大地改變了貝杜因人的生活。有些部落的人們已從游牧、劫掠生活轉變為定居生活。定居部落數目雖然不是太多，但他們在當時阿拉伯半島的歷史變革中發揮了重大作用。在商品經濟催化下，部落和部落聯盟間的關係變得十分複雜。有的加強了相互間聯盟以求商業壟斷，有的為了商業利益而相互爭執不下，世代結仇。更重要的是，商業經濟的發展完全腐蝕了貝杜因人傳統的社會基礎，推動了私有觀念的滋長和泛濫，瓦解了傳統的維繫紐帶。合夥貿易的需要經常改變氏族間的親疏關係；而商業經濟也使氏族間的地位、財富出現明顯的分化；部落和部落聯盟的領袖往往變得惟利是圖，經商暴富的商業貴族開始完全不顧氏族和部落的傳統道德要求和榮譽標準，他們拒絕履行氏族內的傳統義務，對氏族內的貧困及幼弱無力成員置之不顧；他們憑藉地位聚斂財富，憑藉財富不擇手段謀求商業壟斷，氏族和部落組織在這個時期已基本上蛻化成為權貴手中的工具。一句話，人們所熟悉的傳統道德和習俗規範出現了崩塌，對財富的追求壓倒一切也摧毀一切，人們為追求物質財富的努力卻意外地迎來了自己精神上的"世紀末時代"。因此，在一片商業繁榮的氣氛下，社會矛盾卻急劇積累，絕大多數貝杜因人都感到被拋入了苦海，難以順應。

阿拉伯半島進入了自己痛苦的文化轉型時期。巨大的精神苦痛也孕育着巨大精神創造的可能，處在系統“質變臨界點”上的阿拉伯文明在呼喚着自己的“大救星”。

正是在這種情況下，一個偉大人物的問世成爲事變的最後動因。穆罕默德憑藉自己的感召力和神秘主義體驗，打出一神教的旗幟，佔領道德制高點，發動了一場偉大的社會道德革命、宗教革命，將阿拉伯貝杜因人在意識形態上統一起來，凝聚起來，建立了統一信仰，並在這個基礎之上造就了統一的國家和統一的民族，從而使一度一盤散沙的阿拉伯貝杜因人迎來了一個屬於自己的時代，創造了一個使周邊文明都深感震驚的伊斯蘭文明。

二、穆罕默德及其創教過程

伊斯蘭教的創始人穆罕默德大約出生於公元 571 年，自幼父母雙亡，由祖父和叔父撫養長大。穆罕默德出身的氏族是麥加古萊氏部落的一個核心氏族，但當時該氏族已處於衰落之中。穆罕默德早年沒有享受到氏族按理應給予孤兒的那份傳統關愛，沒有受過教育，早早地就被支使去幹放牧一類較爲艱苦的粗活，感受到作爲孤兒的艱辛。成年後，穆罕默德參加過多次屬於轉運貿易的“隊商”活動，到過很多地方，見識過各種人，在這個時期他接觸了有關一神教的許多傳說與故事。穆罕默德少年的辛酸經歷和後來的坎坷的商旅生活，使他對人際關係的冷暖，社會貧富的分化，商品經濟侵蝕下的道德淪喪感觸良深。作爲社會的一個“邊緣人”，一種變革社會於既倒，挽救人心於不古的衝動，也許很早就已萌生於懷。

25 歲那一年，對穆罕默德來講也許是一個轉折點。這一年他受僱於另一氏族的富孀赫蒂徹，替她經辦商務。也許是由於穆罕默德的幹練深獲赫蒂徹的青睞，赫蒂徹最終嫁給了穆罕默德。穆罕默德的婚姻使他擺脫了貧寒困境，獲得了一定的財富和地位，從而獲得了相當的時間和精力投身於創教活動。

推動穆罕默德獻身精神發展的原因，當然與當時阿拉伯半島日常生活中的巨變，與社會轉型期的張力，以及穆罕默德個人的救世自覺有關。但對後來事態發展產生重大決定意義的，也許還有穆罕默德所具有的那種"幻化現實"的能力。正是這種將胸中所思所慮幻化為聖靈啟示的能力，使穆罕默德個人在當時那種社會條件下獲得了常人所不可能企及的神聖性，贏得了強大的感召力，從而為新宗教的創立鋪平了道路。關於這方面的情況，歷史記載大概如此：公元610年，40歲的穆罕默德在隱居山洞的靜修中，經歷了第一次神秘主義體驗，在恍惚中他見到了向他宣告啟示的天使。《古蘭經》中有關的記載是這樣說的："他在東方的最高處，然後他漸漸接近而降低，他相距兩張弓的長度，或更近一些。他把他所應啟示的啟示他的僕人，他的心沒有否認他所見的。"（53：7—10）[2]這次神秘主義體驗，對穆罕默德來講是至關重要的，從此以後他便以真主使者的面貌出現於眾人面前，他的所有勸導便具有了"神諭"的性質。如果超出穆罕默德個人意義來看的話，那麼這次神秘主義體驗對整個阿拉伯伊斯蘭新文化的形成，也同樣極為重要。從此以後，穆罕默德所想所說便構成一種具有無限魅力的"神聖感召"，他點燃了希望的火炬，為處於高度焦慮和憤懣狀態下的廣大民眾照亮了前進的道路；他為一個全面失範狀態下的社會奠定了一個重塑信仰的基礎。如果我們從更為普遍的意義來看這個問題，便不難發現，在人類社會發展的關鍵時刻，也即在系統的質變臨界點上，每一新生活模式的開創，實際上都和某種"神聖感召"所指引的方向有着至為密切的關聯。人類社會也正是憑藉了這種"神聖感召"，將離散的力量高度凝聚起來，去開闢在平時是不可能想像，也沒有能力加以開闢的全新道路。

自那次神秘主義獲得之後，穆罕默德便不斷地蒙受天使的召見，獲取聖靈的啓示，逐漸形成了一套較爲完整的信仰體系。穆罕默德此後便以安拉在人間的使者面目出現，全心身地投入到傳佈神啓、拯救人類的事業中去。他從身邊親近之人到朋友再到素昧平生的人；從隱蔽到公開，從本部落到周邊部落，不斷擴大自己的傳教範圍。而生活的煎熬、部族和社會矛盾的激烈、精神家園的失落也極大地加強了人們對“救主”的期盼，穆罕默德的佈道事業進展順暢，影響和信徒隊伍不斷擴大，聲勢逐步形成。一個將烘托阿拉伯民族成就及偉大業績的新文明核心已經升起於地平線上。

從《古蘭經》早期經文看，穆罕默德傳道的核心內容是以死者的復活和末日審判爲主。穆罕默德強調安拉的善行和威嚴總是與道德正義緊密地聯繫在一起，而末日審判又和現世罪惡不可分割。經文抨擊了那些不顧氏族義務，排斥近親窮人，欺凌孤兒弱者，侵吞財產，惟利是圖的罪惡；宣佈末日審判是對個人道德行爲的清算；認定信道及行善者將進入天國享受優厚的回報，而不信道的罪人則將被罰入火獄而備受煎熬。《古蘭經》認爲，追逐財富的慾望是當時麥加社會產生罪惡的淵藪，對財富的信賴是導致道德淪喪的原因。穆罕默德諄諄教誨人們，要從信賴財富轉爲信賴創世主，由追求來世的永恆福樂來代替企慕今生的虛榮浮華。經文斥責麥加貴族，稱這些人爲“卡菲爾”（不信者和異教徒）。“卡菲爾”不僅是指對於財富的佔有，而且也包含一種對財富佔有的態度：仰仗私有財產，自認爲對安拉無所求，相信金錢萬能，而對安拉忘恩。針對“卡菲爾”他們操縱麥加的經濟和公共事務，專橫跋扈，對窮人、弱者以財富自誇、自負，否認末世報應的醜行，《古蘭經》呵斥道：“該死的人！他是何等的忘恩！”（80：17）“人確是悖逆的，因爲他認爲自己是無求的。”（96：6—7）

經文在要求人們“棄惡”的同時，還要求信徒們“揚善”。在早期經文中，對穆斯林最主要的誡命就是“淨化自己”。穆斯林必須與那些"違背正道，稍稍施捨就慳吝"（53：34）的人相反，應"虔誠地施捨他的財產"（92：18）。就穆罕默德看來，在人們所擁有的財產中，本來就有着"乞丐和貧民的權利"（51：19）。在稍後麥加時期的經文中，這種"淨化"的誡命，幾乎都與對財富的正當使用有關。爲了避免淪入災獄，穆斯林不得爲私慾積聚財富，而應盡其所能"賑濟貧民，敬畏眞主"（92：5）。

《古蘭經》對穆斯林的影響，並非僅停留在一種道德的說教上，它還特別規定出一套具有強烈個性色彩的宗教崇拜儀式。伊斯蘭那一套在外人看來多少有點繁瑣的崇拜儀式，在其自身的發展過程中曾起過至關重要的作用。它極大地增強了人們的敬畏心理、使命意識和信徒們之間的高度認同。正是通過公開的祈禱和禮拜的形式，穆斯林不斷地吸取精神力量，形成羣團意識，增強自己戰勝異教徒的捨身精神和必勝信念。正因爲如此，祈禱和禮拜作爲伊斯蘭教的主要特徵，從一開始就爲《古蘭經》所強調。伊斯蘭所特有的宗教崇拜儀式所具有那種非同尋常的感染能力實際上早就爲當時的麥加貴族所瞭解。他們對於穆斯林的最初迫害實際上也主要是針對這種禮拜儀式的。【3】

《古蘭經》以天啓的形式宣告了一個苦難時代進行自我變革的必然性和合理性，宣告了一個苦難民族要進行改造世界、改造社會的意志和決心。不難想像，這樣一種時代精神在處於無告地位的貝杜因人下層民衆那裡會引起什麼樣的強烈心理震撼。我們看到，伊斯蘭的理想激發了人們強烈的認同意識，點燃了他們再造社會的激情。不僅如此，《古蘭經》還將個人的救贖融進了眞主改造世界的事業，它向每一個人指明了，只有皈依伊斯蘭、皈依眞主的事業，才是解脫人間苦難的惟一法門。

《古蘭經》嚴厲地譴責了麥加世俗社會的罪惡，它直接宣佈了現實生活的不合法、不道德和瀆神性，從而不可避免地觸及到了麥加貴族的切身利益，破壞了他們的聲譽，動搖了他們的統治地位。麥加的貴族很清楚地感受到穆罕默德作爲先知的政治含義，認識到早期啓示中的道德觀念與他們的致富手段和生活方式的尖銳對立，瞭解到敎義中至高無上的安拉與當時他們從奉的偶像之勢不兩立。因此，無論從利益還是從情感出發，他們都根本無法接受和容忍穆罕默德的傳敎活動。隨着伊斯蘭敎的逐步傳播和追隨者的增加，他們對穆罕默德及其信徒的殘酷迫害日甚一日地展開。在這種背景下，穆罕默德看到了在麥加傳道的艱難性，看到了反對偶像崇拜和多神崇拜，倡導統一信仰和新生活方式的鬥爭不能光憑和平傳敎手段取勝。在經過長期的密謀和準備，並在得到麥地那信徒支持的前提下，穆罕默德最終作出了遷徙到麥地那去開創事業的決定。從那以後，伊斯蘭敎就以麥地那爲中心，開始了自己的全面宗敎實踐活動。

三、從傳敎到立國

麥地那在伊斯蘭敎的發展過程中具有一種極其獨特的地位。穆罕默德在麥地那的生活標誌着伊斯蘭事業進入了一個全新的階段。在和麥地那人共同組成的社會中，穆罕默德創立的伊斯蘭敎開始成爲社團共同的意識形態，成爲規範人們日常世俗生活和精神生活的一整套制度體系。正是在麥地那，穆罕默德的活動開始突破傳敎的範圍和氏族的外殼，創立了集宗敎、社會、政治、軍事、經濟於一體的超血緣性社團組織——"烏瑪"。烏瑪是後來一切伊斯蘭神權政治國家最早的雛形。

伊斯蘭在麥地那領導地位的取得，始於穆罕默德在麥地那與各個政治集團訂立的一系列協議，達成了一份可以稱作爲烏瑪"憲章"的"麥地那公社章程"。這份章程在一開頭就宣佈，他們是有別於（其他）氏族的一個統一的公社，由"古萊氏和雅斯里布的信士和穆斯林，以及那些服從和依附他們並與他們共同作戰的人"所組成。這個最初結成的社團當時包括了生活在麥地那的猶太人和異教徒羣體。因此在這個意義上，麥地那公社從一開始便是一個由不同血緣和不同信仰的居民組成的地域性宗教政治組織。不久，它就在同化的基礎上形成一個具有單一信仰的穆斯林社團，並很快在和內外敵人的艱苦卓絕鬥爭中顯示出自己的強大優越性。

穆罕默德從實際出發，將穆斯林社團的首要目標確定為制止內部仇殺。章程規定，"不論何時發生可能會引起災禍的事端和爭吵，都應提交安拉及其使者"仲裁（第 42 和 23 條）。【4】由於每個成員都置於整個社團的保護之下，血親復仇就變成全體的職責。但是，報復被限於對兇手本人的懲罰，不許任何人私自行動和盲目擴大報復範圍。不僅如此，章程還鼓勵受害者親屬以接受"血金"來代替流血報復（第 13 和 21 條）。這樣我們可以看到，穆罕默德以安拉的名義站在了血親和部落之上，負有行使檢察和司法權力的全權，這無疑有效地降低了社團的內耗，使社團內部的和平與秩序得以確立。

烏瑪所致力的第二個目標是努力適應社會發展趨勢，避免內部過度的貧富分化和利益衝突。在確立整個社團的和平安全的同時，章程還規定，"信士們不得拋棄他們當中的債務人，要按合理的標準幫助他們償付贖金或血金"（第 11 條），他們中地位最低的人也同樣享有安拉的保護（第 15 條）。這樣我們就看到，在當時氏族制度早已無能為力進行調節的地方，烏瑪取代了它的職責。這使伊斯蘭教有可能向因不斷改變依附關係而失去血緣聯繫的弱小氏族和個人提供一種遠比部落或部落聯盟更為穩固和廣泛的安全感、認同感和生活上的穩定感。

社團的第三個目標是共同抵禦外部的敵人。章程條款和戰爭誓約（阿克巴誓約）使社團帶有明顯的軍事聯盟性質。但是，由於宗教的目的和制止信徒相互復仇的義務（第 19 條），公社的對外戰爭已失去血族仇殺和單純劫掠的意義。章程宣佈的共同敵人是信奉異教的麥加古萊氏人（第 20 和 43 條）。在制止內部仇殺後，社團所面臨的只有一種戰爭，即反對多神教徒和不信者的"聖戰"。因此，伊斯蘭教在麥地那，不僅成為一種政治制度和生活方式，而且也是一個具有高度凝聚力的政治軍事集團。我們不難發現，教義、烏瑪和軍刀三位一體，構成了伊斯蘭社會的基本特徵，顯示出極強的文化競爭優勢。

穆罕默德在麥地那建立的烏瑪，雖然在活動的範圍上並不比原來的部落大多少，但在社團的性質上卻已包含了對社會結構的重大改革。由於團結烏瑪成員的社會紐帶不再體現在氏族制度的血緣關係上，而是突出在共同信仰的關係之中，它就成了阿拉伯世界第一個突破血緣關係的新型社團。在此之前，部落是最強有力的社會組織，部落是所有公共權力的最重要基礎。但在麥地那，這種情況已有很大的變化。部落意識、部落忠誠已讓位於一種對超部落、甚至超民族的信仰認同。忠誠在阿拉伯世界裡第一次超越了部落、種族範圍而達到一個包含有多部落、多種族的社團。在這種忠誠下所形成的新的人際關係和生活原則使阿拉伯人的文明發展到了一個嶄新的階段。

和世界上曾出現過的所有神權政治一樣，這個社會組織中的新公共權力是以宗教權威的形式表現出來的。安拉是宗教名義上的社團偶像。然而又不僅如此，安拉也是擬人化的國家最高權力，烏瑪正是以他的名義行使國家職能。而穆罕默德作為安拉的"封印使者"，作為安拉在人間的惟一代表，顯然不能不代替安拉行使神聖的和世俗的權力。穆罕默德的這種至上權威的確立，既體現在他具有和真主保持直接聯繫的能力之中，也體現在《古蘭經》中有關"服從真主及其使者"的命令之中。毫無疑問，穆罕默德在穆斯林社團中的宗教和政治權威地位是不受挑戰的。麥地那公社正是以自己特有的社會組織形式和特有的領袖權威形式爲在麥地那建立統一的民族國家邁出了決定性的一步，儘管這些特定的形式在後來的發展階段中出現了一定的複製困難，但它畢竟爲後來的哈里發國家奠定了一個原型。

正是在這樣一個全新的社會結構基礎上，穆罕默德統領了新興的穆斯林社會，團結不同種族、民族和部落的成員，經過長期的反復的較量，對內制服了猶太人羣團的離心勢力，對外戰勝了麥加之敵，用戰爭、武力和外交等手段征服了諸多與之相對抗的阿拉伯部落，擴大了自己的版圖，將阿拉伯人逐步地凝聚在伊斯蘭的大纛之下。穆罕默德身後，在四位哈里發的連續努力下，伊斯蘭教伴軍刀而行，所向披靡，很快佔據了周邊大多數高度發達的文明地區，使埃及、北非、敘利亞、波斯、伊拉克等地的民族和國家匍匐在伊斯蘭的旗幟和軍刀之下。當時的情況正如湯因比後來所回顧的那樣：伊斯蘭教"幾乎佔領了西方社會原有領土的一半，只差沒有使自己成爲世界的主人"。[5]

站在歷史的高度來反觀伊斯蘭教的創立，我們似乎可以得出這樣的一個看法：伊斯蘭教作爲對於麥加社會大變遷過程中表現出的全面危機的抗議，是完全可以理解的；對於阿拉伯民族而言，伊斯蘭教順應了歷史發展潮流，成爲走向民族統一和國家統一的媒介，使阿拉伯民族成功地躋身世界強大民族行列；作爲人類文明的一種發展模式，伊斯蘭在它那個時代表現出了自己特有的偉大的和驚人的生命力，躋身於少數幾個給人類發展留下深刻印記的文明行列之中；作爲歷史發展研究的對象，伊斯蘭教向人們展示出，一個相對符合時代要求的信仰在社會轉型時期這種特定的情況下所具有的力量：極大地調動人類潛能，高度凝聚原先渙散的各種力量，爲歷史非連續式跳躍前進開闢道路。在這個特定意義上，我們可以說，穆罕默德所開創的事業是不朽的，它值得人們不斷地去進行新的解讀。

第二節　伊斯蘭教傳統的基礎

伊斯蘭自創教開始，經過短短幾十年的努力，就使一個相對落後的游牧民族取得如此輝煌成就，這確實不是偶然。穆罕默德及其所創教義所具有的強大凝聚功能在其中顯然發揮了重大作用。信仰真正地改變了阿拉伯民族的命運。作爲宗教，伊斯蘭對其信徒擁有不可爭議的約束力和感召力。它有整套凝聚其道德信念的崇拜儀式。在它和頑固地崇奉偶像、巫術、神靈的氏族部落信仰艱苦鬥爭中，全面地強化了一神教的排他性特徵，強化了作爲眞主使者穆罕默德的權威和地位，強化了自身的宗教儀式和教規。而在這所有的一切之中，最根本的也許當首推《古蘭經》。

一、神聖的《古蘭經》

《古蘭經》是伊斯蘭教無比珍貴的根本經典。"古蘭"一詞在阿拉伯語中是"誦讀"之意，而在《古蘭經》經文中，"古蘭"的特定含義是"誦讀啓示"，或通過韻腳、節奏等把啓示感人的力量"誦讀"出來。

《古蘭經》的內容是由穆罕默德所接受和宣告的眞主陸續降示的啓示彙編而成。啓示接受的時間跨度大約長達 23 年，而經文的內容大體上和當時發生的事件和社會發展的需要有着密切的關聯。

《古蘭經》共有 114 章，在麥加宣讀的共 86 章，稱爲"麥加章"。其餘都是在麥地那宣讀的，稱爲"麥地那章"。從篇幅上講，麥加章約佔《古蘭經》的 60%。體現"先知"早期思想的麥加章，大多短小精悍，語調激昂，多爲警世勸世之言，注重於對安拉的惟一信仰。麥加章的主題是宗教，它實際上構成後來伊斯蘭教教義的核心。後期的麥地那章經文文體趨於平穩和說理，篇幅較長。麥地那章的經文，計約 28 章，以立法爲主，重在建立完備的宗教、政治制度和行爲規範準則。無庸諱言，這些經文和麥地那公社治理的現實是結合得非常緊密的。

先知穆罕默德在世時，已經有許多聖門弟子能熟練地背誦經文了。他們一度把經文寫在羊皮、樹葉甚至石片上，以便保存。但直到先知逝世時，經文都一直分散保存在記錄者或默記者那裡，沒有人進行過統一的蒐集和整理。

穆罕默德逝世的次年，許多熟習並能背誦經文的聖門弟子在征戰中陣亡。作爲穆罕默德顯赫弟子之一的歐麥爾感到了問題的嚴重性，便建議當時的哈里發伯克爾整理經文，以免將來散佚失傳。伯克爾由此擔負起經文的編纂整理工作，他出面組織聖門弟子將經文編寫成冊。在奧斯曼任哈里發時期，隨着穆斯林世界版圖的不斷擴大，越來越多的民族和國家信奉伊斯蘭教，人們對經文的讀法逐漸產生越來越大的分歧。爲了避免今後有可能發生的經文訛誤增損，奧斯曼下令確定《古蘭經》的最後版本，並命令銷燬其餘一切私人抄本。奧斯曼所確定的新校《古蘭經》抄本史稱“奧斯曼抄本”，它的原件被保存在麥加，另有 6 部原件的抄本分送大馬士革、也門、巴林、庫法、巴士拉、麥加等地保存。自此以後，穆斯林世界便都以奧斯曼抄本爲標準，輾轉抄錄、傳播《古蘭經》，這一傳統一直相沿至今。奧斯曼統一《古蘭經》版本的做法對伊斯蘭世界來講，意義十分重大。它使《古蘭經》在長期和大範圍的流傳過程中始終得以保持原初風貌。正因爲如此，伊斯蘭世界不接受任何其他形式的《古蘭經》抄本，甚至不承認其他文字的《古蘭經》譯本。在穆斯林看來，其他文字的《古蘭經》譯本都只是“《古蘭經》譯本”而不是《古蘭經》。因此伊斯蘭教要求世界各國出版的非阿拉伯文的《古蘭經》都必須要在書名上加上“譯本”兩個字。而且，伊斯蘭教只承認那些附有《古蘭經》阿拉伯原文作爲對照的“《古蘭經》譯本”的合法性。這種對《古蘭經》版本的嚴格要求看似過分苛刻，但對於融合有多種文化和民族的伊斯蘭教保持自己的統一來說，的確功不可沒。

在穆斯林看來，《古蘭經》不同於一般意義的宗教經典。《古蘭經》是眞主的言語，源自“天經原本”，“記錄在一塊受保護的天牌上”。不僅《古蘭經》的意義是啓示的，而且其詞句也都是啓示的。因此，與由凡人受到靈感寫成的、或由多種語言寫成並經數代人編纂而成的其他宗教經典不同，《古蘭經》從形式到內容都與“天經原本”完全一致。穆斯林認爲，經文語言的絕妙文辭和優美韻律，就是《古蘭經》不朽奇跡的證明，因爲這是即便所有的人和精靈通力合作，也力不能逮的妙文。不僅如此，穆斯林認爲，《古蘭經》是眞主降示人類的最後一部“天經”。以前眞主通過衆先知降示的古本經文，“多失其眞”，因此眞主最後通過“封印”先知降示《古蘭經》，在證實以前的經典同時，澄清了其中的一切歪曲和篡改，從而廢除和取代了以前的經典。《古蘭經》和“天經原本”一樣，是永恆的和先在的，不是被創造的。伊斯蘭的基礎不是“道成肉身”，而是“道成經典”。在穆斯林看來，《古蘭經》就是眞主存在的世間表徵。

穆斯林認爲，《古蘭經》包羅了一切有價值的知識，是一切精神和倫理問題的最後依據，它是教義的精神源泉，教法的主要淵源，穆斯林社團和個人的行爲準則和生活指南。歷史上，它曾爲統治者用作經世治國的依據，也被底層民衆用作反抗鬥爭的旗幟。甚至直到今天，仍有一些穆斯林國家將它作爲國家立法的主要原則，或以其有關內容來指導社會生活。伊斯蘭世界的種種社會思潮和運動，也都往往直接間接地以《古蘭經》爲理論依據。可以說，在錯綜複雜的伊斯蘭世界，《古蘭經》幾乎是一種無所不在的精神和文化力量。

《古蘭經》作爲阿拉伯語的讀本，在阿拉伯文學史上佔有着極崇高的地位。在《古蘭經》以前，阿拉伯人並無書籍；雖有很多詩歌，但都稍嫌鄙俗，稱不上嚴格意義上的文學。因此一千多年來，《古蘭經》一直是阿拉伯語文的典範，是阿拉伯語言純正和風格優雅的象徵。在高等教育中，它又是教科書，是全部宗教課程的基礎。由於《古蘭經》的權威性，阿拉伯語反過來有了一個得以保持自身統一的標準和規範，這樣我們看到，《古蘭經》對於維繫伊斯蘭世界的語言、文化和心理上的一致，有着一種無可替代的作用。《古蘭經》直到今天仍是當今世界上擁有讀者人數最多的書籍之一。

二、伊斯蘭教的基本教義

伊斯蘭教的基本信條源自《古蘭經》，其核心內容是："萬物非主，惟有眞主，穆罕默德是眞主的使者"。具體講又有五方面的基本內容：這就是信安拉、信使者、信天使、信經典和信末日審判與死後復活。

信安拉，就是要相信除安拉之外別無其他神靈，安拉是至上的主宰。根據《古蘭經》的解釋，安拉非一部落之主，非單獨阿拉伯民族之主，也非單獨人類之主，他乃是萬物之主。萬物皆安拉所造，皆服從於安拉。此即謂，"天地萬物，皆屬安拉"。《古蘭經》認爲，安拉是宇宙萬物的源："安拉爲你們制服了海洋"，"在大地上豎起了山嶽，以便承載你們。""安拉爲你們升起了諸天而不需要你們所看得見的支柱"。"安拉以其普慈在你們之中，吹出了幸福的和風"。"安拉爲你們使大地成爲地氈"。"安拉使你們自己成爲配偶"。"安拉在大地上爲你們滋長了植物"。安拉不僅創造一切，他還無所不知，無所不能。"安拉執掌未來的鎖鑰，只有安拉知道未來的秘密；安拉知道路上的和海中的一切，雖一葉墜地，安拉也洞悉無遺。地裡埋着的子粒是濕的還是乾的都載於明白的經典。"伊斯蘭強調，安拉是惟一的，無比的，信徒必須"敬事安拉，勿以任何物比擬他"。【6】

信使者，就是要堅信穆罕默德。安拉在人間的使者有很多位，如阿丹、努海、易卜拉欣、穆薩、爾撒等（這些使者可以分別與《聖經》中的亞當、諾亞、亞伯拉罕、摩西和耶穌對應）。但在所有這些使者中，只有穆罕默德才是安拉的"封印"使者，負有傳佈"安拉之道"的重大使命。因此，他是最偉大的先知，是至聖的。信安拉的人，就必須服從他的這位最後的使者。

信天使，就是要相信有天界的使者。伊斯蘭認爲天使是安拉用"光"創造的無形妙體，受安拉差遣管理天國和地獄，向人間傳達安拉的旨意，記錄人間的功過。《古蘭經》中有四大天使：哲布勒伊來、米卡伊來、阿茲拉伊來及伊斯拉非來，他們分別負責傳達安拉命令及降示經典、掌管世俗事務以及吹響末日號角。

信經典，就是要堅信《古蘭經》。穆斯林堅信《古蘭經》是安拉啓示的一部天經。教徒必須信仰和尊奉，不得詆毀和篡改。伊斯蘭教承認在《古蘭經》之前，安拉曾降示過其他一些經典，如《聖經》就是。但《古蘭經》降世之後，信徒就必須完完全全地服膺它，依它而行事。

信末日審判和死後復活，就是要求相信來世，相信報應，相信神之正義。伊斯蘭認爲在今世和後世之間有一個世界末日，在世界末日來臨之際，現世界要毀滅，眞主將作"末日審判"。屆時，所有的已死之人都要復活接受審判，他的功過簿就會打開，他的信仰和行爲便受到最後的審判。罪人將罰入地獄，而義人將升入天堂。如果說有什麼例外的話，那就是聖戰的殉教者可以立即升入天堂而不必等待審判日。按《古蘭經》的敘述，天堂的福樂和地獄的恐怖，包含肉體上的快樂和痛苦。

除此之外，伊斯蘭教還信仰所謂的前定。穆斯林認為，世間的一切都是由安拉預先安排好的，任何人都無法也不能變更，惟有順從和忍耐才符合真主的意願。當然，伊斯蘭教的信前定，並非完全的"宿命論"。而是倡導"人擇主定"論。作為個人必須擇善避惡，為了安拉之事，須抱即死之心，今日之崇奉必須今日完成，不能等待明日；而對待人類之善事，須抱永生之心，要奮鬥到人生的最後一刻。一個好穆斯林只講認真對待，盡自己最大的努力（人擇），不講最後的結果，因為這最後之結果是好，是壞，是凶，是吉，那都是前定（主定）的。

《古蘭經》要求信徒行善，"你們當崇拜真主，不要以任何物配他，當孝敬父母，當優待親戚，當憐恤孤兒，當救濟貧民，當親愛近鄰、遠鄰和伴侶，當款待旅客，當寬待奴僕。真主的確不喜愛傲慢的、矜誇的人。"（4：36）麥加時期許多關於勸善戒惡的經文，多數是用來反對麥加貴族貪婪和縱慾生活的。在麥地那，經文為新生的穆斯林公社規定了一系列倫理規範和社會關係準則。比如殺人要受到嚴厲的來世懲罰；謀殺、通姦、偷盜、劫掠、欺詐、誣告等都有現世的刑罰；對於賭博、吃利息、投機、飲酒、食物，和製造偶像、畫像都有禁令。有關社會義務和日常生活的行為舉止，《古蘭經》也提出了伊斯蘭教的倫理規範。這些規範保留了阿拉伯部落的傳統美德，並作了意義重大的改革。伊斯蘭將揚善懲惡這類社會道德要求作為宗教律令這一點，使得穆斯林社會的公德和私德都具有了宗教的色彩和特徵。

三、伊斯蘭教的宗教儀式

對真主的虔誠信仰是伊斯蘭教的最基本要求，但這並不是惟一的要求。除了信仰外，伊斯蘭教還有每個信徒都必須要遵守的宗教義務和儀式規定。穆斯林的這一套宗教義務和儀式被概括為伊斯蘭教的五項基本功課：信仰表白、禮拜、齋戒、法定施捨和朝覲。也即中國伊斯蘭界所謂的念、禮、齋、課、朝"五功"。履行"五功"體現了個人對安拉全能的承認。這五項功課雖還不足以構成對一名虔誠穆斯林的全部要求，但作為宗教的基礎或柱石，是穆斯林的基本義務。

信仰表白也即念，是在各種場合中都要反復誦讀的"真言"，或"證言"。其內容十分簡單：我作證，除安拉外，別無神靈；我作證，穆罕默德是安拉的使者。這一真言要在每個穆斯林入教儀式上，在每次宣禮官的宣禮中，在每次禮拜中，在人們臨終時，都要反復誦讀。

禮拜是一個穆斯林的重要功課，禮拜時必須朝向麥加匍伏，以阿拉伯語誦讀禱文和某些經文。《古蘭經》沒有直接規定禮拜的儀式，但一開始就堅持必須奉行禮拜。後來規定，穆斯林必須履行每日 5 次固定時間的禮拜；破曉一次，稱為晨禮；中午一次，稱為晌禮；下午一次，稱為晡禮；日落後一次，稱為昏禮；夜間一次，稱為宵禮。每次禮拜有一定的拜數：破曉二拜，日落三拜，其餘都是四拜。禮拜的主要內容是讚念安拉之名，不包含任何的請求。每日 5 次的定時禮拜，都由宣禮員召喚禮拜。

星期五中午的公眾禮拜稱作聚禮，這是所有成年男子都應當參加的儀式。聚禮包括一次簡短的佈道演說，通常由專職佈道人宣講。每年的兩大節日中，都有一次專門規定的禮拜，即會禮。一次在伊斯蘭教曆 10 月 1 日，即齋月後的第一日（開齋節）；一次在 12 月 10 日，即朝覲時在米那宰牲那一日（宰牲節）。會禮在晨禮和晌禮之間舉行，也有一次佈道演說。

禮拜時，要求保持宗教儀式上和身體的潔淨，故而要求教徒作相應的淨身。這類淨身不是義務和功德，而是正確履行某些宗教義務以及觸摸、唸誦經書的先決條件。

齋戒是伊斯蘭在特定時間內規定的飲食等禁忌。在齋月，除了某些例外，全體穆斯林都必須封齋，自黎明至日落，禁絕所有食物、飲料、興奮劑和性生活。除了教法規定的齋戒外，在阿術拉日（伊斯蘭教曆 1 月 10 日）、阿拉法日（12 月 9 日）、10 月的 6 天（一般為 2 日至 7 日）內自願實行的齋戒是受嘉許的。但在兩大節日、宰牲節後的三天節日和遇有危險時，禁止實行齋戒。在猶太教的安息日和基督教的禮拜日封齋要受到譴責。

法定施捨也稱天課，是穆斯林應盡的一種義務。它最初源於自願捐贈的慈善行為，既沒有規定施捨的數量，也沒有說應該怎樣執行。後來根據"聖訓"，這種施捨發展成為一種課稅制度（天課）。《古蘭經》規定，徵收來的天課，"只歸於貧窮者、赤貧者、管理賑務者、心被團結者、無力贖身者、不能還債者、為主道工作者、途中窮困者"（9：60）。不過，天課制度在具體實施過程中存在很大的差異，不同時期和不同地區往往有不同的做法。到後來，幾乎所有伊斯蘭國家，都通過行政法規和慣例形成一套獨立的稅收制度。而天課則變成不由國家直接控制，多少帶有鼓勵性質的自願捐贈。

朝覲聖地是閃族的古老風俗。在伊斯蘭教以前，克爾白就是阿拉伯人一年一度朝覲的目標。穆罕默德把一些過去分別進行的朝拜儀式結合在一起，經過改革制定了伊斯蘭教的朝覲形式。作為宗教義務，每個穆斯林，不分性別，只要有條件者（如身體健康、旅途安全、能自備旅費、而且家屬的生活有着落等），一生中應朝覲一次。這指的是大朝（哈只），即在伊斯蘭教曆 12 月 7 日至 13 日於麥加及其東郊集體進行的一系列儀式。至於小朝（歐姆賴），個人隨時都可以舉行。"朝聖"對於世界穆斯林的影響極為重大，它體現世界穆斯林的團結。歷史上，一直到現在，伊斯蘭國家間的許多重大政治、宗教問題往往在朝聖期間得到解決。它也促進了伊斯蘭國家間經濟文化關係的發展。朝聖期間，朝聖者不分皇帝、平民還是高官、百姓，人人披一塊白布，圍一塊白巾，穿一雙草鞋，相互間毫無差別，體現出穆斯林之間的平等。

阿拉伯穆斯林的宗教功課滲透到生活的每個角落，與人們每日的生活節奏保持同步，使信仰和實踐相互鞏固。伊斯蘭教這一特徵，對當時阿拉伯社會保持秩序和穩定起了積極的作用。正如美國的宗教社會學家奧戴所指出的那樣，宗教也有其積極的特徵，它往往 "體現人類最崇高的願望；它不但是道德倫常的保障，而且也是公共秩序和個人內心平和的源泉；在它的影響下，人類變得高尚而文明。這些都是宗教的積極特徵"。[7]在這方面，我們看到伊斯蘭教，對阿拉伯社會的影響，也與新教相類似。其信仰與務實的交融，使得信仰者變得文明、禮貌、勤勉、自制，具有更高尚的道德類型，並能不自傲於世俗事務，而在日常的生活情境中實踐自己的信仰。

瞭解伊斯蘭教的經典和它那套信念、崇拜儀式可以說是理解伊斯蘭力量的一把鑰匙，它通過反復的日常灌輸，把自己的信條變成人們自覺的行動，使原來處於崇拜原始多神宗教和崇尚萬物有靈論的游牧部族有了一個共同的信仰基礎，加強了大家的認同感，克服了原先那種與游牧生產方式相適應的分散孤立狀態。更重要的是，在伊斯蘭教儀式的感染下，每一個個體都能切身地感受到一種超凡的魅力。通過這種大規模羣體行為組織，達到一種對人們非理性層面的全面動員，激發起一種無比的宗教虔誠、信仰執著和政治激情，把每個人和神聖的事業，和至高無上的主聯繫在一起，從而認識到每個人自身的存在價值，使幾乎每個人都產生一種希望能獻身於這個偉大事業的衝動。從這樣的角度出發，我們就不難理解，動蕩時代人民的焦慮、不滿和恐懼為什麼往往會突然轉變成為一種巨大的社會行動能量，一個原先被認爲是毫無希望的民族爲什麼會突然變得朝氣蓬勃甚至強悍無比。

正是因爲伊斯蘭教具有這樣的一種凝聚功能，所以以它爲核心的文明能經受得起時間的考驗，歷經風雨而保持自己的頑強生命力。當代的伊斯蘭復興運動甚至表明，在經歷了近現代和當代幾乎所有的磨難和嘗試之後，似乎只有伊斯蘭教才保留着自己強大的感召能力。

第三節　伊斯蘭教的傳統文化

伊斯蘭教傳統文化的核心部份毫無疑問是與伊斯蘭教的經典和伊斯蘭教的宗教教義、儀式密切相關。但廣義上的伊斯蘭教傳統文化又不僅限於此。這後一種傳統文化是在伊斯蘭社會長期的宗教和世俗生活中逐步造就的。它實際上也就是穆斯林的一種獨特的生活方式，是一種廣義上的生存智慧。在這個意義上，伊斯蘭既是一種宗教信仰，但又不僅僅是宗教信仰。用 G. 詹森這位曾長期駐中東的英國外交官的話來講：“它是一個包括僧俗的、總體的、一元化的生活方式；它是一整套信念和崇拜方式；它是一個廣泛而又相互聯繫的法律體系；它是一種文化和一種文明；它是一種經濟制度和一種經營方法；它是一種政體和一種統治手段；它是一種特殊社會治家方式；它對繼承和離婚、服裝和禮儀、飲食和個人衛生，都作出規定。它是一種神靈和人類的總體，適於今生，也適於來世。”[8]伊斯蘭教的這個特點決定了它自身總的發展方向，相對固化了自己的發展模式。憑藉這種模式，伊斯蘭崛起於大漠之中，擴張成爲一個雄踞亞、歐、非三洲的大帝國，取得了令人炫目的成就。然而也是因了這個模式，伊斯蘭世界在輝煌的同時逐步排除了自己對於商品經濟的應變能力，為自己在近現代的衰敗和磨難埋下了伏筆。

一、信仰和務實高度結合的入世精神

當代伊斯蘭原教旨主義的崛起及其所作所為，使伊斯蘭教的形象受到很大的損害。很多人把它看成是保守、僵化的象徵。然而實際上，伊斯蘭作為一種生存的智慧，在自身漫長的歷史發展進程中，一直表現出相當的進取性和靈活性。它以順乎自然，合乎人性為特點，將信仰和務實奇妙地結合起來，融為一體，在信仰中務實，在務實中信仰。伊斯蘭教和世俗生活之間相互滲透，在務實、創新、虔誠三方面達到了一種有機的統一。

在阿拉伯傳說中，有這樣一個故事：穆罕默德一日與人同行，夜晚住宿時，同行者問穆聖："我應該拴住駱駝呢？還是應該相信真主？"穆罕默德回答說，"信賴真主，同時拴住你的駱駝。"穆罕默德的這個回答在這裡不僅僅是一種機鋒，它更重要的是反映了伊斯蘭教的入世精神。伊斯蘭教雖然使阿拉伯生活的每個細節中都浸透了宗教精神，但它和別的世界性宗教不同之處在於，它十分重視人們的現實物質利益和現世生活，它不提倡某些宗教信仰所倡導的"存天理，滅人慾"，不迴避所謂的世俗喧囂。它認為信仰伊斯蘭教和享受現實人生並非不可調和。不僅如此，伊斯蘭教還鼓勵人們在現實世界中有所作為。《古蘭經》在涉及信徒們對真主的態度問題上，還規定了極細微的報酬："凡他們為真主而遭遇的飢渴和勞頓，他們觸怒不信道者的每一步伐，或每次對敵人有所獲，每有一件就必為他們記一功，真主一定不使行善者徒勞無酬。他們所花的旅費，無論多寡，以及他們所經歷的路都要為他們記錄下來，以便真主對他們的行為給予最優厚的報酬。"（9：120.121）伊斯蘭教在告訴人們應該如何看待戰爭、人生道路、倫理道德、行為規範、生活方式等各種問題時，也就是告訴穆斯林們，作爲一個有信仰的人，他的信仰應如何在上述各方面的實際生活中表現出來。同樣，在每一方面實踐了《古蘭經》的教誨，也就是在每一方面具有了信仰。這種務實精神，甚至涉及到一些行爲細節。《古蘭經》中有這樣的記載：探親訪友，不要隨便進屋，"直到你們請求許可"（24：28）；"如果你們發現別人家裡沒有人，你們就不要進去"（24：28）；在親友家做客，或其他場所都"應當節制你的步伐，應當抑制你的聲音"（31：19）。聖訓還關照吃了"生葱生蒜一類的東西"的人，"當遠離人，待在家中"。情況正如一位知名的傳教士瑪麗·金斯萊所言。與基督教相比，伊斯蘭教不受性問題的干擾，沒有過分的許願，也沒有過分的要求，常情常理貫穿始終，許多世紀以來，它以善於解答日常生活而得以持久。【9】

伊斯蘭教的務實精神還表現在它重實質勝於重形式。《古蘭經》允許穆斯林在受到迫害的情況下，可以隱瞞內心的信仰，暫時不履行宗教功課，甚至允許否認自己的宗教身份來達到保護自己的目的。這種重內容勝於重形式的思想原則，在阿拉伯人那裡稱爲"塔基亞"原則，它使穆斯林的宗教功課在繁文縟節背後，體現出在其他宗教中所罕見的合情合理性。無論是禮拜前的淨身，齋戒時的禁食，天課與施捨的交納，還是作爲穆斯林最爲重視和珍視的朝覲，伊斯蘭教都允許有例外，都有便宜處置的方法。這些做法應該講，給了人們在堅持信仰的前提下，具體情況具體對待的最大自由。塔基亞原則對伊斯蘭教產生的最大影響還不限於此，它還體現在伊斯蘭的教法之中。

由於現當代伊斯蘭復興運動中的一些極端做法，人們對伊斯蘭教法形成一種看法，認爲它比較偏激和僵化。但實際上，這種看法並不完全正確。伊斯蘭教法在其長期演變過程中實際上有着權變的很大餘地。這可以從對伊斯蘭教法的立法程序和依據的分析中看得很清楚。一般認爲，伊斯蘭敎具有四大立法依據，即《古蘭經》、"聖訓"、"公議"和"類比"。《古蘭經》被認爲是安拉的啓示，是基本的法律淵源。"聖訓"是穆罕默德的門弟子對穆罕默德言行的回憶和記錄。在伊斯蘭敎中它是僅次於《古蘭經》的第二大立法依據。由於《古蘭經》對於律例只有原則性規定，沒有作具體分析。於是，穆罕默德的言行即"聖訓"就成爲對《古蘭經》原則規定的解釋和補充。然而在長期的執法實踐中，人們感到僅僅援引《古蘭經》和"聖訓"是不夠的，現實生活實在太複雜了。爲此，在長期的摸索中又出現了第三個立法依據：公議。公議，阿拉伯語稱"伊智馬爾"，原意是指整個穆斯林社團，包括法律專家和一般人全體一致的意見。但到後來，這"全體一致"的範圍有所縮小，實際上變成由公認的權威學者"穆智台希德"【10】根據《古蘭經》和"聖訓"精神，加上自己的理解然後作出決議以立法的一種慣例。伊斯蘭立法的最後一個依據就是類比，阿拉伯語稱"格亞斯"，即推理判斷。它是在穆罕默德去世後，初期哈里發國家中"意見派"法學家爲立法需要而採用的一項立法原則。這一原則借助於推理和比附的方法，將《古蘭經》、聖訓和公議確立的原則擴大應用到那些未作明文規定的具體事務的解答上。到8世紀下半葉，這項原則得到了人們的正式肯定。類比方法的確立意義重大，人們借助於類比方法，使伊斯蘭敎法的靈活運用滲透到對社會生活各個領域事務的處理之中，形成一種由一及多、舉一反三的滾動的智慧，並由此造就了阿拉伯人待人處事極爲現實和靈活的態度。

二、崇智尚學的社會風尚

伊斯蘭敎另一個非常重要的傳統是對於智慧和學者的尊重。穆斯林世界中有一個廣爲流傳的、關於安拉創世的故事。故事叙述了安拉在創世日創造了萬物，最後，安拉爲了使人們理解自己創造的奇跡，還創造了智慧。為此，安拉特別偏愛智慧，他對智慧說："在用我的力量和威嚴創造的萬物中，我只喜歡你。我願通過你告訴人們應該做什麼和不應該做什麼。我願通過你給人們以思考。我願通過你確認人們的行為！我願通過你給人們以懲罰"。通過這個故事，我們不難理解，智慧在穆斯林社會中具有一種崇高的地位，它成為人們羨慕、渴望和追求的對象。智慧在阿拉伯文化中的地位還不僅僅限於此。穆斯林還把智慧和美德、善行緊密地聯繫起來，使之具有倫理和宗教上的意義，在伊斯蘭教中，智慧往往被看成是對於善行的一種最高獎賞，甚至智慧本身也是一種極高的善，一種美德，人們憑藉智慧和理性才能擺脫自己身上的獸性，成為高尚之人。因此，人們的求知、崇智行為也都具有一種正面的倫理意義。

阿拉伯人如此重視智慧、重視知識的原因，如果追溯起來的話，也許和當時社會的現實狀況及伊斯蘭教傳播的需要有着密切關聯。蒙昧時代的阿拉伯人幾乎全是文盲，能讀書寫字的真可謂鳳毛麟角，據說當時在經濟發達的麥加古萊氏人中，讀書識字者僅17人。穆罕默德本人便目不識丁，他最初獲得的啟示全靠自己和門人背誦牢記，直到後來不得不請人筆錄下來。由於當時文化水平所限，在格式把握，錯別字防止等方面出了很多問題，直接影響到教義的準確性和可信性。除此之外，伊斯蘭的大規模傳播也需要能說會寫者的積極參與，這批人的數量和素質有時直接影響到伊斯蘭教的傳播速度，甚至在某種程度上影響到伊斯蘭教自身的命運。因此我們可以說伊斯蘭教創教者在早期傳播中的切身體會，使其深深領悟到智慧、知識的重要性，領悟到一個伊斯蘭學者的功能和作用，遠勝於那些以身軀、勇敢為伊斯蘭而征戰的戰士。因此在伊斯蘭教早期便形成了這樣的一種共識："學者的墨跡比殉教者的血跡更加高貴"。正是在這樣一種對智慧和學者的尊重風尚下，阿拉伯世界在取得領土巨大擴張的同時，也在文化領域中投入巨大力量，取得豐碩成果。僅在短短的幾百年時間中，阿拉伯民族就摘掉了自己的愚昧和文盲的帽子。

公元 8 世紀到 9 世紀，阿拉伯世界在哈里發的組織和支持下，開展了歷史上著名的"百年翻譯運動"，在這個時期，大量的波斯、印度、希臘和羅馬典籍被翻譯成阿拉伯文。伊斯蘭以一種海納百川的廣闊胸懷吸收世界上其他文明古國的文化精華，有力地促進了阿拉伯文化事業的蓬勃發展。據史學家記載，在公元 891 年時，巴格達一地已有了 100 多家圖書商。可見，能讀寫者，已不計其數。當巴格達被蒙古人摧毀時，全城已有 36 所公共圖書館。隨着對書的珍重，藏書也成爲時尚。10 世紀時，一批阿拉伯王公的藏書總量，已可以與歐洲所有圖書館的藏書總和相匹敵。有的私人藏書，多達需 400 隻駱駝才能運完。總之，從 8—11 世紀，除當時的中國外，地球上已沒有其他地方的人會像阿拉伯世界那樣擁有如此衆多的藏書。在以後的幾個世紀，正是阿拉伯人保存和發展的希臘羅馬文化的精神，再經過穆斯林統治的西班牙和意大利南部再度傳入西方，促進了歐洲文藝復興運動的發展。阿拉伯世界自身，也通過書籍以及與對方交往，學習和吸收了其他民族的精華，形成了燦爛的阿拉伯文化。阿拉伯世界在翻譯、文學、建築、法律等領域中的重大建樹已成爲今天全人類的共同精神財富。

三、政教合一的政治文化

宗教和政治融爲一體是早期伊斯蘭教政治制度的一個特點。在伊斯蘭早期政治制度的形成過程中，先知穆罕默德率信徒遷居麥地那，建立了"兄弟制度"，即天下穆斯林皆爲兄弟，逐步形成了自成一體的穆斯林公社。穆罕默德以安拉使者和宗教領袖的身份擁有治理公社的一切權力，形成了以宗教爲主宰的政教合一國家。《古蘭經》對於"服從眞主和使者"的三令五申，使穆罕默德能以安拉的名義掌握立法權和行政權，擁有不受挑戰的政治權威，可以完全按照自己的理想去建構一個"美好公正"的社會，這樣，穆斯林社團烏瑪便具有了宗教組織和政治機構的雙重特徵。基督教中所謂的"上帝的事情歸上帝，凱撒的事情歸凱撒"那樣的政教分離、神俗分離，在伊斯蘭教中壓根就沒有過。伊斯蘭教的這種雙重性特徵後來就成了伊斯蘭社會的傳統特徵。而穆斯林社團烏瑪也在這樣一個基礎上，逐步演變成為一個政教合一的神權國家。

穆罕默德於伊斯蘭社會初定的 632 年辭世。像一切偉大歷史人物的去世一樣，他身後留下了某些別人無法能夠加以替代的空白。正是這些空白的留下，使伊斯蘭教在穆罕默德時期形成的傳統，在傳承問題上出現了一些微妙的形勢。

穆罕默德逝世時沒有指定自己的繼承人，也沒有留下一套有關的繼承制度。在這種情況下，貝杜因人的傳統文化起了決定作用，長期追隨在穆罕默德左右的"聖門弟子團"決定傚傚推舉部落首領的方式產生繼任人哈里發。而第一個成為這種方式選出的哈里發便是伯克爾。伯克爾當選後，局勢相當嚴峻，為了完成先知使命，維護和鞏固伊斯蘭政權，他接管了穆罕默德的幾乎一切權力。但是，由於穆罕默德"封印使者"的地位，伯克爾沒有辦法直接接受"天啟"，沒有辦法直接和安拉溝通。這樣，作為繼承者的哈里發就不再擁有在宗教上不受挑戰的權威和神聖性。

這是伊斯蘭自我複製傳承中的大畸變。它既引發了穆斯林社會激烈的權力爭奪和教派分裂，引發了哈里發加強世俗權力的衝動，又留給了伊斯蘭教法學家以一個相當的空隙，使他們有可能成為安拉和哈里發之間的中間人。也正因為如此，伊斯蘭社會的政、教關係就構成了伊斯蘭社會變革者的關注焦點。可以說，伊斯蘭社會後來的一切變革運動都觸及到了這個核心問題。

伊斯蘭社會的這一變化為它自身發展帶來了不穩定因素。但從另一方面來講，也帶來了某種制度上的彈性。所謂的伊斯蘭教的傳統基礎於是有了一定的模糊性和可解釋性。自此以後，伊斯蘭的政教合一出現了很多變態形式。

四大哈里發時期，被有些人認為是伊斯蘭教的黃金時期，這種看法是有一定道理的。在短短幾十年時間裡，伊拉克、敘利亞、巴勒斯坦、埃及和波斯相繼落入穆斯林手中，麥地那的穆斯林公社由阿拉伯帝國迅速向世界帝國過渡。但就是在這個時期，哈里發神聖性、權威性下降引起的問題就已相當突出。伯克爾和歐麥爾兩任哈里發雖然失去了神聖性支持，但還能憑藉其影響、能力和強有力的對外擴張成功，有效地防止權威資源的流失。但到了奧斯曼和阿里，問題就相當嚴重了。奧斯曼排擠聖門弟子、重用倭馬亞氏族成員、侵佔公產、分配不公，加上自身的懦弱無能等缺點，很快就失去了人們的崇信，直至被對手有組織地圍困斬殺在家中。繼位的阿里是穆罕默德的女婿，又是伊斯蘭創教過程中貢獻極大的資深之輩，照理他的統治地位應該沒有問題。然而從他開始執政到最後被人刺死，所遇到的挑戰一個接着一個，從來沒有停止過。先是早年聖門弟子團的成員攜穆罕默德遺孀反叛，再是受到前朝封疆大吏、敘利亞總督穆阿維葉對他權威的挑戰，繼而又遭內部教派分裂之苦，真可謂統治危機不斷，日子很不好過。

四大哈里發之後的倭馬亞王朝，雖在穆阿維葉的武功基礎上建立，但內外矛盾交織，也很少有安穩、太平日子。從外部來講，蓄謀叛亂、陰謀顛覆，教派對抗此伏彼起；從內部來講，倭馬亞王朝雖實行改革，哈里發職位實行了血緣繼承制，但由於沒有明確固定的繼承程序，缺乏宗教信仰和倫理的支撐，宗室之間的爭位戰爭始終沒有停止過。倭馬亞王朝在其短短 80 多年時間中，先後有 13 位哈里發踐位。這一更替頻度多少說明了王朝內部爭鬥的激烈殘酷程度。

伊斯蘭教雖然在這個時期仍繼續在發揮其強大的整合、認同和凝聚功能，但由於宗教權威和政治領袖的相對分離，最高統治者失去了神聖性、無可爭議性。整個社會的穩定性、組織能力由此必然地遭到無可挽回的破壞，它的對外行為能力、競爭能力也不可避免地遭到削弱。我們看到，初期戰無不勝的伊斯蘭社會，這個時候已為"內耗"而"傷筋動骨"。

由於伊斯蘭的宗教權威性和神聖性不能為哈里發所武裝，哈里發在某種程度上也就不再那麼重視宗教權威。在很多情況下，哈里發的確定是通過鬥爭者之間的軍事實力進行的。宗教和政治之間出現了某種背離。宗教在很多情況下已成為哈里發手中的工具：被用來對付臣民、對付反對派、對付異族，被拿來證明自己的合法性等等。宗教在哈里發那裡成了玩物。而從另一方面來講，宗教也失去了它原來應該具備的保護哈里發的功能。

伊斯蘭社會在處理宗教權威和政治權威的關係方面陷入了危機。

阿拔斯王朝中期以後，哈里發大權旁落，僅成為最高權力的象徵。實際的國家權力為近衛軍所控制。掌握地方實權的蘇丹作為哈里發的屬臣，只在名義上效忠哈里發。阿拔斯王朝末年，蒙古軍隊佔領巴格達，除去了該王朝的最後一位哈里發。這使穆斯林的道統延續受到了嚴重威脅。面對這樣一種致命危機，伊本·泰米葉提出了新的哈里發學說。他強調，先知穆罕默德去世後，代行安拉主權的責任實際上已轉移到伊斯蘭學者（烏萊瑪）[11]手中，只有烏萊瑪才有資格重新解釋安拉之法。在伊本·泰米葉看來，哈里發不一定要出身於古萊氏族，也無需具有完善的品德和淵博的宗教知識，哈里發可通過與精通教法的烏萊瑪合作來治理國家；哈里發只有經過民眾選舉才符合伊斯蘭教關於穆斯林人人平等的思想，一個時代可以有幾位各自為政的哈里發；在哈里發不存在的時候，掌有實權的蘇丹有權實施教法，維護社會秩序。伊本·泰米葉主張的實質，是在新的歷史條件下提出了一套處理政教關係的新原則。

在奧斯曼帝國時期，哈里發制與蘇丹制合二為一，認為蘇丹即哈里發，只是稱謂不同，因為“蘇丹是安拉在大地上的影子”，奧斯曼蘇丹成為全世界穆斯林的哈里發。歷史轉了一圈，似乎仍然回到了自己的出發點。

和遜尼派的哈里發學說不同，什葉派十分強調先知血統世系的重要性。什葉派認為，先知的繼承人應稱伊瑪目，並認為這一職位只能由先知的堂弟阿里及其後裔擔任，伊瑪目不能通過選舉產生，而應由安拉通過先知或某一位伊瑪目指定。非伊瑪目政權的不合法性是什葉派教義的重要內容。什葉派伊瑪目薩迪克甚至將禁止向不合法的政府包括其行政機構與司法機構求助，作為伊斯蘭教的一條政治法規。在什葉派的政府中，烏萊瑪有特殊的宗教和政治地位，並且在第十二伊瑪目隱遁期間有特殊的資格作為合法伊瑪目的代表管理政府，最高權威在於烏萊瑪集體，烏萊瑪由他們自己選舉或由一般人民選舉產生，擁有在宗教事務管理、立法和執法方面的權威。這樣，什葉派便在一個新的基礎上將政治權威和宗教權威結合在一起。伊朗霍梅尼革命權威的建立，可以說正是這樣一種結合方式的新實踐。

綜上所述我們可以看到，伊斯蘭在自身長期的發展過程中，宗教和政治相結合的形式發生了諸多改變。在穆罕默德之後，真正政教合一的神權政治在實踐中已十分罕見。然而，由於伊斯蘭所具有的強大凝聚能力和感召能力，它使每一位握有實權的伊斯蘭政治家都不可能無視宗教權威，都要盡可能地去利用這種權威來鞏固自身的統治地位。而作為烏萊瑪階層來講，伊斯蘭教神俗一體的性質也決定了他們不可能持一種出世的精神來看待社會政治問題。正是伊斯蘭社會這兩大主要力量不懈的相互滲透、相互利用，使伊斯蘭政治文化浸透了政教合一的精神。

四、履行宗教義務的經濟觀

伊斯蘭教興起的一個很重要的社會背景，是商品經濟對貝杜因人傳統生活方式的全面破壞。穆罕默德早期所宣告的啓示中充斥了對這種全面失範社會的譴責和憎恨。穆罕默德創教的目的正在於要重建社會正義與公道，清除和抑制那些曾對社會結構基礎起過瓦解作用的因素。理解了這一點，我們就不難看到，在伊斯蘭社會中，人們的經濟活動及其相關事務都被納入伊斯蘭教嚴格管束的軌道，它被要求與伊斯蘭教義和伊斯蘭道德規範相脗合。在伊斯蘭社會長期的實踐過程中，形成了一套具有自己特色的經濟倫理和經濟制度。總的來講，伊斯蘭的經濟倫理和經濟制度以經訓爲依據，從對安拉的義務出發，對財產、貿易、金融、稅務、債權及遺產繼承等方面做了原則規定，並以此來指導伊斯蘭社會的所有的經濟活動。

在穆罕默德看來，經濟活動的目的不單單是爲了滿足人們的物質生活需求，而且是爲了履行人類在世界上的第一職責——宗教義務的一部份，伊斯蘭教反對物質主義。《古蘭經》指出："我創造精靈和人類，只爲要他們崇拜我"，"商業不能使他們疏忽而不紀念眞主、謹守拜功和完納天課"。毫無疑問，伊斯蘭使自己的社會經濟與社會的信仰及其所信奉的價值觀形成一個嚴密的整體。伊斯蘭經濟觀就是圍繞這個基本目的而展開的。

伊斯蘭經濟思想的核心是它的財產觀。其基本原則是：第一，天地萬物都是安拉創造，世間一切皆歸安拉所有。《古蘭經》多次強調"天地萬物，都是眞主的"。但安拉准許世人獲取、佔有和利用安拉所賜財富，這是安拉對世人的委託，也是對世人遵從主命的考驗。第二，一定程度上承認和保護私人財產所有權。由於天地萬物都屬安拉，伊斯蘭教認爲個人對財產的所有權只是相對其他人而言，而且是暫時的。根據安拉誡命，伊斯蘭教對財富的獲取、佔有和利用做了明確規定。穆斯林必須通過合法（"哈倆勒"）手段取得財物，如做工、務農、經商、繼承遺產、收取贈品與施捨等；嚴禁非法（"哈拉姆"）所得，如詐騙、偷盜、搶劫、重利、賭博、賄賂、貪污公物、侵吞他人財產及生產、銷售有損他人身心健康和危害社會的物品等。第三，允許世人在財產分配和佔有上有一定程度的差異，據說這種差異是出自安拉的意志。《古蘭經》說："我將他們在今世生活中的生計分配給他們，我使他們彼此間相差若干級"（43：32）。"在給養上，真主使他們中一部份人超越另一部份"（16：21）。而每個人享受的只能是自己的勞績。在錢財使用上，伊斯蘭教也做了原則性的規定，鑒於安拉是萬物真正的所有者，那些擁有財富的人，只是代替安拉管理財富，而且必須用於安拉的事業，所以個人對於私有錢財不具有絕對自由支配權。伊斯蘭提倡勤儉節約，合理支出，既反對鋪張浪費，揮霍無度，也反對吝嗇至極，囤積錢財。"你們不要揮霍，揮霍者確是魔鬼的朋友"（17：26—27）。"對於窖藏金銀，而不用於主道者，你應當以痛苦的刑罰向他們報喜"。私人財產除用於個人和家庭生活所需外，其餘部份應用於交納天課，以及施捨。向公益事業界捐款等善行。第四，窮人有分享富人財產的權利。富人除定期交納天課外，還應根據規定向國家交納賑款及自願施捨，救濟貧民、窮人。因為"他們的財產中，有乞丐和貧民的權利"。富人通過交納賑款的方式來純潔自身。如果富人拒絕窮人的這種權利，政府將迫使他們就範。伊斯蘭教正是通過這種規定來力求縮小貧富差別，緩和社會矛盾。

　　商業和借貸規則是伊斯蘭社會經濟規範的重要內容，傳統的貝杜因社會曾因商業而興盛，也因商業而動盪分化。因此伊斯蘭教對經商和貨幣借貸抱有一種矛盾的心情。一方面它認識到這些東西是生活之必需，另一方面又對之小心謹慎，盡力抑制其有可能破壞社會穩定的方面。這或許就是"真主准許買賣，而禁止重利"經文的由來。伊斯蘭教認爲，經商取利是勞動所得，屬正當謀生之道，但爲了使商業活動不偏離安拉正道，根據伊斯蘭教義精神對交易條件作了種種規定。伊斯蘭教主張誠實經商，公平交易，信守合同；禁止囤積居奇，投機倒把，欺行霸市，以次充好，缺斤少兩等不法行爲。據"聖訓"，穆罕默德曾以宗教裁判的口吻說："後世之日，招搖撞騙的奸商，同暴君惡霸復活在一起；忠誠利人的義商，同聖賢烈士復活在一起"。

伊斯蘭教認爲，放債吃息，係不勞而獲，它與經商取利有着本質的區別，當嚴格禁止。這條利息禁令是針對伊斯蘭教興起時阿拉伯半島高利貸盛行、貧民深受其害的社會問題而提出的，而後成爲傳統伊斯蘭金融思想的基本原則。但伊斯蘭教並不禁止無息借貸，它規定借貸雙方應立借據，注明借款金額，償還日期，並有兩個人作證。"在真主看來，這是最公平的"。債務人應時常想着償還債務，"誰若出自賴賬的目的借人財物，真主將所借之物化爲烏有"。而債權人應寬裕大度，"如果債務人是窘迫的，那麼，你們應當待他到寬裕的時候；你們若把他們欠的債施捨給他，那對於你們是更好的"。

根據伊斯蘭的財產觀，繼承遺產屬合法行爲，應當受到保護，但由於財產的真正所有者是安拉，只有安拉的誡命才是遺產分配準則。所以遺產所有人無權完全依照本人的意願通過遺囑決定遺產繼承者和分配遺產。《古蘭經》在這方面指出："析產的時候，如有親戚、孤兒、貧民在場，你們當以一部份遺產周濟他們"。伊斯蘭教將這部份財產的處分權交由遺產所有人，並通過立遺囑的方式進行分配，作爲其臨終前的最後一次善行。按規定遺囑繼承人的範圍不得包括法定遺產繼承人。但遺囑遺產可用於社會公益事業。關於法定繼承人的權利維護，伊斯蘭教規定，"留遺囑的時候，不得妨害繼承人的權利，這是眞主發出的命令。"因此教規將遺囑繼承的遺產數額限定爲全部遺產的 1/3，而將大部份遺產用於法定繼承人的身上。

在法定繼承人問題上，伊斯蘭教打破了蒙昧時期實行的惟有死者的男性親屬有權繼承其遺產的部落習慣法，主張男女均有繼承遺產的權利。"男子得享受父母和至親所遺遺產的一部份，女子也得享受父母和至親所遺子界財產的一部份，無論他們所遺財產多寡，各人應得法定部份"。爲此《古蘭經》對於分配方法作了具體規定，其中特別指出，"一個男子，得兩個女子的份子"。伊斯蘭教認爲男子要負擔家庭重擔，比女子多得一倍遺產是合理的。與伊斯蘭教以前的阿拉伯半島社會相比，伊斯蘭教的遺產繼承原則無疑提高了女子的經濟地位，但其中仍保有的不平等現象也多少反映了"男人的權利比女人高一級"的伊斯蘭傳統觀念。

這種以法定繼承爲主，以遺囑繼承爲輔的分配思想，成爲伊斯蘭遺產繼承制度的原則依據，長期被廣大穆斯林所遵循，至今在伊斯蘭社會仍有很大影響。

根據伊斯蘭教義，穆斯林不僅應交納天課，履行法定施捨，而且還應履行自願施捨，爲安拉之道奉獻自己的財產。以奉獻安拉之名義捐贈給清眞寺和社會公益事業的土地、財產稱爲宗教基金。伊斯蘭教認爲，捐作宗教基金的土地、產業、資財僅歸眞主所有，只能用於宗教慈善事業，世人不得出售、轉讓、抵押、贈予及繼承。宗教基金最早出現在穆罕默德時代，隨着時間的推移，這種做法導致大量土地及社會財富被清眞寺佔有，形成不受國家控制的龐大寺院經濟。由於禁止買賣、轉讓，加之管理不善，這部份財產不能進入流通領域，造成一定程度的閒置和浪費，不甚有利於社會經濟的發展。

綜合伊斯蘭教的經濟思想看，伊斯蘭教把經濟平等、社會穩定和宗教義務放在首位，對財富的積累、增強和擴大採取某種抑制態度，從而成功地防範了財富分配不公，拜金主義對於社會的瓦解作用。伊斯蘭文明能在當時崛起，將自己的影響擴大到周邊一個很大的區域中，並使自己能延續到今天，是和這種對商品經濟的抑制、防範態度有關的。儘管我們可以說，東方社會的大一統結構在很大程度上曾需要這種抑制來維持自己的穩定。然而，在漫長歷史發展中形成的這種傳統定勢，反過來又加強了整個社會結構對商品經濟的不適應性和排斥性。以至於到近現代，伊斯蘭國家在靠攏商品經濟這一大潮時不能不付出社會結構性大震蕩的代價。

【1】 貝杜因：爲阿拉伯語音譯，意爲 "荒漠游牧民"，以別於其他定居的阿拉伯人。在伊斯蘭教興起前的 "蒙昧時代"，貝杜因人的社會結構以血緣爲基礎，信仰上盛行偶像崇拜。7 世紀伊斯蘭教興起後，貝杜因人成爲伊斯蘭教初期的主要力量。

【2】 此爲《古蘭經》的章節編號，見中國社會科學出版社 1996 年版《古蘭經》。下同處不再注。

【3】 參見《古蘭經》108 章第 2 頁，87 章第 15 頁，96 章第 10 頁，72 章第 19 頁。

【4】 參見金宜久等編：《伊斯蘭教史》，中國社會科學出版社 1990 年版，第 57—58 頁。

【5】 湯因比：《文明經受着考驗》，浙江人民出版社 1988 年版，第 157 頁。

【6】 參見納忠等：《傳承與交融：阿拉伯文化》，浙江人民出版社 1993 年版，第 41 頁。

【7】 托馬斯・奧戴：《宗教社會學》，中國社會科學出版社 1990 年版，第 6 頁。

【8】 G．H．詹森：《戰鬥的伊斯蘭》，商務印書館 1983 年版，第 9—10 頁。

【9】 參見高惠珠：《阿拉伯的智慧：信仰與務實的交融》，浙江人民出版社 1994 年版，第 7—8 頁。

【10】 穆智台希德：爲阿拉伯語音譯，原意爲 "勤奮者"，轉意爲對教法學方面有創制教法能力的權威學者的尊稱。

【11】 烏萊瑪：爲阿拉伯語音譯，是伊斯蘭教國家對有聲望的教法學家、教義學家的稱謂，也是伊斯蘭教的一種教職。

第二章 伊斯蘭：復興與變革的早期嘗試

伊斯蘭教自創立後，曾經歷了自己的輝煌燦爛的時期。在這期間裡，它成功地把自己的統治區域擴大到了西亞、中亞、南亞、北非、西歐和南歐。伊斯蘭的這種勝利無疑反映出了伊斯蘭教作為一種文化模式的成功和優勢。然而，隨着伊斯蘭教的不斷發展擴大，它自身內部的結構性破壞因素，也即系統論所謂的"無組織力量"也在逐漸積累，形成了一種對伊斯蘭來講是消極的解構因素。這方面除了我們上面曾提到的王朝繼承制度雜亂、政教關係漸趨複雜外，還有因領土不斷擴大而必然帶來的民族矛盾激化；因統治秩序失控、社會高度動盪造成的利益紛爭；以及因追求目標不同而出現的內部異端。所有這些，都使"伊斯蘭的偉大"蒙上了一層濃厚的陰影。

伊斯蘭教的變異和衰落在歷史上總是無例外地激起伊斯蘭傳統的強烈反彈。無數伊斯蘭志士仁人一批又一批地奮起抗爭，他們儘管目的不盡相同，但都自覺不自覺地爭相高舉伊斯蘭教這面旗幟，都力圖以復歸傳統作為號召，爭取恢復那似已漸漸遠去的昔日榮耀和光輝。這樣，早在伊斯蘭社會面對近現代資本主義西方的真正挑戰很久以前，伊斯蘭就已在內部不止一次地形成了"復興"運動。

西方的挑戰加深了伊斯蘭社會的災難，而伊斯蘭復興運動也因此而獲得了一種全新的動力。和舊時代不同，伊斯蘭復興運動在新時期已不再局限在傳統主義範圍內進行應變和反抗，它們在艱難地認識到西方所具有的無可抵禦的優勢後，逐漸從被動到主動，力圖在變革自身的基礎上，去弱圖強，順應潮流，進行成功的應戰。他們大無畏的自我批判精神和不屈不撓的自強追求可歌可泣。然而，伊斯蘭新歷史道路的摸索性開拓又決非是一件能在短期內完成的大事業。似乎命中注定着的失敗往往使這種變革帶上了一種悲劇色彩。於是大悲哀又激起大決心，伊斯蘭世界終於迸發出要求脫胎換骨的吼叫。

第一節　伊斯蘭早期的復興運動

　　自穆罕默德和四大哈里發以降，伊斯蘭世界經歷了自己的全盛，但也數度陷入過暗無天日的紛爭和動亂。也許是伊斯蘭文化生命力的一種體現，我們看到，每當伊斯蘭社會處於艱難困苦之際，一種消除異己因素，復歸伊斯蘭傳統的衝動便會匯聚起來，形成聲勢浩大的運動，阻絕伊斯蘭社會在每況愈下的通道中行進。從文明演化的角度講，這種復興伊斯蘭的運動也許代表着伊斯蘭文明的自我修復機制，在一個相當長的歷史時期內，維繫伊斯蘭文明的延續和發展。

一、作爲宗教改革和社會變革工具的
　　伊斯蘭復興運動

　　伊斯蘭教是一種入世而不是出世的宗教。在它和世俗生活融爲一體，極易爲普通百姓接受的同時，卻很難滿足那些具有強烈精神追求，力圖超凡入聖的信徒的要求。因此在伊斯蘭教興起後不久，其內部就存在着兩種不同的發展傾向：一種是在提倡內心誠信的同時，較爲重視信仰的外在形式和信仰者個人的行爲，它後來發展成爲制度化的伊斯蘭教，即以經、訓、教法知識爲主要體現的信仰體系；另一種發展傾向則在提倡潛心功修的同時，突出信仰的內在精神和信仰者個體人格的完美，他們有着一種強烈的精神追求，力圖超越塵世，達到一種認識主宰、直覺主宰，直至與主宰合而爲一的境界。堅持這後一種傾向的人們往往主張虔信、敬畏、順從、守貧、克己、堅忍、自制、懺悔、寬恕、行善等苦行和禁慾的生活方式，有的甚至堅持避世、獨身。他們企求通過上述生活方式消除罪愆、擺脫私慾、淨化心靈，以純潔的自我與安拉合一。這一傾向到後來即發展成爲所謂的蘇菲信仰體系。這裡需要指出的是，蘇菲派不過是奉行這種生活方式的虔信者的總稱。蘇菲派從來就不是一種統一的運動，也從來沒有形成過統一的教派。

早期的蘇菲派主要注重於苦行主義和禁慾主義，與同時代某些熱衷於榮華富貴，追求聲色享受的人不同，這些虔信者往往抗議性地堅持穆斯林早期社會的儉樸生活、滿足於自身的貧困境遇和卑微的社會地位。他們以苦爲樂，不祈求任何物質享受。"既不佔有財產，又不迷戀財產"，"視黃金和泥土是同樣的穢物"；他們大都實行嚴格的隱居生活，棄絕塵世物慾的干擾，"潔淨身心，全力沉思，爲眞主而斷念人情"，不願做慾望的奴隸。他們嚴守《古蘭經》的訓戒，長時間地連禱、守夜、靜坐和夜禱。他們心誠意篤地叩頭和跪拜、齋戒和讚主，專注於個人心靈的純潔清淨，力求依照穆罕默德早年在希拉山洞潛修的做法，體悟先知創教眞諦，還伊斯蘭教以原有面目。

伊斯蘭教內部早期出現的這種苦行和禁慾的生活，雖然已帶有相當色彩的"伊斯蘭復興"精神，但從整體上講還不構成一種系統的社會運動，它只能算是穆斯林的個人虔敬行爲。

然而到了 7 世紀末，情況有了很大的變化。隨着伊斯蘭征服範圍的不斷擴大和戰利品源源不斷地流入，哈里發手中的財富劇增。在這種情況下歐麥爾（634—644 年在位）決定採用年金制。年金制使統治階層的收入有了極大的提高。然而金錢消磨意志，追逐世俗享受的腐敗之風開始在統治階層中滋長並造成伊斯蘭統治上層人格精神退化。到倭馬亞王朝，統治者的貪婪腐化，窮奢極慾達到了新的頂峰，加上宮廷政治的險惡黑暗，當政者對教胞的迫害和殺戮，社會矛盾更趨激烈。這一切為那些追求內在精神超越的蘇菲派提供了難得的發展機遇，苦行主義和禁慾主義遂作為一種社會思潮在伊斯蘭世界得到了迅速發展。這個時期出現了形形色色的苦修者、懺悔者、修煉者、哭泣者和素食者。他們的活動開始帶上了社會運動的性質而不再只是純粹的個人行為。蘇菲派作為社會運動，與當時一些武力反抗哈里發統治的做法不同，它主要表現為對王朝世俗化、殺戮、瀆神等行為的一種羣體性的消極抗議形式。蘇菲主義運動力圖以自己的信仰行為規範為整個動盪着的社會指出一條獲救之路。

據考證，蘇菲這一概念直到 9 世紀中葉才正式出現於阿拉伯文獻中。而在此前的一個多世紀裡，倡導苦行、禁慾生活和精神修煉的這一運動，實際上還經歷了一個神秘主義發展階段。

在這個時期裡，人們在奉行苦行和禁慾的生活方式的同時，努力探尋一種新的人神關係。從強調對安拉絕對、無限、忘我的愛，到認為"愛"這種情感本身來自安拉的賜予，是安拉對人的眷注的表徵，再到主張宇宙萬有，尤其是人皆為安拉之"顯化"，皆有安拉之靈，因而倡導人應追求與主合一。其極端者甚至認為，人與安拉本身是同一的、人即安拉的肉身化。

蘇菲派神秘主義的發展包含着與正統教義很難相容的泛神論和萬物有靈論思想，而它的人即真主論斷也實在過分出格，這一切在招致正統派惱怒的同時，也引發了蘇菲派內部的分歧。而在另一方面，伊斯蘭正統主義也在自己的發展過程中遇到了嚴峻的挑戰：什葉派和宗教上都對已過分理性化並陷入僵硬、呆板的官方神學形成了幾乎是致命的威脅。爲了克服危機，正統派也開始認爲有必要通過強調教徒自身對安拉的直接感受和內心體驗的方式，來維持和鞏固信仰的眞誠性和持久性。正是在這種情況下，很多伊斯蘭學者致力於調和蘇菲神秘主義與正統信仰之間的矛盾，力圖促成這兩者之間的結合。經過幾代人的努力，尤其最後經安薩里之手，才最後眞正把神秘主義納入正統信仰，使之合二爲一成爲伊斯蘭教官方教義組成部份。

幾乎在安薩里把神秘主義納入正統信仰的同時，蘇菲主義在民間仍繼續得到流傳。一方面蘇菲派在組織上有了新的發展。前一時期蘇菲學者關於精神修煉的道路、方式、境界的論述日益系統化，蘇菲修煉中心道堂的規章、制度日臻完善，道堂在蘇菲精神生活中的重要性日益顯著，著名蘇菲在一般成員中的影響日增，他們由共同精神修煉的伙伴關係演變爲指導新伙伴修煉的師徒關係。到 12世紀，伊斯蘭世界各地都普遍建立起蘇菲教團（如卡迪里、蘇哈拉瓦迪、里法伊、亞薩維、契斯提、沙茲里等教團）。各蘇菲教團在精神導師的主持下，相對獨立的發展起本教團的特殊教義和規章制度、確立本教團的傳系（道統）和儀式。

另一方面，蘇菲主義開始系統化和形而上學化。出現了以蘇哈拉瓦迪爲代表的"照明學說"和伊本·阿拉比的泛神論的"存在單一論"。前人的泛神論思想這時得到進一步的理論化和完善化。約在 5 到 6 個世紀的時間裡，蘇菲主義在伊斯蘭教中實際居於統治地位。

蘇菲主義的興起與伊斯蘭教逐步從一種代表下層民衆利益的宗教淪爲統治階級有意加以利用的工具有關。它在某種程度上反映了生活在伊斯蘭社會底層的穆斯林的不滿和抗爭，反映出這批人們對早期伊斯蘭所倡導的虔誠、平等與和睦生活的追憶和嚮往。蘇菲主義對伊斯蘭早期精神的復興嚮往，在一定程度上制約了統治階級上層過度世俗化和頹廢的傾向，強化了伊斯蘭教義對人們行為規範的力量。然而，這種力圖恢復早期伊斯蘭社會生活的努力似乎是注定要失敗的。它除了受到來自統治階級對宗教正統地位壟斷行為的挑戰外，還受制於它自身所倡導的出世修煉和泛神論主張，這類行為和主張對社會的解構功能遠遠大於它所具有的社會建構性功能，因而蘇菲派的崛起大體上只能加劇伊斯蘭社會的矛盾和離心力，而不可能成為一種有效的替代性社會改造方案。也正因為如此，蘇菲派"復興傳統"的主張總是無法奏效。情況有時甚至倒了過來，蘇菲派的行為被認為是加劇社會解體和無序的重要原因，因而在其他的宗教復興派別看來，它本身就應成為"復興傳統"所必須加以革除的對象。

蘇菲神秘主義和伊斯蘭正統主義的合流，標誌着一種伊斯蘭的新發展方向，它和後來興起於16世紀到18世紀出現了新蘇菲主義一樣，對早先所迷戀的泛神論與聖物崇拜進行了反省和批判，並開始回到嚴守經訓、教法的立場，強調重新靠攏伊斯蘭教正統教義。儘管這一新的發展階段給伊斯蘭正統主義注入了一定的生氣，但對於蘇菲派自己來講，這畢竟是對自己傳統的一種"揚棄"。就整個蘇菲運動而言，它已很少能單獨對社會發揮自己的影響。因此，新蘇菲主義的出現似乎標誌着伊斯蘭教內部最初宗教改革嘗試的失敗，宣告了神秘主義式的"復興傳統"此路不通。這樣，"伊斯蘭偉大"的復興任務也就只能落到另一類道路的探索者頭上了。

時代進入18、19世紀，西方正經歷着使整個世界都深感震顫的巨大社會變革，一場暴風雨行將襲來。而在這暴風雨來臨的前後，伊斯蘭社會卻處於極為被動的狀態中。階級矛盾與民族矛盾交織在一起，社會危機到處可見，與日俱增。奧斯曼帝國的統治早已變得難以忍受，英國殖民主義更是使之雪上加霜。處於水深火熱之中的穆斯林在萬般無奈的情況下，終於高舉起宗教復興的旗幟，以回到《古蘭經》為號召，力圖挽狂瀾於即倒，對外肅清異族勢力奴役，對內蕩滌一切辱教禍國之污泥濁水，恢復伊斯蘭那失去了的光輝。

這一時期發生在阿拉伯半島上的大規模伊斯蘭復興運動波及範圍很廣，出現的教派也很多，其中比較大的有阿拉伯半島上的瓦哈比運動，蘇丹的馬赫迪運動和伊朗的巴布運動。

瓦哈比運動於 18 世紀中後期爆發於伊斯蘭教的心臟地區——阿拉伯半島。它得名於其領導人阿布杜勒·瓦哈布。阿布杜勒·瓦哈布（1703—1791），出生於阿拉伯半島中部的納季德地區。自幼受到家庭濃厚的宗教薰陶，兒童時代就能背誦《古蘭經》，勤於清真寺禮拜。他早年求學於麥地那，後來周遊各地，深入瞭解了阿拉伯社會苦難的現實生活。巨大的民族矛盾和社會矛盾所造成的苦難不斷地激勵着他，瓦哈布決心學習伊斯蘭教先知的榜樣，以鏟除異端邪說，復興純正的伊斯蘭教信仰為終生使命。

瓦哈比運動的初期，僅僅滿足於通過講道來傳播新的宗教改革思想，並未取得實際結果。只是在瓦哈布遷居達爾伊葉以後，在當地酋長伊本·沙特的支持下，運動才得以迅速發展。瓦哈比派的崛起使奧斯曼帝國蘇丹深感惶恐不安。乃於 1797 年下令派兵鎮壓。瓦哈比軍堅持武裝鬥爭，逐漸站穩腳跟並越戰越強，終於推翻了奧斯曼帝國在阿拉伯半島的統治，建立了由阿拉伯人執政的、獨立的民族國家。從此，瓦哈比派教義成為沙特阿拉伯王國的國教，確立了政教合一的國家體制。

瓦哈比運動不僅是近代伊斯蘭教歷史上規模宏大的帶有民族主義色彩的社會政治運動，而且也是一次以宗教為旗幟的宗教改革與復興運動。它在宗教思想文化傳統方面，強調信仰的純潔性、正統性，反對各種 "異端邪說"。強調以《古蘭經》為信仰的惟一基礎，提出了 "回歸古蘭經" 的口號。它主張根據經典中的本義，獨立思考、獨立判斷、獨立地解釋經典，不盲目遵循以往經注學家們的注釋。這種態度，有助於衝破長期形成的教條主義，根據現實情況靈活地解釋伊斯蘭教傳統，對後世影響很大。後來興起的伊斯蘭現代主義、原教旨主義在思想淵源上皆同瓦哈比派相通。除此之外，瓦哈比派還以託古改制的方式，力求恢復伊斯蘭教初創時期純正、素樸的宗教教義，公正、穩定、政教合一的政治制度以及平等、和睦、團結互助的人際關係。這種主張正本清源、返璞歸真的態度，後來成為一種影響廣泛的伊斯蘭復興與改革的模式。正因為如此，人們常把瓦哈比運動劃歸原教旨主義復古主義思潮。從瓦哈比派的崛起中，人們可以看到早年阿拉伯穆斯林對信仰的執着追求，對早年文化傳統的熱烈依戀。

繼瓦哈比運動後爆發的另一場聲勢浩大的伊斯蘭復興運動，是 19 世紀上半葉的伊朗巴布運動。巴布運動的興起與西方對中東地區的全面滲透有着相當緊密的聯繫。自 19 世紀 30 年代起，歐洲資本通過商品輸出不斷湧入伊朗，使伊朗的封建自然經濟受到巨大衝擊。商品經濟的發展改變了舊有的土地關係，大批農民失去土地，生活沒有保障，成為無家可歸的難民。在外來商品競爭下，手工業者和小商販也面臨着破產的威脅。外國資本的侵入激化了伊朗的社會矛盾和階級矛盾，終於引發了反封建壓迫和殘酷掠奪的什葉派武裝起義。

巴布運動的領導者賽義德·阿里·穆罕默德，出生於伊朗南部設拉子市一棉布商家庭。早在青年時代，他就表達了自己對什葉派 "隱遁" 伊瑪目復臨人間的信仰和期待。1844 年，適值什葉派第 12 代伊瑪目 "隱遁" 一千年，傳統上許多穆斯林都相信，每千年伊斯

蘭教就會出現一位復興者。借這一機會，他在這一年提出，在末代
"隱遁"伊瑪目與信徒之間的聯繫上還存在有中介，這個中介即 4
道相繼出現的"門"（巴布），伊瑪目在"隱遁"時期就通過 4 座
"門"與信徒保持密切的聯繫。其後他宣佈，他本人便是"巴布"，
人們只有通過他這座"知識之門"，才能瞭解伊瑪目的旨意。不久
以後，他到麥加朝觀聖地時，便宣稱自己就是眾人期盼的伊瑪目馬
赫迪，負有鏟除人間不平，建立正義之國的使命。

巴布運動興起後，統治者驚恐不安，不久便採取武力鎮壓。
1847 年，當局逮捕了一大批巴布派信徒，砍掉他們雙足。巴布本
人也遭逮捕並被囚禁於大不里士獄中。此後，巴布信徒於伊朗北部
發動起義，並得到了全國各地的廣泛響應，義軍一度發展到 10 萬
餘人，給統治者以沉重的打擊。1850 年 7 月，巴布在大不里士監
獄遇難，大批信徒也慘遭殺害。翌年，巴布運動也在殘酷的鎮壓下
宣告失敗。巴布運動失敗後，殘餘力量仍堅持鬥爭了很長時期。

巴布運動期望創建的"正義之國"，反映了當時伊朗社會小商
人、小手工業者和城市平民的一種嚮往：能過上一種沒有剝削，沒
有壓迫，沒有欺詐，人人平等、幸福美滿的生活。為實現這一社會
理想，巴布提出了許多主張，包括保障人身自由，尊重財產所有
權、繼承權，以及償還負債、支取商業利息、統一幣制、修復交通
等。在宗教思想上，巴布提倡簡化宗教禮儀，取消婦女戴面紗等規
定。巴布教派帶有一定的神秘色彩，尤為珍重神聖的數字"19"，
一年為 19 個月，每月 19 天，由 19 名成員組成民眾委員會，決定
國家大事。

巴布運動在某種意義上更多地代表着伊斯蘭社會底層對一個苦
難社會的抗爭。

19 世紀下半葉，另一場規模浩大的伊斯蘭民族大起義在非洲
東北部的蘇丹爆發。史稱馬赫迪運動。

運動的領導者穆罕默德·阿赫默德是蘇丹的東古拉人，出生於一個船工家庭。少年時代，受過傳統的宗教教育，後因家境貧寒，長年在尼羅河沿岸過着流浪生活，深知窮人的疾苦。他廣泛接觸下層民眾，在貧困的漁民中發展信徒。他在佈道中譴責貪官污吏、爲富不仁，揭露宗教上層的僞善，用宗教的語言訴說人間的不平，號召人民起來與外國統治者進行鬥爭。當時在蘇丹各地，人們都盛傳救世主馬赫迪即將光臨的消息。爲了發動民眾，穆罕默德·阿赫默德於 1881 年向信徒們秘密昭示，他本人便是眾人盼望的救世主馬赫迪，號召人們忠於眞主，以"聖戰"來反對外國統治者，鏟除蠻橫、強暴和腐敗，淨化世界。拉開了武裝起義的帷幕。

馬赫迪運動最初階段取得巨大成功。它多次擊敗英國和埃及的軍隊，最後攻克英軍重兵設防的喀土穆，擊斃英軍司令戈登將軍（鎮壓中國太平天國運動的劊子手），解放了絕大部份領土，並成功地建立起自己的政權。

馬赫迪教義是在修改、融合傳統信仰體系和蘇菲信仰體系的基礎上制定的。它把自己的教義視爲純正的伊斯蘭教信仰的體現。馬赫迪教義的主要思想包括有：（1）反對奢侈腐敗，提倡過儉樸、聖潔的生活。認爲較之來世的福利，今生的物慾享樂是微不足道的。爲打破貧富差別，馬赫迪要求信徒一律穿一種稱爲"珠巴"的統一的服裝，吃粗食淡飯，過儉樸生活。禁止舉行婚禮、葬禮，禁止蓄長髮、祭奠亡靈和用草書寫信。除戰時外，不得騎馬，一律步行。（2）信徒之間互相平等，禁止少數富人壟斷社會財富，一切財富和戰利品歸公共金庫，實行原始共產制，凡消費品皆由馬赫迪統一分配。（3）以經過修改和補充的伊斯蘭教法爲基本行爲規範。嚴禁偷竊、酗酒、吸煙，違者分別處以斷手刑或鞭刑。此外，它還要求信徒恪守安貧和聖戰這兩大美德，規避忌妒、傲慢和疏忽三種邪惡。除此之外還有"十戒"，其中主要是對婦女的道德要求，諸如披戴面紗，不上墳祭奠死者，不索要高額財禮，按時禮拜等。

馬赫迪運動雖在軍事上取得重大勝利，但在政治和社會改革上實際並無重大建樹，新國家的誕生並未給人民帶來實際利益。奪取政權以後，馬赫迪獨斷專橫，實行封建家長制統治，人民繼續負擔沉重的賦稅，部落間的矛盾日益加深。馬赫迪過世後，掌握軍政大權的新任哈里發更加專制、腐化，早年馬赫迪運動的理想早已蕩然無存。他對信徒提出種種義務和很高的道德要求。而他本人則高高在上，為所欲為，不受任何約束。由於階級對立，部落矛盾，派系紛爭不斷加深。國家的防衛力量受到削弱。1896 年，英國政府出於內政、外交的需要，改變了"暫不干涉"蘇丹的政策，決定派重兵鎮壓馬赫迪運動。經過兩年的戰鬥，馬赫迪軍隊節節敗退，在恩圖曼戰役中遭到徹底失敗，馬赫迪國家終於被英埃聯軍推翻。

伊斯蘭早期的復興運動是對嚴重的民族矛盾和社會統治危機所作出的一種本能反抗，它在某種程度上表明了伊斯蘭教在中東地區所具有的那種凝聚力和感召力。儘管這一時期的伊斯蘭復興運動取得了某種程度的成功，對歷史產生了重大的影響，但從整體來看，這種依靠向傳統的回歸來清除異己的"無組織力量"的傳統，在一個新的時代裡已顯陳舊。伊斯蘭世界如何才能更新自我，如何才能真正回應來自西方的全新挑戰，這是一個全新的課題。先進的穆斯林在提交自己的新答卷方面，正是借鑒了以往的經驗教訓，才做出了前無古人的勇敢探索，為古老文明自我更新嬗變的努力留下了一份可貴的佐證。在這個層面上，早期伊斯蘭復興運動決不是沒有意義的。

二、伊斯蘭世界的早期覺醒

伊斯蘭教在經歷自己漫長的阿拉伯帝國時期之後，又經歷了一個同樣漫長的奧斯曼帝國時期。奧斯曼帝國從 13、14 世紀崛起漸入強盛，歷三百餘年發展而開始衰落。在奧斯曼帝國內外矛盾交困中，中東地區進入了一個大變革時代，伊斯蘭現代化啓動的嘗試是同奧斯曼帝國的衰落同步進行的。"西風東漸"和奧斯曼帝國的衰落帶給穆斯林社會的，除了上面已經論及的迎變和反抗運動外，還有伊斯蘭教、傳統與現代化這樣一些全新的課題。也許是東方傳統社會的一種共性，試圖解決這一課題的最初推動來自於統治集團中的開明人物。奧斯曼蘇丹的百年改革，埃及阿里的維新嘗試打開了伊斯蘭自強的新篇章。

奧斯曼遲至 16 世紀，還是當時世界數一數二的大帝國。它以伊斯蘭正統教義爲精神支柱一統天下，形成了一套極有自己特色的社會體制。它的統治者蘇丹同時又是穆斯林世界的最高精神領袖——哈里發。它的版圖橫跨亞、歐、非三大洲。

但自 17 世紀起，奧斯曼已輝煌不再。西方列強咄咄逼人的攻勢和得寸進尺的要求使之威嚴掃地，軍事上的屢戰屢敗和政治上不斷蒙羞，使得統治集團中的一部份開明人士意識到，面對強大的敵人和亡國亡種的威脅，必須要打消一切顧慮、排除一切反對，在不違背伊斯蘭道統基礎上，借鑒西方文明中某些可爲己用的東西，以達到自強的目的。在這樣一種思路下，奧斯曼帝國發起了一場伊斯蘭世界在近代最早的"現代化"改革運動。史稱"百年改革"。

百年改革運動肇始於蘇丹艾哈邁德三世（1703—1730 年在位）之朝。當時，由大維齊易卜拉欣負責，有計劃地瞭解了有關西方文明的各種信息，尤其注重於那些能爲奧斯曼所用者。早期的改革主要集中在提高帝國海軍作戰能力上。麥哈邁德一世（1730—1754）時期，開始了陸軍的改革，創立了爲炮兵服務的"幾何學學校"及"數學學校"，成立了新工兵兵團和炮兵兵團，並改組了鑄炮廠。除了軍事改革之外，這一時期還克服了宗教保守份子的反對，從西方引進了印刷技術。印刷技術的採用和明顯的使用效果，有力地促進了穆斯林傳統觀念的轉變。

然而，帝國政壇盤根錯節，具有舉足輕重地位的近衛軍，竭力抵制被它視爲標新立異的各種改革；加之幾場對外戰爭的衝擊，改革斷斷續續，進展緩慢，收效甚微。

1789 年，謝里姆三世繼任蘇丹後，爲了扭轉每況愈下的帝國形勢，決定加快改革步伐。在深入考察歐洲文明的基礎上，謝里姆決心擺脫近衛軍，建立新軍，徹底解決軍隊現代化問題。爲了配合軍隊改革，謝里姆還在稅收、兵役、省總督官制、穀物交易等有關行政、財政方面作了調整，頒佈了一系列被稱爲"新秩序"的法令、條例。

謝里姆的改革標誌着奧斯曼帝國的覺醒，但巨大的社會惰性難以一下子克服。改革造成了社會結構功能的紊亂，激化了各種矛盾，以近衛軍和伊斯蘭宗教保守派爲代表的傳統勢力趁勢發難，廢黜了謝里姆三世，並通過傀儡穆斯塔發四世之手，取締了"新秩序"及與其相關的一切變革。

然而經過短暫的間歇後，"開明君主"的改革以更大的激情爆發出來繼穆斯塔發四世的麥哈邁德二世，經過 18 年的韜光養晦，終於等來了機會。他借平定地方叛亂勢力的餘威，加強中央集權，推行新的改革。他吸取了謝里姆失敗的教訓，把改革與強化蘇丹的實際權力結合起來。在注意改革策略的基礎上，大刀闊斧地展開了新一輪改革。

麥哈邁德二世成功地廢除了近衛軍，以號稱"穆罕默德常勝軍"的新軍取而代之。接着又將烏萊瑪劃編政府管理，享受國家俸祿，從而增加他們對政府的依賴性，減弱他們與羣衆的聯繫和對蘇丹權力的制約作用。最後，麥哈邁德二世還結束了各省擁有的自治權，削弱首都及各省官吏屬員的實權，限制來自世襲傳統習慣或由團體和地方同意授予的各種權力。除此之外，蘇丹還參照西方國家政制，建立了以文官爲省長的行政機構，成立了外交部、內政部、財政部及農、工貿委員會，設立了大臣會議、軍事會議和最高法制會議。這些舉措無疑強化了蘇丹的權力，它既是改革的有機組成部份，也爲改革清理了道路。

改革和發展離不開人才，而人才的培養離不開教育。麥哈邁德二世非常重視教育的改革和發展，他恢復和新建了衆多的軍事院校，開設了一批非軍事性的初、中級學校，向歐洲派出了大量的留學生。

爲了消除封建土地殘餘，加強了中央集權，麥哈邁德二世又下令在全國範圍內進行人口普查和土地測量工作。爲制定徵兵、抽稅政策提供了依據，爲最後促成廢除軍事采邑制度奠定了基礎。農業上的改革還涉及到了伊斯蘭宗教土地制度——瓦克夫。所謂瓦克夫即專用於宗教慈善事業的土地和產業。在實踐中它受各清眞寺的支配和管理。隨着清眞寺土地的逐年增加和管理上的不善，瓦克夫制度的流弊很大。爲此麥哈邁德二世下令成立宗教基金部，由國家統一管理瓦克夫，將收入款項集中使用，除用於必要的宗教設施修繕，宗教人士薪水外，剩餘部份調配到其他部門使用。蘇丹的這一舉措不僅從經濟上爲自己謀得一定好處，同時也削弱了宗教勢力的經濟基礎，加強了中央對宗教部門的控制。

1839 年，麥哈邁德二世病故，改革的重擔由其子阿布杜勒·麥吉德繼承。新蘇丹啓用了一批受西方文化影響較深的知識份子，頒佈了《御園敕令》，繼續推動前階段改革的深入，開啓了一個在奧斯曼歷史上被稱作"坦齊馬特"的改革時代。

《御園敕令》宣佈了下列一些原則：保障全體臣民的生命、名譽、財產的不可侵犯權，審判須遵循條例和公開化；廢除包稅制，實行正規的稅收制度；建立合理的徵兵制，限定服役期限；帝國臣民，不分宗教信仰，在法律面前一律平等。這些原則體現了 19 世紀 30 年代歐洲國家的一些憲法精神。

坦齊馬特改革致力的目標是在奧斯曼建立一套西方式的法律、財政、教育、企業制度。帝國在這期間成立了具有立法和司法職能的制法會議，頒佈了新民法、新刑法和新商法。形成了一個獨立於烏萊瑪之外的法律及司法系統。到 1856 年，奧斯曼政府又以蘇丹敕令的形式頒佈了一項新的改革憲章。該敕令着重強調了所有奧斯曼臣民，不問其宗教和派別，在法律面前的一律平等。敕令廢除傳統伊斯蘭社會強加給非穆斯林的一項特別稅人頭稅，授予非穆斯林享有與穆斯林同等服兵役權；對基督教徒敞開進入公辦學校和擔任政府公職的大門，增加他們在省和地方會議的名額；宣佈信仰自由，不得強迫任何人改教，對於叛離伊斯蘭教者不得處以極刑；外國人得在蘇丹管轄的範圍內持有、購買和處理不動產。這項敕令雖然有着外國壓力的背景，但其基本精神還是和改革原則一脈相承的。

在國家財政方面，帝國決定效法西方每年制定一次國家的預算；建立銀行和其他財政機構；保證採取具體步驟改革帝國的貨幣和金融制度。並盡可能地使帝國"受益於歐洲的科學、技術和資金"。克里米亞戰爭後，國庫空虛，財政出現危機。爲了解決財政困難，政府除了發行債券和向外借款外，還按照西方的方法建立了奧斯曼銀行。銀行本金大部份來自英法兩國。銀行在全國各地設有分行，享有免稅和發行貨幣的特權。政府還對財政部進行改組，籌劃年度預算，調整和強化財政支出管理辦法。

在教育方面，蘇丹在 1845 年對教育機構進行了改革。組建了專門負責教育工作的七人委員會，後改爲教育部，制定教育制度及學校發展規劃，修改教科書，創建新式學校。教育開始朝着世俗化方面發展。1884 年創立了帝國高級中學，該校除純粹的土耳其課程外，完全採用法語講課。該校基督教和穆斯林學生兼收，禁止宗教歧視。坦齊馬特還爲婦女接受現代教育提供了場所，開辦了第一所女子中學和創立了女子職業學校；1870 年還建立了培養女教師的女子師範學校。雖然蘇丹及七人委員會口頭承認宗教在教育中佔有首要地位，但新式學校的教師和課程都是在烏萊瑪及其所講授的宗教學科範疇以外的東西。教育工作從烏萊瑪的獨佔權中分離了出來。

在工農業方面，根據歐洲國家發展經驗，奧斯曼統治者將工業化視爲國家振興的主要途徑。在蘇丹的鼓勵和直接倡議下，政府投資先後建立了 150 多個工廠。農業方面這一時期的重大改革是廢除了包稅制，代之以政府直接徵稅制。目的在於消除包稅制的種種弊端，確保國家農業稅款收入，減輕農民負擔。

坦齊馬特是以效法西方爲手段，以富國強兵爲宗旨、以鞏固蘇丹封建統治爲目的的伊斯蘭現代改革運動，具有明顯的世俗性傾向。它所實施的改革舉措，往往不是以伊斯蘭法而是以國家利益作爲合法性依據，從而在客觀上削弱了傳統的宗教基礎。坦齊馬特運動應該說爲奧斯曼的社會生活帶來了某種改善，帝國古老的大地上出現了新型的司法制度和一些現代的法令，現代教育得到長足發展，新聞媒介業已興起，自由思想得以傳播，現代通訊交通工具電報、鐵路被引進，西方的科學技術逐漸被人們所接受。可以說，坦齊馬特是穆斯林社會敢於正視現實，面對西方壓力而作出的應戰嘗試。它在某種程度上表現出伊斯蘭世界所擁有的自我調節能力。

然而也應該看到，坦齊馬特運動有自身的局限，改革沒有能夠眞正振興帝國經濟，未能挽救帝國繼續衰落的命運。1875 年奧斯曼被迫宣佈國家財政破產，進一步加深了對列強的依附和屈從。這實際上標誌着坦齊馬特運動陷入了全面困境。

19 世紀初，正值奧斯曼蘇丹謝里姆三世的現代改革因教俗保守勢力的反對而慘遭失敗之際，名義上屬於奧斯曼的埃及卻異軍突起，出現了一場聲勢更加浩大的改革運動，其目的旨在建設一個能與歐洲國家相媲美的強大獨立國家。這場偉大運動的發動和領導者，是當時的埃及新任總督穆罕默德·阿里帕夏。由於他的改革啓動了埃及現代化進程，因此，他被譽爲現代埃及的奠基人。

穆罕默德·阿里 1769 年生於馬其頓的卡瓦拉，爲伊斯蘭遜尼派信徒。少年時未受過正規教育，但天資聰慧，多謀善斷。阿里年輕時曾做過煙草生意，後由於拿破侖入侵埃及而奉命加入奧斯曼的阿爾巴尼亞軍團，赴埃抗法，與埃及人民並肩作戰。又因能征善戰，被擢陞爲阿爾巴尼亞軍團指揮官。法軍戰敗撤離埃及後，埃及出現了土耳其總督、馬木留克貝伊、阿爾巴尼亞軍官及埃及穆斯林長老等多種勢力爭雄的錯綜複雜局面。阿里在這種情況下縱觀全局，審時度勢，利用埃及人民憎惡馬木留克暴政，不滿埃及總督專橫和渴望埃及實現獨立統一的心情，向埃及長老和烏萊瑪許諾，聲稱自己是埃及人民權利的捍衛者，將爲埃及而戰，從而獲得了埃及人的信任和支持。1806 年，埃及長老宣佈廢除奧斯曼蘇丹任命的總督胡爾希德，推舉穆罕默德·阿里爲埃及總督。由於當時奧斯曼蘇丹實際上無力控制埃及形勢，因而只能被迫承認這一現實，加封阿里帕夏稱號。這樣，埃及實際上就變成了一個在形式上隸屬於奧斯曼蘇丹管轄而事實上獨立的國家。而穆罕默德·阿里便成爲這個國家的眞正統治者。

在穆罕默德·阿里執政初期，埃及在經濟上是一個封建落後的農業國，政治上則存在一種四分五裂的封建割據局面：馬木留克封建勢力一直控制着上埃及等地區，並想重新主宰埃及；而日益強大的埃及長老們的勢力則隨時都可能成爲穆罕默德·阿里的勁敵，對他的政權構成威脅。從外部環境看，法英殖民主義者又虎視眈眈，雖然它們的兩次入侵都被驅逐出去，但埃及仍然面臨着西方列強再次入侵的嚴重威脅。因此我們看到，阿里面對的形勢可以說非常嚴峻。然而阿里不畏艱難，不僅決心排除內外阻力，建立一個強大統一的帝國，而且想加速埃及的現代化步伐，扭轉它的落後面貌。為此他勇敢而機智地接過蘇丹謝里姆三世的改革旗幟，對埃及的政治、軍事、經濟、文化諸領域進行了全方位的改革。

在農業改革方面阿里推行土地"國有化"政策，力圖建立新的農業生產關係，從根本上改變埃及積弱不振的局面。埃及當時土地佔有主要集中在馬木留克封建勢力、穆斯林長老、烏萊瑪及包稅人手中，土地改革必然會觸及他們的利益。穆罕默德·阿里清醒地認識到這一點。他吸取了謝里姆三世改革失敗的教訓，將土地改革與鏟除異己、鞏固政權結合在一起，制定了一套相應的計劃，逐步推進。在策略上，阿里運用分化瓦解，各個擊破的原則，先後控制或削弱了長老、烏萊瑪、包稅人和馬木留克殘餘勢力，成功地廢除了傳統的伊斯蘭瓦克夫制，取消了包稅制度，初步實現了土地國有化的目標。儘管土地"國有化"並沒有實現耕者有其田，農民對土地也只有使用權、受益權，而沒有所有權，仍需向國家交納租稅，但此舉減少了許多中間剝削環節，一定程度上減輕了農民負擔，同時也有利於政府對於土地及農民的管理和控制。

阿里在土地改革的基礎上進一步在農村推廣農作物計劃種植，推行農產品專賣制。政府規定必須種植的農作物種類及種植面積，向農民提供種籽、肥料、牲畜、工具等有償服務；農民在完成法定任務後，方可自由種植；農產品幾乎全部由國家定價收購，租稅也以實物交納，禁止農民自行交易，隨意出售。這樣，政府便將農業生產完全納入計劃軌道。埃及這個時期在計劃指引下，瞄準國際市場，注重開發經濟作物，大力推廣優質棉花種植面積，引進了煙葉、橄欖、亞蔴、甘蔗等經濟作物，籌建桑蠶基地，發展生絲生產。除此之外，阿里十分重視農業基本建設，領導興建了尼羅河灌溉工程和廣泛的水利灌溉體系，為增加耕地面積，改善耕作制度，大面積提高農作物產量打下了基礎。

軍事改革是穆罕默德‧阿里改革的一個中心任務。在他看來，要想建立一個強大的國家，就必須建立強大的國防力量。在這方面，阿里決心仿效自己強大的敵人法國，建立一支拿破侖式的埃及軍隊。為此，他聘請法國軍官幫助他建立軍事學校，培養軍事指揮人才；廢除僱傭兵制，實行徵兵制，擴大兵源，創建了一支正規的埃及軍隊。在阿里的不懈努力下，埃及人擁有了地中海和紅海兩支現代化的艦隊，軍艦 72 艘，海軍 1 萬 5 千人，陸軍 22 萬人。成為當時中東地區最強大的武裝力量。

在工業改革方面，阿里在西方工業革命大潮的推動下，決定效法西方國家，在埃及興辦工廠，發展工業，以加速其富國強兵目標的早日實現。他從西方國家引進了技術力量和機器設備，興建了軍火、造船等軍事工業以及紡織、製糖、造紙、榨油、肥皂、玻璃、機器鑄造等民用工業。阿里在發展工業的進程中注重民族化，對引進的外國技術力量，注意消化吸收，大力培養本國人才，逐漸替代外國技術、管理人員。另外，他還對新興工業及手工業實施國家壟斷政策，政府對於原料和工業產品銷售享有絕對控制權。

埃及的工業一度發展很快。有些產品不僅滿足了當地人民的需要，還能出口。軍事工業的興起，在加強國防力量方面發揮了應有的作用。但由於埃及缺乏足夠的技術力量和必要的煤、鐵資源，國家壟斷政策也影響了生產者的積極性，總的看來，埃及的民族工業發展是比較緩慢的。

穆罕默德‧阿里是一位開明專制君主，他在行政管理方面突破了伊斯蘭帝國世俗權力與宗教權力相統一的原則，按照歐洲國家的模式對埃及的行政機構進行改革和創新，建立了以他為領導的中央集權制的國家政治機構，將政權與教權完全分開。根據當時的需要，他設立了軍事、財政、貿易、外交、內務及教育等部。此外，還成立了一些專門委員會及諮詢會議。如協商會議，讓社會名流及宗教人士參加，以商討國家事務。爲了加強中央政府對全國各地的監督和控制，阿里將全國劃分爲七個行政省區，省下設縣，縣下設鄉，最基層爲村，每級都有專門行政長官負責，由上至下，形成了一套完整的行政管理體系。消滅了封建割據殘餘，使埃及成爲一個統一的政治實體。

在文化教育方面，阿里效法歐洲成立了教育部，主管國家教育工作，剝奪了烏萊瑪對於教育領域的壟斷權。他聘請西方學者來埃及創辦新型學校，學校採用了西方的教材與教學方法。此外，他還出資派遣埃及青年去歐洲學習軍事、政治、醫學、生物、化學、農業、考古等各類學科，架設了埃及與西方文化交流的橋樑。他還重用學成回國人員，讓他們成爲埃及行政管理和科研、教育的骨幹力量。阿里對與他有着矛盾的烏萊瑪階層沒有採取一味排斥的態度，而是很有頭腦地做他們的轉化工作。他從愛資哈爾畢業的學生中選派赴歐留學生，或選拔他們到埃及新型學校去深造，將他們培養成新型 "烏萊瑪"。近代埃及著名的資產階級啓蒙思想家、阿拉伯文化復興先驅里法阿·塔赫塔維，就是由愛資哈爾選派到法國學習的。

阿里還提倡和鼓勵翻譯西方科學技術方面的書籍、資料。爲了印刷、出版書籍，他在開羅建立了阿拉伯穆斯林的第一家印刷機構——布拉格印刷廠，並破除了在埃及穆斯林中流行多年的不准用阿拉伯文排版印刷書籍的清規戒律，加速擴大了知識、信息的傳播。此外，他還依照歐洲的模式創辦了第一份埃及報紙《埃及大事》，爲埃及新聞事業的發展開闢了道路。

穆罕默德·阿里的改革推動了埃及生產力的發展，促進了埃及科學文化的復興，播下了民族國家的種子，對埃及由傳統社會向現代社會過渡具有相當的積極作用。

1841 年以後，埃及因在對外戰爭中失利，被迫接受英國的商務協定，廢除國家壟斷政策。這導致歐洲資本大量湧入，嚴重損害了埃及的民族經濟，從而引發了穆斯林羣眾、乃至統治集團內部的反西方情緒，宗教保守勢力趁機抬頭。加上阿里病故後繼位的阿拔斯奉行保守主義政策，辭退外國顧問，關閉新式學校，停辦工廠，開革、流放主張推行改革的官員和學者，改革出現了重大的反復。

綜觀奧斯曼蘇丹的"百年改革"和埃及阿里的維新變革，我們看到，伊斯蘭世界的早期覺醒是難能可貴的。它至少向世人表明了，伊斯蘭文明在面對時代的大變局時，並非只是一味地堅持保守、僵化和"復古"。伊斯蘭世界像其他東方傳統社會一樣，在面臨生與死的挑戰時，並不缺乏具有遠見卓識的改革家，並不缺乏那種"橫刀向天"的氣度和膽略。

然而我們同時又看到，伊斯蘭世界的這種早期覺醒和勇敢嘗試都沒有能夠成功地打通這些國家的現代化之路。改革當然會觸及很多人的利益，引起了宗教上層和保守人士的不滿，造成階段性或全局性的困難。但這並非注定這些改革的必然失敗。因此我們從這兩場偉大變革的曲折經歷中，還能發現一些更深層次的、超越了具體戰役性勝敗的東西。簡單地說，那就是奧斯曼帝國改革家所面對的遠非是很快就能找到完滿答案的時代大挑戰，是文明最痛苦的自我否定和脫胎換骨，是東方傳統社會的結構性再認識和再創造。幾代開明君主的不懈努力雖然使這些社會發生了巨變，但它所採用的簡單"效法"西方的做法，並不可能真正解決穆斯林社會和商品經濟之間所存在的巨大文化斥力，也不可能在短時間內從根本上克服一個衰敗中帝國所必然面對的眾多矛盾。相反，改革本身帶來了社會結構性的動盪，不同程度地激化了利益集團之間的矛盾鬥爭，相對地惡化了行政環境，增加了社會運行和管理成本的支出。正因為如此，奧斯曼帝國作為一個具有濃厚東方傳統的社會，在自己勇敢的初期改革中出現重大的曲折和反復是完全可以預期的，也是無須特別奇怪的。在這個意義上，奧斯曼蘇丹的“百年改革”和埃及阿里的維新變革作爲東方傳統社會改革嘗試的正面意義也許並不在於它的那些具體舉措的成敗得失，而是在於改革嘗試本身所顯示出來的東方傳統文化勇於變革的決心和謀略，在於它爲後來的改革運動奠定了一個較爲堅實的思想、文化和心理基礎，在於它以自己的失敗爲後人揭示出改革的複雜性並標示出了一塊改革沒有成功的誤區。

第二節　伊斯蘭現代改革的思想先驅

　　如果說奧斯曼蘇丹的百年改革和埃及阿里的現代化改革代表着伊斯蘭世界早期的覺醒，打開了伊斯蘭世界器物、體制層面改革的話，那麼，這些改革後來的失利更是帶給伊斯蘭世界對最初改革的全面反思。伊斯蘭世界爲什麼沒有通過這些改革而強大起來，爲什麼這些改革反而加劇了社會矛盾和社會動蕩，怎樣才能眞正地找到一條強大自我，克服危機和挑戰的道路，所有這些成爲先進的穆斯林思想家都不能不去面對，不能不去回答的時代問題。現代化總會把道路選擇問題擺在一代又一代人的面前。

　　根據對這一時代課題的不同回答，可以把穆斯林思想家分爲三大類。第一類是回歸伊斯蘭傳統的倡導者。他們往往站在傳統主義的立場上，主張回到伊斯蘭傳統那裡去尋找解決問題的方法。他們把復興伊斯蘭教視爲強國和抵禦西方異教入侵的最有效途徑，認爲穆斯林社會衰落的根本原因是信仰不誠，道德淪喪，異端泛濫，偏離經典。而解決的辦法則是堅持伊斯蘭教義原旨，純潔宗教、強化信仰，排除包括西方現代文明在內的各種異端，重建古老的伊斯蘭制度。

　　相對於傳統的原教旨主義，另一類可以稱爲西化主義者。他們強調完全效法西方，認爲早期改革失敗的主要原因在於改革不徹底。因此，只有完全依照西方的模式對傳統社會進行徹底大改組，才能求得時代挑戰和社會危機的眞正解決，才能走上民族和國家的自強之路。毫不奇怪，在西化主義者眼裡，伊斯蘭傳統的價值和現代化是格格不入，必須加以徹底拋棄。

第三種看法是想在原敎旨主義和全盤西化這兩種頗爲極端的選擇之間探索一條中間道路。一些受過西方敎育或西方現代思想影響，又看到歷史無法割斷的穆斯林知識份子，在新的歷史條件下開始了這方面新的努力。他們試圖在不危及伊斯蘭基本敎義、文化傳統及至穆斯林世界統一的前提下，對伊斯蘭敎進行某種重大改革，融合西方文明長處，使之增強活力激發內部能量，以適應穆斯林社會發展的需要，再現伊斯蘭世界昔日的輝煌、威嚴和力量。

相對於前兩種較極端的思潮而言，這第三種選擇無論從實踐上還是從理論的邏輯上都具有較強的吸引力。這派思想家的理論和實踐對時代產生了重大的影響，留給了後人以非常寶貴的思想遺產。作爲這一思潮的代表，阿富汗尼和他的弟子阿布杜所倡導的伊斯蘭現代改革主義運動爲伊斯蘭世界的自強自新寫下了新的篇章，他們推動的宗敎改革促使業已啓動而又歷經磨難的中東穆斯林國家現代化進程進入了新的一輪探索。

一、阿富汗尼

加馬路丁·阿富汗尼（1838—1897）出生於阿富汗喀布爾附近的一個穆斯林家庭。早年曾在阿富汗和伊朗求學，受到傳統伊斯蘭文化的熏陶。1857 年年輕的阿富汗尼參加了去麥加的朝覲活動，受到了很深的感染。在麥加期間，他接觸到了瓦哈比派的"復古主義"和宗敎復興主義思想。此後，阿富汗尼又赴印度求學深造。正是在印度，他逐步通曉伊斯蘭敎各重要學派，並開始接觸到西方現代知識文化體系，受到了西方思想的影響。在印度期間，阿富汗尼又深入社會，目睹了英國殖民者在印度的殘酷殖民統治。面對穆斯林國家幾乎無一幸免地成爲西方殖民勢力附庸的悲慘境遇，阿富汗尼熱血沸騰，逐漸萌生了變革社會現狀，復興伊斯蘭的強烈願望。在伊斯蘭復古主義和西方現代思想的合力作用下，他最終形成了具有自己特色的泛伊斯蘭主義改革思想，掀起了以統一伊斯蘭世界和復興伊斯蘭敎爲目標的現代主義改革運動。

面對一個時代的悲劇，阿富汗尼認眞地總結了伊斯蘭世界衰落的原因，在他看來，穆斯林國家之所以積弱不強，飽受西方帝國主義的侵略和奴役，主要是由於自身的分裂和不團結。他認爲，伊斯蘭敎在自身的長期發展中，逐漸滲進了異端邪說，失去了早期的純潔性和魅力，從而毀掉了伊斯蘭世界賴以安身立命的精神支柱和凝聚核心，毀掉了廣大穆斯林統一的行爲規範。以致伊斯蘭世界到近代幾乎成爲落後的代名詞：因循守舊，排斥科學，忽視理性，愚昧落後，道德泯滅，分崩離析。在這樣一種具有普遍性的形勢下，伊斯蘭社會發展受到了嚴重阻礙，徹底喪失競爭能力是具有必然性的。阿富汗尼強調，要想擺脫西方列強的奴役和壓迫，要想避免伊斯蘭國家國力日趨衰退，要使穆斯林國家由弱變強，獲得新生，最重要的就是需要宗敎思想的覺醒和革新，需要恢復伊斯蘭敎眞精神，給廣大穆斯林以正確的思想啓迪，從而確立一個全世界穆斯林認同和團結的基礎。

在宗敎思想的改革方面，阿富汗尼特別強調伊斯蘭的"創制"（獨立判斷）傳統具有的意義，把它作爲宗敎改革的重大原則之一。阿富汗尼認爲，作爲一個眞正的穆斯林，除了要堅持"認主獨一"的敎義，反對任何形式的多神崇拜行爲，以及嚴格遵循《古蘭經》這一適用於一切歷史時代的眞主啓示外，還必須堅持打開伊斯蘭"創制"這扇大門。他認爲，伊斯蘭敎並不是僵死的，人們對於所謂的宗教權威和傳統習俗無須盲目信從。時代總是在不斷地發展變化，伊斯蘭教必須和穆斯林社會的發展需要相適應。因此在阿富汗尼看來，應該也完全有必要對《古蘭經》進行新的領會，應該依據《古蘭經》和確鑿可信的"聖訓"對教律問題進行推理演繹，剔除有悖於宗教教義的異端、迷信及不合時宜的陳規陋習；應該根據社會和時代變化的要求，發展和豐富伊斯蘭教的內涵，使之在堅持原則性的基礎上，更具靈活性和活力。阿富汗尼諄諄告誡穆斯林："時代並不是停滯不前的，穆斯林必須把這點看作是他們教義中富有生機的原則。政治體制、社會理想和智力的表現形式，必須隨着時代的變化而變化。穆斯林必須有鑒別地接受一切有益的東西，摒棄他們所厭惡的、對他們不利的東西"。[1]阿富汗尼竭力呼籲將教律學和信仰學從僵化中和因襲中解放出來，認爲必須要解決這兩個指導着穆斯林信仰及社會、個人生活的重要學科嚴重滯後社會發展的問題。對於伊斯蘭教的"前定說"，他首先表示應予堅持，認爲這是伊斯蘭教的基本信仰之一。但他堅決反對保守派在這方面的宿命論觀點，他強調前定決不意味着消極等待眞主的恩賜，決不和人們的積極進取精神相悖。

不難看到，阿富汗尼所倡導的宗教改革原則旣包容了伊斯蘭復古主義的基本精神，又表達了伊斯蘭現代主義的革新主張，從而爲阿富汗尼所倡導的宗教改革提供了某種程度的合法性和理論依據。在這個前提下，伊斯蘭現代主義改革派便可以在"認主獨一"和嚴守"經訓"的旗幟下，依靠"創制"這一有力武器，除舊佈新，否定有礙於改革的傳統宗教權威和教律、教規，張揚有助於伊斯蘭社會變革的觀念和行動。

在對傳統作一種揚棄性堅持的基礎上，阿富汗尼對西方現代文明採取了一種較爲現實主義的態度。阿富汗尼從維護伊斯蘭教和穆斯林民族利益的角度出發，批判了西方現代文明的片面性、破壞性和侵略性。但和傳統的保守派不同，他將罪惡的西方殖民主義勢力與先進的西方科學文化這兩者作了嚴格區分，力圖打消穆斯林將這兩者等同起來的糊塗觀念和錯誤認識。因此他在批判西方的同時又看到了西方文明中那些先進與合理的方面，認爲穆斯林必須克服感情上的厭惡，主動地去學習、吸收、利用這些東西，爲促進伊斯蘭社會發展服務。他認爲西方的力量潛在於現代科學技術之中，處於衰弱狀態的穆斯林要想拯救自己，必須去瞭解西方及其價值，吸收那些與伊斯蘭意識形態及生活方式相適應的東西。爲此，他不同意完全拒絕西方現代文明的閉關鎖國作法。他批評極端保守份子“濫用宗教感情，盲目排外，拒絕西方的知識與科學，厭惡同西方聯繫的一切文化藝術，這不僅不能捍衛伊斯蘭教，反而會導致毀滅性後果”。爲了證明自己主張的正確，他引用了大量的伊斯蘭經典來說明伊斯蘭教從來不反對借鑒先進的文明成果和有用的科學技術。除此之外，他還通過基督教世界在伊斯蘭科學文化成就影響下獲得力量和優勢的史實，說明科學文化的超宗教、超民族、超地域特性，強調每個民族只是通過科學才成爲著名民族的歷史經驗。在阿富汗尼看來，要捍衛和光大伊斯蘭世界的榮耀，要增強自身的力量，捨崇尚現代科學便別無他途。爲此，他號召穆斯林在維護伊斯蘭教及其價值的前提下，努力學習西方的先進科學技術文化。他在開羅愛資哈爾大學任教期間，除了講授伊斯蘭宗教學科外，還特意開設講授西方現代科學文化知識的課程和講座，以介紹西方現代文明。在他的支持下，還翻譯和出版了法國古伊佐特的《歐洲文明史》。

學習和借鑒西方先進科學技術文化的目的在於伊斯蘭世界的自強自立。在這個問題上阿富汗尼是一點也不含糊的。正因爲如此，他從來沒有把向西方學習看成是目的本身。爲了達到自己所追求的目標，阿富汗尼主張在政治方面也必須進行重大的改革，他把反對伊斯蘭社會內部的專制主義、推進政治現代化和反對外來殖民主義這兩者結合起來，描述了一幅捍衛全世界穆斯林生存和發展的宏偉藍圖。

阿富汗尼認為，君主專制統治是穆斯林國家近現代積弱不振的主要原因之一。他比較傾向於採用西方的共和憲政制度。他認為共和憲政是一種較好的政府形式，是一種開明政府，能有效地促進社會經濟、政治和文化生活的健全發展。不僅如此，共和憲政在阿富汗尼眼裡還與伊斯蘭教早期的協商原則相符合，因而是值得大力提倡的。在這種思想指導下，他在實踐中積極支持和參與埃及、伊朗、奧斯曼等地人們掀起的立憲運動，反對那些拒絕政治變革的專制君主。

阿富汗尼對西方列強在伊斯蘭世界所推行的侵略、奴役和殖民政策切齒痛恨，一貫採取最為堅決的反對立場。在他看來，西方殖民主義的軍事侵略、政治壓迫及經濟掠奪，不僅加劇了穆斯林社會的衰敗，而且嚴重威脅着他們現在和將來的生存與發展。因此，成功地抗擊西方侵略，維護自身的獨立自主，應該成為穆斯林社會求得自身發展與富強的一個重要前提。

然而，穆斯林社會面對的是一個兇惡而又強大的敵人，它在戰勝這個敵人方面又有什麼樣的必勝把握呢？阿富汗尼認為沒有，除非全世界穆斯林能夠在伊斯蘭精神的基礎上聯合起來，形成一個有統一領導的泛伊斯蘭運動，否則，穆斯林社會就難免遭到瓜分豆剖，被各個擊破的命運。正是阿富汗尼喊出了"全世界穆斯林，聯合起來！"的戰鬥口號。正因為把穆斯林社會獲救的最後希望寄託在泛伊斯蘭聯合基礎之上，阿富汗尼不遺餘力地強調伊斯蘭教作為穆斯林政治和心理認同精神紐帶的重要性，一再號召全世界穆斯林在《古蘭經》旗幟下團結起來。在伊斯蘭聯合的實踐過程中，他往往傾向於支持一個開明的哈里發建立一個統一、強大的伊斯蘭國家。在阿富汗尼看來，這是處於衰落、渙散狀態下的穆斯林社會戰勝西方侵略的惟一途徑。

阿富汗尼的伊斯蘭教現代改革思想誕生於一個苦難的時代，反映了一代伊斯蘭知識份子不囿陳見俗套，敢於自強應變的大無畏精神。這一思想在某種程度上順應了一些穆斯林國家上層統治者消弭民族和階級矛盾、克服統治危機的內在要求，同時也部份地滿足了廣大穆斯林羣衆情感和心理上的需求，因而阿富汗尼的學說自提出後，獲得了較強烈的反響，引起很多人們，包括很多穆斯林國家君主的關注。爲此，阿富汗尼極爲振奮，積極地投入了他自己理論的實踐和宣傳之中。他多方奔走，尋找一切可以實現自己偉大抱負的機會，多次和各國政治領導人物聯手推進伊斯蘭社會改革運動。

然而，實踐活動卻給阿富汗尼開了不大不小的玩笑。他先後和幾個君主的合作不僅沒有結出碩果，而且最後總是鬧到不歡而散，甚至最終遭到暗算。

阿富汗尼的政治實踐始於他自己的祖國阿富汗。1867 年，時已小有名聲的阿富汗尼被富於改革精神的國王阿扎姆看中，從而獲得了出任首相，推行自己全套改革方案的機會。上台後他大力宣傳自由平等思想，推行改良主義主張，反對英國殖民主義者和國內專橫腐敗的貴族階層，倡導全國在伊斯蘭旗幟下的認同。阿富汗尼的改革政策給阿富汗帶來了春風，在他的努力下也取得了一些階段性成果。然而好景不長，阿富汗尼最終因親英勢力奪得政權而被迫離開阿富汗。

1869 年底，離開阿富汗不久的阿富汗尼受奧斯曼蘇丹哈米德二世之邀，來到伊斯坦布爾出任教育部官員。然而後來又因倡導哲學家與先知肩負共同的使命的學說而獲罪於重新抬頭的保守勢力，不久他便以"反伊斯蘭教"的罪名被宗教保守勢力驅逐出奧斯曼，成爲奧斯曼帝國內部保革兩派鬥爭的犧牲品。再度被逐的阿富汗尼這時無可奈何，輾轉來到了埃及，將愛資哈爾大學這個伊斯蘭思想學術重鎮作爲棲身之地，等待進一步的機會的到來。在這裡的 8 年生活中，他積極地傳播自己的泛伊斯蘭主義和伊斯蘭維新改革思想，培養了一代在後來的伊斯蘭現代改革運動中大放異彩的精英人物。也許是出於一種本能，在埃及期間的阿富汗尼並不滿足於學術上的研究和宣傳，他還抓住機會，積極地參與了埃及上層的政治活動，和埃及的王室成員和政要過從甚密。他希望通過與開明統治者的聯合，在埃及發動一場宗教、政治運動，以國家政權爲後盾，再度推進改革計劃的實施。並試圖在這個基礎上，以埃及爲主體，建立一個強大的伊斯蘭國家，進而統一蘇丹和伊朗，最後包括奧斯曼本土，實現自己泛伊斯蘭大統一的夢想。然而，一度曾很熱心的王室成員陶菲克在繼承王位以後，出於自身利益考慮，最終倒向英國，背棄了對阿富汗尼許下的合作諾言。不僅如此，陶菲克最後還以從事秘密活動的罪名把他的這位前朋友驅逐出境，使阿富汗尼不無雄心的宏大改革計劃終於破產。

阿富汗尼的改革厄運沒有到此爲止，1889 年經歷了長期流亡生活的他獲得了伊朗國王納綏爾丁的邀請，來到伊朗幫助國王推行主持宗教、政治和社會改革。然而僅兩年時間，又由於受到保守派的反對和國王本身的猜疑而被驅逐出境。處此逆境，屢遭挫折的阿富汗尼不屈不撓，他再度把目光轉向奧斯曼。他總結了經驗和教訓，分析了當時形勢，認爲只有奧斯曼尙有抗衡西方的能力。他贊同阿布杜提出的"保護崇高的奧斯曼國家是信安拉、信使者後的第三大信仰"之主張，認爲全世界穆斯林應團結在奧斯曼哈里發的旗幟之下。這樣他的泛伊斯蘭主義主張便很自然地受到奧斯曼蘇丹哈米德二世的靑睞與賞識。1892 年夏，應奧斯曼蘇丹的邀請，阿富汗尼又一次來到伊斯坦布爾。

阿富汗尼和哈米德的這一次合作開頭相對比較順利，他爲蘇丹制定了改革帝國行政、教育制度，建立協商議會及建立穆斯林世界統一體等計劃，其中有些內容也得到了哈米德的支持而得以貫徹實施。然而時間一長，這兩個人之間的分歧就逐漸暴露了出來。哈米德二世邀請阿富汗尼的主要目的，是想利用阿富汗尼的泛伊斯蘭主義來獲取世界穆斯林的支持，以維護奧斯曼帝國搖搖欲墜的統治。而阿富汗尼卻認為，實現伊斯蘭現代化改革是達成泛伊斯蘭聯合的必要前提。這樣，他們的合作便不可避免地會出現裂痕。在經歷了很長一個階段的矛盾後，哈米德二世終於對阿富汗尼提出的宗教、政治和經濟改革計劃失去信心，轉而全力支持阿富汗尼認為條件尚不成熟的泛伊斯蘭運動，力求緩解帝國內部的民族矛盾和獲得全世界穆斯林對自己的承認和支持。而這在阿富汗尼看來，無疑乃是急功近利的不當之舉。因此，當阿富汗尼在奧斯曼穆斯林中的聲望有所提高時，便很快遭到了哈米德的猜疑和忌恨，1895 年，哈米德二世蘇丹決定軟禁阿富汗尼終身。兩年後，阿富汗尼於憂鬱中去世。

阿富汗尼的遭遇並不只是他個人的悲劇，而是帶有着相當明顯的時代印記。他的泛伊斯蘭主義學說雖然反映了當時伊斯蘭國家和人民可貴的自強自立精神，反映了他們要求進行變革，擺脫帝國主義殖民枷鎖的迫切願望，但由於泛伊斯蘭主義過於突出宗教意識形態，過於強調宗教的認同作用，這就多少限制了穆斯林社會面對西方文明挑戰作出應戰的範圍，不可避免地模糊了人們對於伊斯蘭文明轉型突破方向選擇的認識，勢必至於減少對當時已經多少激化了的階級和民族矛盾的敏感性。更重要的是，泛伊斯蘭主義還是一把雙刃劍，它既可被伊斯蘭現代改革派拿來作為革新自強的武器，也可以被那些一心只顧及既得利益維護的統治階級拿來作為因循保守、抗拒改革的利器。在極端的情況下，泛伊斯蘭主義甚至能為它的敵人殖民主義者所利用，成為進行分化瓦解、各個擊破的工具。正因為如此，阿富汗尼所倡導的泛伊斯蘭主義儘管在穆斯林世界上上下下響應者甚衆，但卻因其內部存在大量相互矛盾和相互抵消的因素而形不成一種積極的"合力"。歷史向我們表明，很少有一種跨民族、跨國家的泛宗教或泛種族的運動在近現代能發揮自己積極地推動地區和國家成功走向現代化的作用。最後還有，如果古老文明的新生、現代化事業的進展如一些成功範例所提示的那樣，總是在民族國家的範圍內才最有希望的話，那麼希冀於一種跨區域的意識形態聯合能有效地推動古老文明邁向現代化，是不是一種迷失？甚至是不是一種虛妄？

阿富汗尼決不是一個滿足於坐而論道的學究式人物，他非常重視改革的實踐，總是想方設法使自己的改革理論能在某種權威、權力的支持下獲得在現實社會生活中的實現。這種理論聯繫實際的做法無疑是可取的。然而，得到權威或權力支持的改革，既有自身的優勢，也有自身的煩惱。在改革爲權威服務還是反過來，權威爲改革服務這樣一個帶有終極目標的權衡上，問題往往會變得很複雜。當權威和改革者一身二任的情況下，目標的變化不會引起很大的問題，但在權威和改革者只是相互利用的情況下，不同目標的協調始終只能是暫時性的。阿富汗尼和多位"開明君主"的合作先後都遭到背棄，的確不是偶然的。

問題還不僅限於此，依靠政治權威推行社會全盤改造計劃即便不受干擾，就一定會成功嗎？在飽經現代化滄桑後的今天，我們恐怕很少敢於作出斷然的肯定回答。權威支持下的改革，或者權威本身推進的改革，雖然有它大刀闊斧、一往無前的氣勢，但也無法排除無功而返甚或越搞越糟的可能性。如果我們在這方面更深入一層的話，便不能不面對這樣一些問題：社會作爲一個複雜大系統，它是不是完全以人們的意志爲轉移？人們在自己改革方案中所力圖體現出來的人類理性是不是眞正能把握像文明再造、社會轉型這樣高度複雜的機理？激進主義改革理想本身應不應該成爲我們今天的反思對象？

二、阿布杜

　　穆罕默德·阿布杜（1849—1905），埃及人。早年受阿富汗尼在埃及講學影響甚深，曾積極追隨阿富汗尼左右，在埃及從事宣傳和推行宗教、政治和社會改革的工作。1882 年因參加反對外國佔領者和國王專制的阿拉比起義而受到政府追究，被迫流亡國外。在巴黎期間，他協助阿富汗尼創辦《伊斯蘭團結》刊物，積極宣傳泛伊斯蘭主義。刊物被巴黎當局查封後，他受到較大的思想震動。此後他與阿富汗尼分手，轉移到了貝魯特從事教學和研究工作，並開始脫離阿富汗尼所堅持的以政治鬥爭爲主的改革軌道，將宣傳科學、發展教育作爲反對帝國主義殖民勢力和復興伊斯蘭教的基本手段。他認爲改革派領導者的責任主要在於教育啓發人民，而不是讓人們全都投身政治運動。1888 年他遇赦返回埃及後，任教於愛資哈爾大學，聲名逐漸顯赫。此後，由於他的學識和政治上的溫和主義傾向，漸得上層社會認同，先後擔任地方法官、開羅上訴法庭顧問、國家立法委員會委員及伊斯蘭教法權威解釋人大穆夫提等職務。

　　阿布杜的改革思想基本上是繼承了阿富汗尼的現代改革主義，而在某些方面則有所發展和超越，儘管他與阿富汗尼在政治主張和鬥爭策略方面存在着較大的分歧。

　　阿布杜和阿富汗尼一樣，認爲穆斯林國家衰落的根本原因是伊斯蘭思想的僵化，因襲守舊和伊斯蘭教原旨教義被曲解。因此，改革之道在於，要以伊斯蘭教出現分歧以前的先輩們的方法理解宗教，消除迷信和誤解。在這個基礎上，阿布杜對蘇菲派的宿命論和棄絕塵世的主張進行了批判，他倡導穆斯林不應作爲一個出世者，而應作爲一個勞動者、建設者生活在社會之中。每一個眞正的伊斯蘭教信徒，都應遵循主道，履行"勸善止惡"的使命，建設好自己的生活世界。針對穆斯林世界在當代所受到的挑戰，他認爲，伊斯蘭國家的發展與進步，取決於伊斯蘭教原旨教義的復歸和伊斯蘭教思想的不斷自我調整與發展。正因爲如此，他和阿富汗尼一起竭力主張重新開啓"創制"大門，宏揚伊斯蘭教的改革、進取精神，恢復伊斯蘭教的靈活性和創造性，使伊斯蘭教適應穆斯林現代社會發展的需要。他強調伊斯蘭教完全有能力通過自身的變革在變化着的生活條件下求得發展進步。

在強調伊斯蘭教現代創新的同時，阿布杜和阿富汗尼一樣，十分重視東西方文化的相互借鑒，主張傳統和現代之間的融合。他啓發穆斯林從宗教內部尋找改革的動力，同時注意利用其他民族文化中的有用部份，特別是歐洲先進的科學文化。他認爲這樣做既符合伊斯蘭教的眞正精神，也符合伊斯蘭教歷史發展的實際情況。他指出，穆斯林不能只爲昔日的光榮而驕傲，應當重視重建現實和未來。他說，歐洲的優勢在於其教育制度優越，科學研究先進。歐洲在教育、科學研究領域的成就，對伊斯蘭復興具有重大意義，穆斯林應大膽實行"拿來主義"，切莫作繭自縛，自我禁錮，與發展變化着的世界相隔離。

和阿富汗尼傾心於政治鬥爭、政治運動不一樣，阿布杜將伊斯蘭世界未來的希望寄託在"漸變"而不是"劇變"的基礎上。爲此，他非常重視教育和人才培養。他有一度醉心於伊斯蘭教育重地愛資哈爾大學的改革上。他認爲如能在行政管理、課程設置、教育方法等方面實行全面的改革，愛資哈爾大學就能趕上歐洲一流大學，就能爲推進今後的伊斯蘭教改革提供大批人才。爲了實現這一理想，他推動愛資哈爾大學成立了行政管理委員會，而他自己則以政府代表的身份參加該委員會的工作。儘管這一重大的教育改革最後因宗教保守勢力的強烈不滿和反對而擱淺，但他教育興國、教育興教的思想和實踐卻給後人留下了深刻的印象。

阿布杜一方面把復興伊斯蘭教作為自己的奮鬥目標，另一方面他又積極倡導高揚理性。在他看來宗教和理性這兩者是不矛盾的。伊斯蘭教是理性宗教，理性是"認主獨一"的基礎，對宗教起指導作用，而宗教反過來則使理性更加完善和正確。阿布杜在自己的《一神論》一文中解釋了理性在生活中的普遍作用，強調人們在進行"創制"時必須同時依靠宗教和理性兩個方面。儘管阿布杜竭力調和宗教和理性的矛盾，但在他的內心深處，是有點偏向於理性的。他強調，在判斷何為真理，何為謬誤，何為有益，何為有害方面時，理性具有最後的權威。他指出，應依靠理性來理解和解釋伊斯蘭教立法的第一淵源《古蘭經》，當《古蘭經》字面意思與理性解釋發生矛盾時，就應服從理性判斷。顯然，阿布杜企圖以理性至上的觀點來解決理性與天啟的矛盾。

與宗教和理性關係相連的還有宗教與科學的關係。阿布杜在這個方面同樣調和這兩者間的矛盾，強調這兩者之間的相輔相成。他說，真主為人類降示了兩本書，一是創造的自然之書，一是神啟的古蘭經典。研習古蘭經可以引導我們用智慧考察自然之書，而研究自然之書既能使人們發現和掌握自然的規律，又能同時認識到真主的偉大和萬能。因此，阿布杜視宗教為科學之友，二者協調一致，並無對立之處，他宣稱宗教與科學同樣為人類揭示了自然的奧秘，先知的作用就是教育人們如何認識自然和利用自然。正因為如此，阿布杜堅持兩者並重不能偏廢。他堅持宗教，認為宗教在穆斯林社會具有不可忽視的作用；他崇尚科學，認為科學是社會進步的強大武器。在宗教、科學協調論的基礎上，他號召穆斯林解放思想，消除宗教偏見，學習、採納西方先進的科學文化知識，只有這樣，穆斯林民族才能擺脫衰敗的命運，趕上歐洲的前進步伐。應該承認，阿布杜在他那個時代裡，已使吸收和借鑒外來優秀成果的合理性論證，達到了一個新的高度。

在現實生活中，阿布杜充分地把現代改革思想貫徹到自己力所能及的範圍中去，推動伊斯蘭社會從傳統走向現代化。在任大穆夫提期間，他利用這一職位所具有的解釋權威性，對《古蘭經》和教律問題做出符合時代精神的創造性解釋和裁決。通過法律的形式，解決了曾引起穆斯林世界長期爭論不休的一些重大問題，有效地推動了人們觀念和行動上的變革，促使大家從形式到內容上容納、接受了許多西方文明的成果。比如，他通過將美術與詩歌之間巧妙類比，成功地把繪畫、雕刻等西方藝術形式列入了合乎伊斯蘭教法的範疇。他說："繪畫是一首可見而不可聽的詩歌，詩歌則是可聽而不可見的繪畫。繪畫與雕刻將人物在各種場合的種種狀態表現出來，完全可以稱得上是一部人類狀態與結構的詩篇，描繪了人物或動物的喜怒哀樂，它是靜止的詩歌，讓人們通過目光來享受和品嚐其中的眞正含義。"通過類似的方法，他使穆斯林穿着西裝和在有息銀行存款獲利，婦女揭掉面紗，限制一夫多妻制等等這一類看起來有違古訓的行爲，變得合法。

和在上述方面所表現出來的積極進取精神和大膽的"拿來主義"不同，阿布杜對政治領域中的改革往往表現出一種相當謹愼的態度。他在這方面正好和阿富汗尼的政治主張形成了一個鮮明的對比。阿布杜在政治改革的方略上，主張應考慮國情和文化上的差異，不能盲目地照搬照抄，而應有一個適應、調整甚至有所創新的過程。比如，他在原則上反對專制制度，贊同代議制。但在涉及到具體應用的問題時，他認爲尚需愼重。他指出，當時埃及人民的思想覺悟、文化素質尚未達到實行代議制的要求，在這樣的條件下，代議機構難以行之有效地發揮作用，因此，他不主張立即成立代議政府，而是更希望有一個"正直的專制者"。

在政治改革突破口的選擇問題上，他基本上主張採用緩進側擊、迂迴進攻的戰略。他似乎更注重國民素質的提高、人才的培養以及社會自身的完善提高能力。他強調，改革的當務之急是以教育啓發人民，以教育推動改革。他甚至認爲，社會內部進行真正的改革才是達到驅逐殖民者的較好途徑，他主張將反對英國佔領當局的鬥爭完全限制在合法的範圍內。

阿布杜在政治改革方面的溫和主張是在他自己對於激進政治改革道路反省的基礎上形成的，帶有着他對社會、宗教、歷史和哲學的一整套認識。然而，在當時民族矛盾十分激烈，埃及人民處於英國殖民者殘酷的政治壓迫和經濟剝削的現實下，這一套以教育推進改革，以改革促進英國撤軍之主張，不僅顯得迂遠失當，甚至有着助紂爲虐的嫌疑。因此這既難以滿足人們急迫的要求，又遇到了日益高漲、並最終佔主流地位的埃及民族主義運動的指責和抵制。

阿布杜政治改革主張的失敗不是偶然的。在一個爭取民族獨立、反對殖民奴役的時代，也許任何溫和主義的改良主張都免不了遭到被擱置、被拋棄的命運。然而，阿布杜的主張又決不只是一堆必須予以清除的垃圾，溫和主義改良道路的那種內在合理性，也許總是要在歷史完成了自己的必要準備，讓對立諸方都厭倦激進的選擇之後，才有可能逐步顯現出來。在這個意義上，阿布杜的政治改革觀點是有着特殊意義的，它雖然沒有阿富汗尼激進改革的那種激動人心和壯烈的氣勢，但卻似乎更合乎社會變革的一種內在要求，更能反映出先進的伊斯蘭知識份子那種洞明世事、超越時代的敏銳觀察能力。

和伊斯蘭歷史上曾出現過的原教旨復古主義不同，阿富汗尼和阿布杜倡導的伊斯蘭現代改革主義運動，是以復興伊斯蘭教爲旗幟，以促進和完善穆斯林國家現代化進程爲宗旨的改革運動，是對西方政治、經濟、文化壓力的一種積極反應。他們的現代改革主義雖然沒有提出系統、完整的教義哲學和政治理論，但他們在著述和實踐活動中所表達的"堅持伊斯蘭教、反對殖民主義、提倡理性、崇尚科學"這四大主張，基本上勾勒出了其主體思想。他們所持的伊斯蘭教顯然已不是傳統主義者心目中的伊斯蘭教，而是經他們重新發現，重新解釋的伊斯蘭教。因此，他們倡導的復古主義並非是要回歸伊斯蘭早期的社會模式，而是想託古改制，面向現實和未來，重建公正的社會秩序。這一點在他們兩人所竭力推崇"創制"的做法中就能看得一清二楚了。

他們將復古主義與現代主義相結合的另一層意義還在於，他們力圖開拓出一條具有自己特色的現代化道路，在傳統和現代化之間架起一座溝通和傳承的橋樑。這方面非常典型地體現在他們調和宗教和科學及理性間矛盾的努力上。在對待伊斯蘭教本身與西方現代文明或現代化的態度上，他們有別於伊斯蘭傳統主義者和世俗的西化主義者。他們通過引經據典，協調宗教與理性、科學之間的關係，確立了伊斯蘭教與現代化相適應相一致的觀點，為伊斯蘭社會接納現代化打開了一條思想通路。而他們提出的在維護伊斯蘭教及其價值的前提下，吸收西方文明中的有用部份，以求得穆斯林社會發展進步的主張，實際上為伊斯蘭國家提供了一種新的發展模式，從一定意義上說，也為伊斯蘭國家的現代化進程確立了一條原則，即伊斯蘭國家的現代化必須與民族傳統文化接軌。

同注重物質層面改革的奧斯曼蘇丹及穆罕默德·阿里相比在當時的歷史條件下，阿富汗尼與阿布杜則更注重對廣大穆斯林的思想啟蒙和觀念更新，使人的頭腦"現代化"。以適應社會的發展，接受時代的挑戰，從而將中東穆斯林國家的現代化進程推向一個更高階段。

阿富汗尼和阿布杜的伊斯蘭現代改革主義理論與實踐從一個側面顯示了伊斯蘭教具有很強的可塑性和靈活的自我調節機制，它力圖在保持基本信仰的基礎上，通過對教義、教律的適應時代的解釋，使自身不斷完善和發展，與社會發展進程相協調。這種努力雖然並沒有能打通伊斯蘭世界走向現代化的道路，但其本身卻是人類的一筆可貴精神財富。這種努力還說明了，伊斯蘭教和其他的宗教及信仰一樣，在時代的大挑戰面前，並不缺乏自己的理性思維和智慧，它決不等同於有些人們的想像：一味保守，一味抗拒變革和一味的狂熱。

第三節　從復歸傳統到嘗試世俗化

伊斯蘭作為一種生活方式，作為一種傳統文化，對中東地區人們來講是神聖的。正因為如此，該地區的現代化大都圍繞着器物層面、體制層面展開，較少深入到宗教意識形態這一帶有根本性的傳統方面。這種做法抽象地講，無所謂好壞。如果伊斯蘭和西方這兩種文明的結合沒有什麼結構性障礙而進行得較順利的話，那麼對自身傳統作較大程度的保留本是無可非議的。世界上確實有些文化在實現這種融合時並不需要否定自身的很多傳統。然而，問題正在於，伊斯蘭文明和很多具有悠久歷史的東方文明一樣，在和外來的、建立在商品經濟基礎之上的文明相融合的過程中，總是面臨不可克服的困難，巨大的社會結構性振蕩嚴重威脅着社會的生存。在這種情況下，人們便不能不對伊斯蘭教本身產生疑問。如果是伊斯蘭教堵塞了社會的現代化進程，為什麼就不能搬掉伊斯蘭教？如果是傳統文化捆住了人們的前進手腳，為什麼就不能棄絕傳統文化？如果國家和民族的強盛、現代化是最重要的目標，那麼失去了工具作用的宗教和傳統為什麼就不能讓路？正是在這樣一種思路的指引下，伊斯蘭教的現代變革必然地要轉向世俗化變革的嘗試。

伊斯蘭世界的世俗化變革嘗試是穆斯林對於伊斯蘭教的一種絕望表現，它的出現標誌着伊斯蘭復興運動魅力的減退甚或可以說是一種終結，標誌着人們不再把伊斯蘭看成是一種有效的解決方法。

毫無疑問，伊斯蘭世界的世俗化改革是一種脫胎換骨，是在和傳統作最徹底的決裂，是在主觀上割斷自身和歷史間的聯繫。今天，無論人們對"全盤西化"這一選擇有什麼樣的看法，但都不能不承認當時推動這種義無反顧嘗試的，是一些壯懷激烈、可敬可歌的改革家。而從現代化的歷史經驗積澱來講，他們所作的探索和所走過的道路不管是成功還是失敗，都是一筆值得我們後人去認真加以總結和不斷去再認識的寶貴財富。

一、奧斯曼帝國解體與土耳其民族國家的誕生

伊斯蘭世界對於世俗化改革的嘗試興起於 20 世紀初期，其中開展得較有聲色、具有典型性的主要有凱末爾領導的土耳其現代化運動，禮薩汗領導的伊朗現代化運動和阿馬努拉領導的阿富汗現代化運動。在這三場震驚伊斯蘭世界的世俗化改革運動中，凱末爾領導的土耳其革命開展得最為徹底，而取得的成功也最為引人注目。

土耳其世俗化改革的成功有着多方面的因素，而奧斯曼帝國的急劇衰落和一次大戰後的瓦解以及在此基礎上建立的土耳其民族國家是促成這場革命的最重要外部條件。

奧斯曼帝國從 18 世紀延續到 19 世紀的百年改革運動，以及 19 世紀進一步展開的奧斯曼現代主義改革運動與泛伊斯蘭主義運動，雖然從不同的角度曾給這個危機四伏的封建神權帝國注入了活力，為後來的變革奠定了不可忽視的基礎，但由於奧斯曼所負的歷史包袱過於沉重，因而所有這一切變革都未能從根本上挽救帝國衰落的命運。1908 年的青年土耳其革命建立了君主立憲制，進一步推動了奧斯曼的社會改革向縱深發展，為奧斯曼的自新帶來些許亮色，然而，奧斯曼的民族危機和青年土耳其黨的錯誤決策，說怪不怪地將奧斯曼拖進了第一次世界大戰，並蒙受了戰敗的恥辱。

戰敗帶來的恥辱不僅僅是尊嚴，更重要的是戰勝國對於奧斯曼的徹底瓜分。1918 年，奧斯曼政府被迫簽訂停戰協定，喪失了自己的獨立和主權。海峽及其要塞被迫開放，軍隊被大量裁減，協約國佔領了帝國的重要戰略要地，青年土耳其政府被摧毀，其領導人被迫流亡，在伊斯坦布爾的奧斯曼蘇丹已形同協約國的傀儡。但這一切還只是開了個頭，英、法、意、希臘等協約國乘機在奧斯曼各地區大肆搶佔地盤，同時煽動非土耳其民族掀起分離主義運動。1920 年協約國終於攤牌，迫使幾乎已成協約國傀儡的梅赫默德六世蘇丹政府在塞夫勒簽署了無異於判處奧斯曼帝國死刑的和約。和約不僅瓜分了奧斯曼的阿拉伯地區和幾乎所有的歐洲領土，甚至還包括作為突厥民族發源地之一的安納托利亞。根據和約條款，土耳其還喪失了對土耳其海峽的控制權，並要將伊茲米爾交與在當時奧斯曼看來是微不足道的希臘；而所剩無幾的國土，還將成為法國和意大利的勢力範圍；整個土耳其財政由協約國控制，並恢復已經廢除的治外法權。

　　在這最嚴重的民族存亡關頭，和蘇丹政府屈膝投降，屈辱地接受停戰協定和塞夫勒和約形成鮮明的對照，一個致力於救亡圖存的民族主義運動在土耳其迅猛的高漲起來。它在土耳其戰功卓著的鐵腕將領凱末爾的領導下，在安納托利亞發起成立“護權協會”，發動人們展開了維護土耳其主權，組織軍事抵抗，堅決反對瓜分和外國控制的鬥爭，從而形成了一個與在伊斯坦布爾的蘇丹政府，與協約國集團相抗爭的局面。經過不懈的努力，這個運動得到越來越多的土耳其人的支持，組織更為嚴密，協調更加有方，到 1920 年 4 月 23 日，凱末爾終於決定在安卡拉召開大國民議會，成立與伊斯坦布爾蘇丹政權分庭抗禮的政府。這一天後來就成了土耳其的國慶日。大國民議會沒有宣佈廢黜蘇丹，但聲明由於蘇丹是協約國的俘虜，因此只有大國民議會才代表國家。議會宣佈主權無條件屬於國家，這個國家正式定名爲"土耳其"。議會接着選舉穆斯塔法·凱末爾爲大國民議會主席，並主持了部長會議。一個新的政治核心在土耳其形成。

梅赫默德六世蘇丹對此作出了強烈反應，他的伊斯蘭敎長法庭頒佈了一項判決，號召信徒們履行宗敎責任，殺死在安卡拉的所有叛逆；伊斯坦布爾的軍事法庭也缺席判決凱末爾和其他民族主義領導人死刑；蘇丹組織了"哈里發軍"前往鎮壓。然而這一切最終都歸於無效，新政權依靠人民的力量，以同仇敵愾、共赴國難、決一死戰的民族精神堅決抗擊和粉碎了協約國軍隊向安納托利亞發動的聯合進攻，擊潰了蘇丹派來進行鎮壓的"哈里發軍"。經過數年艱苦卓絕的戰鬥，新政權終於戰勝強大的敵人，在土耳其範圍內驅走了入侵者，控制了整個局面，並最終迫使協約國方面同意廢除塞夫勒和約，召開新的和會來討論重新締結一項新和約。

土耳其民族獨立運動所獲得的成就，鼓舞了人們的鬥志，凱末爾也在鬥爭中贏得了人們的信任，奠定了自己在土耳其民族政治生活中的領導地位；此外，戰爭還培養和造就了一批民族解放事業和現代化建設事業的骨幹力量。安卡拉的民族政權日益壯大，相形之下，伊斯坦布爾的蘇丹政權由於喪失民族氣節而失盡民心，最後只剩下一個空殼在那裡苟延殘喘。

協約國爲了增強自己在瑞士洛桑召開的新和會上的談判地位，決定利用土耳其兩個政權並存的局面，因而同時向安卡拉和伊斯坦布爾兩個政府發出正式邀請。凱末爾完全意識到這種別有用心的安排的眞實意圖。爲了挫敗協約國的這個陰謀，安卡拉政府下決心廢除蘇丹制，結束兩個政權並存的局面，確立自己在土耳其的統一領導權。

1922 年 11 月 1 日，大國民議會經過討論宣佈，廢除蘇丹制，將蘇丹和哈里發這兩個職位分開，保留後者作爲穆斯林宗敎領袖的地位，他將由大國民議會選舉產生，只享有宗教事務管理權而沒有政治上的任何統治權。伴隨着蘇丹制的廢除，伊斯坦布爾政府也理所當然地隨之消亡。這樣，長達六個世紀的奧斯曼統治從此成了歷史。大國民議會的此舉在土耳其歷史上是有着重大意義的，它標誌了土耳其民族國家的最終形成。當然，廢除蘇丹制而保留哈里發的做法，對於具有改革雄心的凱末爾來講，應該說還並不是一個理想方案。但他考慮到哈里發制在土耳其廣大穆斯林心目中的地位和影響較大，不宜操之過急，因而採取了由易到難分步實施的策略。在這裡，我們已經看到凱末爾後來作為改革大家所具備的驚人韜略的一種預演。土耳其政制的變革和新國家的建立，為土耳其在洛桑國際和會上的成功奠定了堅實的基礎。

洛桑會議在 1922 年 11 月召開，土耳其代表伊斯美特帕夏以實力為後盾，充分利用了當時諸大國之間的不和與矛盾，始終堅持堅定的談判原則立場。在會議上，他堅持維護新土耳其的絕對主權，表達了土耳其對多年來身受大國干涉之害，對治外法權給予外國在財政上和司法上的特權以及對少數民族叛亂等等的強烈不滿。最後迫使協約國方面接受了對土耳其較為有利的新和約。洛桑和約終於在 1923 年 7 月 24 日簽訂。根據條約，外國勢力取消了在土耳其的一切治外法權；除了在財政上仍有某些負擔和在關稅上有所限制外，土耳其無需再作任何戰爭賠償；承認土耳其 1918 年停戰線的有效性，除了個別地區所作的微調外，承認土耳其在這一邊界範圍內的獨立、主權和領土完整，這一邊界走向基本上根據土耳其人的要求劃定；土耳其海峽地區設立非軍事區和監督自由通航的國際委員會，但土耳其對這一地區的主權得到了承認。

洛桑和約的簽訂使土耳其民族主義政府在成功維護自身利益的基礎上，得到了國際社會的承認，這大大增強了它國內的威望。在這基礎之上，1923 年 8 月，第二屆大國民議會開幕，凱末爾被選爲主席。大國民議會批准了"洛桑條約"。10月初，凱末爾在議會提出憲法修正案時指出，土耳其國家的政體形式應是一個共和國。土耳其總統，由大國民議會全體大會在其議員中選舉產生。土耳其總統是國家元首，並任命內閣總理。接着，新政府又於1923年10月13日正式宣佈定都安卡拉。10月29日，根據凱末爾的建議，土耳其正式宣佈成立共和國，凱末爾當選第一任總統。伊斯美出任總理。所有這些，都爲土耳其民族劃淸與舊帝國的界限，進入一個新的時期創造了條件。

奧斯曼帝國的崩潰對土耳其民族來說無疑是一場重大的災難。廣闊的版圖、橫跨三大洲的霸權、全世界穆斯林的哈里發這一光環和尊嚴地位如今都已成爲歷史；山河破碎留下的痛楚，西方帝國主義陰謀造成的驚恐與猜疑，戰爭帶來的巨大生命財產損失，民族悲歡離合留下的嚴重後遺症，敎俗分離醞釀的各種危機，所有這一切都成爲一種壓在民族心靈與身上的巨大陰影。在這個意義上，歷史對那一代土耳其人來講，也許是太殘酷了一些。

然而，歷史的大悲劇中又似乎隱藏着歷史的大機遇。奧斯曼帝國的解體在帶來巨大陣痛的同時，卻也卸下了奧斯曼沉重的民族壓迫包袱，形成了一個有利於輕裝上陣的民族國家；帝國主義的入侵及蘇丹的屈膝激起了前所未有的民族認同，促成了勢不兩立的神權政治核心與世俗政治核心之間的迅速轉換和取代，從而爲一個穆斯林國家發展軌道和生活方式的徹底轉變奠定了最重要的基礎；民族國家主權、領土和尊嚴的有效維護大大提高了世俗政權和其領導人的權威，增進了土耳其人奮鬥自強的信心；奧斯曼帝國在西方衝擊下土崩瓦解的前車，極大地加強了土耳其人學習西方，改革自新的緊迫感和不得不破釜沉舟，進行一搏的決心。一句話，先進的土耳其人在歷史的大災難面前沒有消極，沒有被壓垮，他們以自己的抗爭、覺悟和拚搏把握或者說發掘了機遇，從而爲艱難的民族的新生注入了可能。

二、邁向世俗化和“西化”的試驗

　　凱末爾在政治上是個堅定的民族主義者，他堅決反對西方帝國主義的侵略，毫不含糊地維護民族的獨立與尊嚴。爲了使土耳其民族能迅速強盛起來，自立於世界民族之林，凱末爾認爲必須對給民族給國家帶來苦難的傳統進行徹底改造，必須全面學習西方國家之所以富強的西方文明，必須大刀闊斧地在土耳其進行一場全面的社會革命。正因爲如此，凱末爾在國家發展模式的決策上是一個典型的西化主義者。他認爲所謂“文明”，就是歐洲的文明，土耳其爲了自己的生存和發展，必須加入這一隊伍，爭取成爲西方即現代世界的一部份。爲此，土耳其就應該在實質上和形式上切切實實和完完全全地採取當代文明的那種生活方式。在這樣一個認識基礎上，凱末爾利用新建民族國家以及自身的全部能量和權威，積極地推動世俗化和“西化”社會變革，給土耳其帶來了一個“緊迫和快速”的“羣衆運動和一個充滿變革的時代”。[2]

　　發生在土耳其的這場革命由於它的全面性而涉及到了社會生活的方方面面，改革者一往無前，在政治、宗教、社會、文化和經濟各個領域大膽地推行全面徹底的改革措施。

　　政治體制作爲國家社會制度的重要標誌和政權性質的基本反映，是這場革命必須要解決的重大問題，凱末爾將此列入了首要議事日程。在已經廢除奧斯曼封建蘇丹哈里發政教合一政體，創建了共和制的基礎上，凱末爾決心進一步消除奧斯曼國家制度的最後一個標誌哈里發制度。當時的哈里發阿布杜爾美志德是由大國民議會在 1923 年 11 月選舉產生的。這位哈里發雖然按規定只享有宗教事務管理權，但許多穆斯林出於傳統仍把他看成是擁有政教二權的國家元首，以致在他的周圍糾集了一些反對共和，恢復帝制的封建宗教政治勢力。這顯然對新生的共和國構成一種潛在威脅。其次，在很多改革派看來，哈里發制度的保留，本身是一種過渡性安排，從本質上來講，它是奧斯曼政教合一體制的殘留物，和新生的共和體制極不協調。最後，考慮到來自民族外部的危機基本消除，在革命中確立的權威正如日中天，廣大穆斯林在教育之下，從情感到輿論都有了重大變化，保留哈里發制度的現實必要性也已消失。這樣新政權決定廢除哈里發制度，使政教分離和世俗化更為徹底。1924年3月3日，大國民議會在經過事先大量準備工作基礎上，通過了取締哈里發制度，廢黜阿布杜爾美志德，驅逐奧斯曼所有王室成員出境的議案。

對於伊斯蘭遜尼派來說，哈里發制度可以說是和伊斯蘭教的發展共始終的。廢除哈里發制是對傳統伊斯蘭觀念和宗教神權所提出的最徹底挑戰，是伊斯蘭世界史無前例、聞所未聞的舉動。這一舉動不僅在土耳其內部引起巨大反響，而且也激起了整個伊斯蘭世界的軒然大波。土耳其國內反對共和的教權主義者認為，廢除哈里發制危及土耳其人民同自己的伊斯蘭過去以及自己的帝國過去的聯繫，同時危及他們與長期以來一直以他們為首的那個更大的穆斯林世界的聯繫；印度、埃及等伊斯蘭國家的一些宗教領袖聯合發表了"保護哈里發"宣言，敦促凱末爾政府恢復哈里發的宗教地位。凱末爾政府不顧內外壓力，毅然堅持既定的改革方針不動搖，終於以鐵腕手段完成了這一堪稱伊斯蘭教歷史上最為激烈的革命。

在國家政治體制改革方面，土耳其還嘗試了西方現代的政黨制度。1923年正當洛桑和會上討價還價激烈進行之時，凱末爾創建了當時在國內絕無僅有的政黨——"人民共和黨"。該黨在後來的政治運動和議會鬥爭中都發揮了巨大的積極作用，成為凱末爾推行改革的有力支柱。1924年土耳其出現了第一個在野黨：共和進步黨，1930年又有人出面成立了自由共和黨。這些黨儘管存在時間不長，但這畢竟反映了當年土耳其力圖建立西方式政黨制度的那種可貴探索精神。

完成國家基本政體改革後，凱末爾政權立即投入了對宗教、司法、社會文化和經濟等方面的世俗化改革，努力鏟除封建神權勢力及其在社會生活中的影響，確保新土耳其民族國家逐漸發展成爲一個“現代文明”國家。

凱末爾宗教改革的原則是政教分離主義，終止宗教及宗教界人士在政治、社會及文化生活中所享有的特權，使他們的權力僅僅局限在信仰及宗教事務、儀式方面的事務上，嚴禁宗教干預國家政治。土耳其新法律規定，禁止濫用宗教、宗教情緒或宗教聖物進行危害國家安全的活動，禁止組建以宗教或宗教感情爲基礎的政治團體。1924 年 3 月 1 日，凱末爾在國民議會的演說中強調，必須“把伊斯蘭信仰從數世紀以來慣於充任政治工具的地位中拯救出來，使其得到純潔與提高”。在廢除哈里發制度後，進一步對宗教統治體系進行改革的條件成熟了，政府撤銷了伊斯蘭教最高法典說明官的職位，取消宗教事務部和宗教基金部，建立了宗教事務委員會和教產基金管理總局兩個新機構。宗教事務委員會主要負責有關清眞寺、蘇菲道堂的管理工作，它任免烏萊瑪、佈道師、宣禮員及其他工作人員。教產基金管理總局負責管理國家接管的宗教基金，保護宗教建築設施及宗教文物。通過這樣的辦法，實際上也就將宗教學者和宗教界人士置於國家的控制管理之下。

政府的宗教改革運動還深入到了教育和法律領域。凱末爾決定停辦舊式的獨立宗教學校，將學校交由教育部統一管轄，使教育擺脫宗教學者的控制。與此同時，由國家創辦了一批新型初、高級宗教學校，以培養一代新的爲國家現代改革服務的神職人員。這樣整個國家的教育事業便從宗教人士手中轉到了世俗國家手中。1924年大國民議會進一步通過了廢除伊斯蘭教法法院的法令，規定一切審判均由世俗法庭"以國家名義"進行審理。這一決定一舉結束了存在多年的宗教法庭與世俗法庭共存的局面，使司法與宗教分離向前邁進了一大步。在一個具有政教合一傳統的國度裡所進行的這些改革，大大地改變了廣大穆斯林的思想觀念，人們逐漸開始真正感覺到了一種全新的生活方式。

當然，大膽激烈的宗教改革也會令很多宗教界人士難以適應角色的轉換。而改革造成的巨大利益衝突更是引起宗教遺老遺少的憤恨。1925 年初，土耳其東部地區爆發了以納克什班迪教團首領謝赫·賽義德爲首的庫爾德人武裝叛亂，他們提出了推翻"背棄宗教的共和國"、"恢復蘇丹和哈里發制"、"放棄改革"等口號。叛亂一度給凱末爾政權造成嚴重威脅，叛軍佔領大城市哈爾普特，包圍東部重鎮狄雅基爾。爲了防止事態發展擴大，凱末爾集中兵力平定了庫爾德人的叛亂。平叛之後，政府把宗教改革的重點對象從烏萊瑪階層轉向宗教教團。明令關閉蘇菲道堂，解散蘇菲教團，沒收其財產，禁止他們舉行一度廣泛流行的民間宗教儀式，關閉被他們朝拜的聖徒陵墓。對於違抗這些禁令的行爲政府採取了堅決的鎮壓措施，從而把有可能蔓延的反叛行爲扼制於萌芽狀態。據聞，解散蘇菲教團的禁令至今尚未被解除。

伊斯蘭教政教合一的傳統使宗教和政治法律結合得非常緊密。儘管從 19 世紀起，土耳其在自身的現代改革中已開始了法制世俗化進程，但過去的改革主要涉及與商法、刑法及民法有關的某些教法內容，而在有關家庭生活及個人事務上，教法仍保其神聖不可侵犯的獨特地位。尤其是經過現代改革包裝的《麥傑萊》法，實際上反而加強了教法在人們社會生活中的地位。1924 年初取消宗教法庭的決定儘管觸動了教法學家在這個領域的專有權，但由於缺乏一部明確的民法，教法依然在發揮自己的作用。1924 年 8 月，凱末爾在一次演說中指出："家庭生活是文明的基礎，是進步和權力的基石，不良的家庭生活，不可避免地將導致社會、經濟及政治的軟弱”。這樣，法制改革便必然地要深入到組織好家庭生活這個方面，必須要建立一套全新的、能夠反映時代精神的民法。根據凱末爾的意見，法律委員會以瑞士民法為藍本，結合土耳其國情起草了一份新民法。1926年新民法由國民議會通過，而被視為穆斯林行動規範的伊斯蘭神聖法典，經國民議會議決予以廢除。

新的土耳其民法，廢除了多妻制和傳統的休妻制，廢除了一切有礙婦女自由與尊嚴的古老禁令，建立了世俗性的男女平權自由結婚、離婚制度。新民法允許穆斯林女子嫁非穆斯林男子，成年男子有自由選擇其宗教信仰的合法權利。我們可以看到，民法所做的這些規定使宗教差別在土耳其民族社會政治生活中失去了早先的那種重要性，現代的民族國家認同被置於宗教忠誠之上。隨着改革的深入發展，凱末爾政權日趨鞏固，1928年，土耳其議會通過凱末爾黨人提出的從1924年憲法中刪去“土耳其以伊斯蘭教為國教”的條款。至此，土耳其國家的法制徹底擺脫了伊斯蘭教的控制和影響，成為了一個比較典型的非宗教的現代世俗國家。

伊斯蘭教政教合一的特徵，使它的影響深入到了社會生活的方方面面。為了“割斷”傳統在這方面的影響，使人們以一種全新的精神風貌投入新生活，凱末爾將世俗化改革推向社會生活的幾乎所有方面。服飾革命便是這一改革的重要一環。

伊斯蘭社會的穿戴一向不屬於個人的一種私事，它具有着一種特殊的社會宗教意義，往往成為證明一個穆斯林身份的特殊標誌。正因為如此，凱末爾將廢止穆斯林傳統服飾與提倡新服飾提到了革新與守舊、進步與落後、文明與愚昧相互較量的高度，在這方面推行了極為激烈的改革措施。他要求廢除落後的含有宗教色彩的土耳其紅色禮拜帽——這種被稱為“費茲帽”的圓柱形紅色帽子是一個世紀前作為“百年改革”的一項措施而引進的，但其時卻已成為伊斯蘭—奧斯曼帝國的象徵。凱末爾將這種禮拜帽稱爲"無知、漫不經心、宗教狂和痛恨進步與文明的標誌"。這項改革措施首先在政府機構中加以落實，政府規定所有工作人員必須穿西裝和戴歐式禮帽。到1925年11月，政府終於規定所有男子必須戴禮帽，凡是戴費茲帽的將按刑事論罪。政府對於服飾的強行規定一度遇到少數穆斯林傳統主義者的抵制和反對。保守勢力強大的東部地區發生了騷亂。但政府毫不手軟，以武力強制推行，終於使持反對意見的土耳其人對於西裝、禮帽的態度由抵觸轉而逐漸接受。

爲了與西方世界接軌，凱末爾還改革了其他一些舊傳統和伊斯蘭象徵物，試圖割斷與舊的傳統文化的聯繫。1925年12月土耳其廢除了具有伊斯蘭曆淵源的奧斯曼曆，採用西方流行的曆法和紀元；確立了24小時的"國際"標準作爲惟一合法有效的計時法；改革度量衡制，完全採用公制體系；街道依照西方式樣加以命名，並設立了門牌號碼。對於婦女戴的面紗，凱末爾完全主張將之取消。但在推行這一點的方式上，他沒有採取立法手段強行貫徹，而是用倡導和"時尚"積極加以引導。凱末爾還倡導男女平權，婦女參加公共生活，取消歧視婦女和隔離婦女的做法。伊斯蘭教在婦女問題上的傳統在新生的土耳其很快被全面打破。婦女上學，謀取職業，參與社交場合甚至健美比賽，當選議員、當選法官這些前所未有的現象在土耳其很快就司空見慣，不以爲然了。

1928年土耳其又進行了一場可以與"帽子革命"相媲美的"文字革命"。當時土耳其正式場合通用的是阿拉伯文字，這種文字雖然具有便於速記的好處，但它既難學習又和土耳其語發音不配，從而造成很多麻煩。可以說這種文字的應用完全是由於伊斯蘭教的原因而延續了下來。"坦齊馬特"時代就有人提出過文字改革的動議，但因難度較大而被束之高閣。現在，凱末爾強令加快這方面的改革步伐，並正式於1928年引進了"國際"字母來替代伊斯蘭世界通用的阿拉伯字母。爲了強調改革的民族文化特色，這些形近拉丁字母的文字被稱爲“土耳其文”，而不算“拉丁文”。爲了順利完成這項任務，凱末爾親自下到基層，在教室中和廣場上敎人們學習新文字。所有的成人都和兒童一樣，要求學習和掌握新字母。土耳其掀起的這一場文字改革雖然有實用的精神在其中，但其眞正的目的還在於割斷自己在文字上與伊斯蘭敎權威語言的聯繫。

在文字改革的基礎上，土耳其語言學和歷史學領域裡也展開了以民族化、世俗化和西方化爲特點的改革。阿拉伯和波斯的語法形式受到抵制和批判，土耳其人長期使用的一些阿拉伯和波斯詞彙由取自於突厥或西方的詞彙加以替換。一向以研究奧斯曼帝國和早期哈里發爲己任的土耳其歷史學界，開始將土耳其的過去作爲研究中心，並大力突出土耳其文明、文化的歷史貢獻和歷史地位。這些改革的目的和文字改革的目的是一致的，都志在幫助人們樹立土耳其民族本體感和自豪感。

民族化的做法還進一步貫徹到宗敎生活中去。1932 年出版了《古蘭經》及“經注”的土耳其文譯本，接着便規定做禮拜時淸眞寺必須用土耳其語誦讀經文，淸眞寺的宣禮員也必須用土耳其語召呼祈禱，這些做法打破了自穆罕默德創敎以來伊斯蘭一直堅持的慣例，也打破了少數精通阿拉伯文的烏萊瑪對宗敎的壟斷。1933 年土耳其將有名的索菲亞拜占庭大敎堂改成了世俗的博物館，一些中世紀的淸眞寺也被拆除。1934 年土耳其又將千百年來流行的穆斯林休息日由星期五改爲星期日。

發展民族工業，振興民族經濟是維護土耳其獨立、主權和尊嚴的物質基礎，凱末爾在領導社會文化革命的同時，也非常注意在這個領域中的學習、借鑒和趕超問題。早在 1923 年舉行的伊茲密爾經濟大會上，新政府就制定了國家經濟發展戰略，確立了以發展進口替代、滿足國內需求爲主的方針。大會還提出了一些具體措施，如從簡單的手工業工場和小生產向大型工廠過渡；盡快建立那些國內有原料供應的工業部門；提高民族工業與西方資本的競爭能力；實行關稅保護政策，創立國家銀行等。爲了促進民族工業的發展，頒佈了《獎勵工業法》，給予私人資本減免稅及降低商品運費價格等優惠條件。

從30年代起，土耳其進一步調整國家經濟發展戰略，充分利用關稅機制，限制進口，保護、扶植民族工業，實行國家資本主義政策，即在鼓勵私人參與經濟活動的同時，強調國家必須負責國民經濟，政府投資或利用外資，外援發展、促進民族經濟，創建國營企業。從1933年起國家制定並實施了工業發展第一個五年計劃，國家資本主義政策直接推動外國公司國有化和創辦國家銀行的工作，政府從外國承租者手中贖回鐵路、煤礦、港口、公用事業等。

凱末爾的國家資本主義，雖然存在着許多不足之處，但它爲土耳其民族工業的快速起步作出了重大貢獻，爲土耳其的現代工業發展奠定了基礎。據統計，從1929—1938年，國民總收入增長44％，人均收入增加30％，採礦增加132％，工業生產年增長率達到8％。當然，土耳其經濟在這一時期所取得的成就，也與土耳其政治、社會文化和觀念改革方面的成就分不開，社會作爲一個有機系統，各個方面的變化都是相互影響、緊密相關的。

從總體上說，凱末爾領導的這一場土耳其現代化革命取得了相當的成功。改革以後的土耳其經受住了社會結構性大調整必然會產生的社會大振蕩的考驗，在社會穩定，經濟復甦，老百姓安居樂業，人們精神風貌振奮，外部發展環境改善這些重要的社會發展指標方面，交出了一份較爲令人滿意的答卷。凱末爾創立的這套體制還成功地傳承了下來，世俗主義直到今天仍是土耳其的一項基本立國原則，儘管它目前面臨新的挑戰。

三、土耳其現代化道路的意義

土耳其在兩次世界大戰之間所推行的以世俗化為特色的現代化改革運動，是在經歷了近兩百年長期且反復摸索的基礎上出現的一次"突變"。從土耳其民族國家的發展來講，它無疑取得了令人矚目的成就。它結束了不再適應時代要求的封建神權政治體制，建立了統一的民族國家，創立了一種對土耳其來講是全新的社會經濟、政治和文化體制，從而真正走上了一條探索獨立自主的民族復興之路。土耳其的改革理論和實踐給伊斯蘭世界的現代化運動留下深遠影響，它拉開了穆斯林國家世俗化的序幕，揭示了穆斯林國家世俗化的可能性，伊朗和阿富汗出現的禮薩汗和阿馬努拉世俗化改革是與土耳其改革的影響分不開的。

凱末爾世俗主義改革的成功，在某種意義上是諸多有利條件在民族危機這個前提下"會聚"的結果。在這個意義上，土耳其世俗主義的改革經驗具有自身的特殊性，而不是可以盲目地照抄照搬的。伊斯蘭世界效法土耳其進行民族主義和世俗主義變革的嘗試不在少數，但真正像土耳其那樣取得重大成功並能長久保持下去的卻鳳毛麟角。在世界範圍的現代化進程中，力圖"斬斷傳統"，徹底"西化"的努力也不絕於縷，然又有幾個成功的榜樣？這些個現實很清楚地印證了上述關於土耳其經驗特殊性的觀點。

然而，對土耳其改革經驗的特殊性的強調，並不等於完全否認這種經驗當中也包含着某種普遍意義，包含着很多值得人們去發掘和借鑒的東西。我們從對土耳其改革之所以成功的諸多條件的仔細分析中，似乎可以看到下列這樣一些值得重視的方面：

1. 對傳統採取全盤否定的態度要能獲得全體人們的一致認同，不僅需要有其他改革方式失敗的沉痛教訓，而且需要上下一致的深重危機意識、憂患意識作為背景。沒有這樣一個沉重的歷史背景，一個民族往往就不可能齊心協力形成一種衝決傳統羅網所必需的巨大動能。

2. 民族國家在自己奮發拚搏、決一死戰的過程中需要形成一個具有高度威望、高度感召力的堅強領導核心，形成一個成爲全民族象徵的、充滿傳奇色彩的“英雄”人物。沒有這樣一個“核心”與“領袖”的感召，民族國家就缺乏凝聚核心，形不成一種無堅不摧、無攻不克、所向披靡的力量，形不成一種必勝的信念；就無法贏得人們對新事業的赤膽忠心和獻身精神；就不可能激發出一個民族最大的潛能；就無法完成創造一個新世界這樣重大的歷史使命。

3. 全盤西化若沒有民族主義作爲平衡，一個變革中的社會就會失去主心骨和自己立足的根基；而世俗主義如果沒有革命信仰來充實，一個國家就會在惘惘然中成爲一盤散沙；西方的體制、文化若不用有違於西方精神的權威主義來推行，便根本不可能在東方社會中生根開花。所有這些近乎悖論的現象，在“土耳其模式”中都是不爭的事實。從某種意義上講，“西化”應否“全盤”，世俗主義應否徹底，這類的爭論並非問題的關鍵，關鍵在於，一個民族能否站在“主體建構”的自覺立場上，以大無畏的“拿來主義”精神推動傳統文化的再造。我們看到，土耳其改革成功的經驗實際上主要在這些方面，而不在於什麼“全盤”不全盤，“徹底”不徹底上。

4. 革命的權威也容易濫用權威，打碎了舊的世界並不必然能夠創造一個新世界。在舊符換新桃的模式轉換之際，新方向、新目標的確定對於一個民族國家來說，是極端重要的。在這個意義上，決定着新生活方式框架的革命領導人掌握着一個民族現代化的命運。革命領導人的性格、氣質、修養、嗜好、志向、視野和洞察歷史的能力，作爲處於“質變臨界點”狀態下社會系統中的一個“隨機干擾因素”最容易得到“放大”，成爲系統選擇新穩定狀態的關鍵因素。因此一個社會的“轉型”成功往往和革命與改革是否進行得轟轟烈烈沒有很大關係，而和革命權威能否超越歷史和傳統的束縛，去奠定一個適合時代要求的社會運行模式，使一個民族能最終擺脫在絕望與革命中“輪迴”的命運密切相連。

從解釋學的角度來看，土耳其世俗化改革實踐含義是一個永遠開放着的“文本”，對它的理解和解釋是一個不會有終結的過程。站在世界現代化進程，尤其是站在伊斯蘭世界現代化進程本身這個角度，而不是以我們今天後人的眼光來看，我們看到，土耳其世俗化改革的意義和影響還有着完全不同的方面。

土耳其世俗化改革的相對成功，至少可以說明了這樣一點：即伊斯蘭國家實施以政治與宗教分離為核心的世俗化改革在一定條件下是可行的。這給苦苦摸索了一個多世紀現代化轉型而始終不得其門而入的伊斯蘭世界吹進了一股不可阻擋的春風。土耳其改革中顯現出來的世俗主義、民族主義取向很快成為其他穆斯林國家進行社會變革所效法的不二法門。伊斯蘭世界掀起的這股旋風，影響範圍之廣，時間之長都是空前的。而這一效應的一個直接後果就是有效地壓制了伊斯蘭復興、復古主義運動的發展。我們看到，作為土耳其革命成功的一個副產品，伊斯蘭復興運動消沉了一個相當長的階段。伊斯蘭世界的人們不無信心地期待，土耳其的成功，已開闢了一條伊斯蘭社會全新的必勝的現代化之路，這條道路在各國的實現只是一時間問題而已。在無數穆斯林看來，靠伊斯蘭復興來拯救社會、開闢未來已成明日黃花，一無可取了。

【1】賽義德·馬茂德：《伊斯蘭教簡史》，吳雲貴等譯，中國社會科學出版社 1981 年版，第 600 頁。

【2】戴維森：《從瓦解到新生——土耳其的現代化歷程》，學林出版社 1996 年版，第 149 頁。

第三章 伊斯蘭的再崛起 與伊斯蘭革命

從土耳其起源的民族主義和世俗主義改革浪潮，經過早年伊朗禮薩汗和阿富汗阿馬努拉的實踐洗禮，到第二次世界大戰以後的歲月裡達到了自己的高峰狀態。隨着民族解放運動的不斷高漲，亞非地區先後出現了幾十個獨立的穆斯林國家。儘管伊斯蘭教在這些國家爭取民族獨立的鬥爭中也發揮了很大的作用，但主要的旗幟毫無疑問是民族主義。世俗主義、民族主義、自由主義、社會主義這些非伊斯蘭意識形態在這些國家中廣為流傳，影響很大，傳統的伊斯蘭教的政治功能除在極少數國家外，都被削弱到了最低限度，它在很大程度上只被作為一種民族文化遺產來對待。而繼凱末爾之後，又出現了一批像納賽爾、布邁丁、蘇加諾這樣深得民眾擁護的民族主義領袖，那種振臂一呼，萬眾歡騰的場面使很多人切身地感受到伊斯蘭教的衰落。一位伊斯蘭歷史學家沙姆·沙拉比在 1966 年寫道，在當代阿拉伯世界，伊斯蘭教已經完全被忽略了。

然而，事物的發展充滿了曲折。民族主義和世俗主義在那些取得了初步勝利的穆斯林國家中，沒有像原來預料的那樣，在經濟、政治、社會進一步的深入變革中大踏步挺進，從而使民族國家順利完成現代化改造，實現經濟起飛，達成國家富強之目標。相反，穆斯林國家的現代改革，總是奏出強烈的不諧之音。搬運進來的西方經濟、政治體制，總是"逾淮為枳"，結出苦澀的果實。"土耳其經驗"的汲取幾乎總是顯得不切實際。在社會動蕩、經濟困難、貧富分化和信仰失落的衝擊下，一種戀舊復古的思緒油然而生，人們再一次惦念起那被自己抛棄了的過去，甚至想通過訴諸"過去"來清算現在，開闢未來。伊斯蘭社會的現代化困頓和挫折爲伊斯蘭的再崛起提供了沃土。

第一節　戰後伊斯蘭教回潮

　　從 60 年代中後期開始，伊斯蘭被民族主義、世俗主義、社會主義"淹沒"的現象出現了逆轉。伊斯蘭的聲音在很多情況下又開始響亮起來，開始贏得越來越多的聽衆。西亞中東的思想政治舞台上已不再能夠漠視伊斯蘭這股潮流了。

一、泛伊斯蘭主義的再起

　　早期的伊斯蘭教認爲自己是凌駕於"民族"或"國家"這些概念之上，不受其約束的。穆斯林組成的共同體，統稱爲"烏瑪"，它的基礎是對伊斯蘭教的信仰而不是基於種族、地域、語言等其他標準。正因爲如此，穆斯林和非穆斯林對伊斯蘭教來講才是重要的，而把伊斯蘭教作爲一種信仰擴展到全球，形成一個全球統一的"烏瑪"，才是穆斯林的最高理想。在歷史實踐中，所有穆斯林結成一個統一"烏瑪"的現象只存在於一個不很長的時期中，那就是穆罕默德和四大哈里發時期。此後，伊斯蘭教就因教派、政治等原因而出現重大而長期的分裂。這種分裂到了近現代，由於民族主義的覺醒，由於道路選擇的差異，由於帝國主義分而治之的政策而有了進一步的發展。儘管如此，"全世界穆斯林統一的烏瑪"作爲伊斯蘭一種理想和目標，卻始終存在於伊斯蘭教義和穆斯林的觀念之中。近現代伊斯蘭世界危機的深重和離心力的增強給穆斯林帶來的危機感，也使得這種"泛伊斯蘭主義"理想作爲一種解決問題的"替代性方案"而不斷地被提了出來。

19世紀後期，阿富汗尼以"全世界穆斯林，聯合起來"爲號召，發起泛伊斯蘭運動，希望建立一個由哈里發領導的各個伊斯蘭國家的統一聯邦，外抗帝國主義、殖民主義的侵略和欺凌，內求社會的團結、變革和自新。儘管阿富汗尼生活的那個時代民族主義早已抬頭，依靠某個國家的蘇丹來實現泛伊斯蘭主義的理想，建立一個全世界穆斯林都認同的"烏瑪"實際上已不可行，因而注定要失敗，但"全世界穆斯林團結起來"的口號，和這種口號可能具有的那種深厚潛力，一直像磁石那樣吸引着衆多爲伊斯蘭苦苦尋求出路的人們。

在19世紀泛伊斯蘭主義失敗的基礎上，人們經過了認眞總結，吸取了某些經驗敎訓，從而使20世紀的泛伊斯蘭主義運動具有了自己新的特點。這些新特點主要有：不再謀求以某個哈里發爲核心建立統一的伊斯蘭國家或聯邦，突出全世界穆斯林共同的宗敎信仰、共同文化遺產和各個穆斯林民族之間的傳統聯繫；倡導加強伊斯蘭國家之間的團結，開展在政治經濟、文化、科學和敎育等領域的合作，促進各國的繁榮和發展；在國際事務中採取一致立場，維護伊斯蘭世界的共同利益，反對外來勢力對伊斯蘭世界的干涉和控制。我們可以看到，20世紀尤其是60年代以後，穆斯林世界的泛伊斯蘭運動結合了新時代的特點和鬥爭的需要形成了自己的時代特色。基於這一點，人們有時稱之爲"新泛伊斯蘭主義運動"。

推動我們這個時代泛伊斯蘭主義運動再掀高潮的，主要有三個泛伊斯蘭組織，它們是：世界穆斯林大會，伊斯蘭世界聯盟，伊斯蘭會議組織。

世界穆斯林大會1926年成立於沙特阿拉伯的麥加，屬於一個非政府性的組織機構。當時由於土耳其的凱末爾廢除了伊斯蘭持續了一千多年的哈里發制度，從而構成了伊斯蘭世界的所謂“道統”危機，失去了一個認同的象徵。爲了作出某種彌補，剛完成阿拉伯半島統一大業的伊本·沙特國王便出面發起召開了大會，希望重新建立伊斯蘭世界的領導中心。但由於與會代表在這個問題的具體落實上意見不一，這次大會只能限於泛泛地號召全世界穆斯林加強團結，沒有實現沙特國王的意圖。此後，還於 1931 年在巴勒斯坦的耶路撒冷召開了第二次大會。由於這一時期整個伊斯蘭世界勁吹民族主義和世俗主義之風，再加以第二次世界大戰的影響，新發起的這一輪泛伊斯蘭主義運動長期處於軟弱無力狀態，很少能發揮自己的影響。這一狀況一直到戰後 1949 年的卡拉奇大會才有所改善。在卡拉奇第三次大會作出的決定中，與會各方終於就大會這一組織形式和宗旨等問題作出了明確的規定。大會正式將自己定名爲“世界穆斯林大會”，並規定自己的宗旨是，在全世界各地傳播伊斯蘭教，宣傳超民族、超國家和超地域的伊斯蘭思想，在伊斯蘭世界抑制馬克思主義的無神論以及西方化世俗化的影響。

和“世界穆斯林大會”一樣，“伊斯蘭世界聯盟”也是一個非政府性組織，它成立於 1962 年，總部設在沙特的麥加。沙特阿拉伯國王費薩爾在瑞士日內瓦宣佈成立這個組織時稱，它是一個全世界所有穆斯林的非政府、非黨派、非宗派的國際組織。它的宗旨是，在全世界傳播伊斯蘭教的信息和教義，消除反伊斯蘭教的虛假宣傳和在其中造成的不良影響，維護穆斯林少數民族在宗教、教育、文化等方面的權利，協助世界各地穆斯林團體的宣教活動，促進他們的內部團結，支持建立在平等、正義基礎上的國際和平、和諧與合作。“伊斯蘭世界聯盟”的主要活動是利用一年一度的麥加朝覲機會，舉辦各種會議，討論伊斯蘭世界所面臨的問題，散發宗教宣傳品，組織專題演講，資助伊斯蘭傳教活動和文化活動。

和上述兩個組織不同，"伊斯蘭會議組織"是一個國家政府間的政治組織，因而具有較高的權威，擁有較大的影響。該組織成立於 1970 年，總部設在沙特的吉達，最初擁有 36 個成員國，到 90 年代已有近 50 個成員國。"伊斯蘭會議組織"定期召開外長會議和首腦會議。該組織的憲章聲稱，會員國確信他們共同的信仰構成伊斯蘭人民互相接觸和團結的強有力的因素。憲章宣稱的該組織的宗旨是，促進伊斯蘭各國之間的團結。加強各國在經濟、社會、文化、科學和其他重要領域的合作。努力消除種族隔離和種族歧視，根除一切形式的殖民主義。共同努力保衛聖地，支持巴勒斯坦人民恢復其權利和解放家園的鬥爭。創造一種適當的氣氛以促進各會員國與其他國家之間的合作和諒解。"伊斯蘭會議組織"還下設了一些專門委員會和下屬機構，如伊斯蘭發展銀行、伊斯蘭團結基金會、伊斯蘭國際通訊社、伊斯蘭文化藝術研究中心等等。

三大泛伊斯蘭主義組織儘管反映的合作層次不一，代表的追求有異，但總的來講，它們將泛伊斯蘭主義運動傳承了下來，並在新的時期到來時推動了泛伊斯蘭運動的高漲。20 世紀 60 年代後，國際性的伊斯蘭活動日益增多，影響也不斷擴大，伊斯蘭信徒人數在穆斯林世界和非穆斯林世界都有非常明顯的增加。而這些現象反過來又極大地促進了廣大穆斯林自我意識的覺醒，和伊斯蘭國家間認同感。標誌着戰後泛伊斯蘭主義進入新高潮的事件，也許當推 1979 年的伊朗伊斯蘭革命和 1981 年伊斯蘭國家首腦會議通過的《麥加宣言》。伊朗革命我們將在稍後作專門討論，這裡只講一下《麥加宣言》。

在 1981 年召開的伊斯蘭會議組織第三次國家首腦會議上，與會的各伊斯蘭國家首腦同意簽署一份表明大家對伊斯蘭教共同態度的文件，這就是《麥加宣言》的由來。宣言向全世界宣稱：

穆斯林，不論其膚色、語言與國籍，他們是個統一的民族，都從共同的文明遺產中獲得思想的源泉。

我們伊斯蘭民族會前進，會復興。我們伊斯蘭民族為有《古蘭經》、"聖訓"而自豪，為有《古蘭經》、"聖訓"制定的完善生活準則而自豪，因為這一生活準則指導我們伊斯蘭民族追求真理、向善、自救，使我們不忘文明遺產，使我們擺脫盲從和誤入歧途；因為這一生活準則給我們提供精神動力，喚醒我們利用我們的所有能量，為我們提供能走向正道的精神食糧。

我們讚賞我們這個具有精神力量的強大民族擁有豐富的人力和物力，因為我們民族約有 10 億人口，他們散居在世界各地，擁有各種巨大的能量，足以保證我們民族享有舉世矚目的地位，足以保證我們民族處身的繁榮，足以保證我們民族成為向善、均衡並造福全人類的因素。

這份宣言比較充分地體現了戰後泛伊斯蘭主義的一個特色，即強調伊斯蘭信仰的價值和以這種價值為基礎的全球穆斯林認同，顯現面對西方挑戰壓力的伊斯蘭世界的力量和自信。我們完全可以把這份宣言書看成是戰後新泛伊斯蘭主義崛起的一個象徵和里程碑。

戰後泛伊斯蘭主義運動還在努力縮小教派間矛盾和分歧上有所建樹。自穆罕默德和四大哈里發後，伊斯蘭教就分裂為遜尼和什葉兩大教派，它們間的鬥爭往往是你死我活，十分激烈。到戰後，在各方都認識到"伊斯蘭團結"重要性的基礎上，泛伊斯蘭運動適時地提出增進瞭解，縮小分歧開展對話的號召。號召得到了雙方的積極響應。什葉派最大的國家伊朗捐棄前嫌，開始參加各種泛伊斯蘭活動，包括出席伊斯蘭國家首腦會議和參與伊斯蘭會議組織的籌建工作。而作為伊斯蘭主流派的遜尼派也注意到尊重什葉派宗教思想的問題，曾任愛資哈爾大學校長的夏爾圖特大教長提出，什葉派的教法原理應該是伊斯蘭教正統的教法學派之一，而另一些學者則主張開展相互之間的對話，以增進理解。

二、伊斯蘭原教旨主義思潮湧動

儘管泛伊斯蘭主義是否是一種真正的解決辦法，是個人言人殊的問題，但泛伊斯蘭主義在自身的發展中，還是比較充分地表現出自己順就時代的那一面，具有相當的現實主義精神。從阿富汗尼到《麥加宣言》我們都能看出其中的"現代性"。相比較而言，戰後伊斯蘭原教旨主義則體現了自己的另一方面的特點，即崇尚"復古"，將"回到原教旨"問題提出來，並希望能以此來解決伊斯蘭世界所面臨的全部問題。伊斯蘭原教旨主義在戰後的高漲，並形成逐漸取代泛伊斯蘭主義運動而成為戰後伊斯蘭運動的主流，構成伊斯蘭教在我們這個時代崛起的重要內容。

"原教旨主義"一詞最初來自基督教，是指那些主張嚴格遵循"原初的、根本的和正統的信條"的基督教派別。現在人們往往泛指各類宗教中要求歸返原初教義的派別和主張。值得指出的是，伊斯蘭"原教旨主義"並不是一個統一的運動，其派別甚多，主張各異。它們只是在反對世俗化和西方化，要求變革現存的政治和社會秩序，主張嚴格遵循《古蘭經》和"聖訓"，復歸伊斯蘭教的原初教義等方面存在着一致的看法。

一般來說，伊斯蘭原教旨主義都有將穆罕默德時代加以美化的傾向。他們認為，正是穆罕默德集宗教和政治領袖於一身，確立了伊斯蘭烏瑪生活的基本指導原則，引導着穆斯林從勝利走向勝利，創造了伊斯蘭世界的輝煌歷史。因此在他們看來，穆罕默德時期的伊斯蘭教才是真正的、純潔的伊斯蘭教，這個時期中的教義沒有受到任何的污染和摻雜。伊斯蘭世界"黃金時期"的開創，正是建立在這樣一個基礎之上的。正因爲如此，後來每當伊斯蘭世界出現危機或面對難以回應的挑戰而衰落時，一些穆斯林往往會把問題歸結爲信仰問題，不是人們的信仰扭曲或偏離了原旨教義，就是人們對於信仰的淡漠。而爲了糾正這些錯誤的傾向，他們就會發起要求嚴格遵守《古蘭經》和"聖訓"，摒棄雜蕪，復歸原旨教義的運動。

用現代解釋學的觀點來講，要辨明什麼是伊斯蘭的"原旨教義"這個問題恐怕是很困難的，因爲後人所談論的"原旨教義"都不可避免地夾雜着談論者自己那個時代的影響在其中。因此，原教旨主義強調淨化宗教、復歸原典的要求，與其說是要把整個社會拉回到穆罕默德生活的那些年代中去，還不如說是要糾正時弊，恢復那多少被淡忘、被曲解的宗教信仰，以達到倡導者所嚮往的那種理想狀態。

伊斯蘭教歷史上，曾多次出現過帶有原教旨主義性質的宗教思想和運動。如早在 7 世紀出現的哈瓦利吉派就認爲，應復歸伊斯蘭教產生時的社會制度，應堅持哈里發的選舉原則，反對當時的上層新貴族，認爲當時的哈里發已背離真正的伊斯蘭教，穆斯林應起來與其戰鬥；14 世紀當阿巴斯王朝崩潰，伊斯蘭世界被蒙古大軍征服時，出現了由著名學者伊本·泰米葉倡導的回到《古蘭經》裡去的宗教復興運動，他堅持認爲，穆斯林應以《古蘭經》、聖訓和伊斯蘭最初三個世紀的"先輩"教導爲準繩，恢復信仰的純潔性，反對後世學者對教義的誤解、歪曲和篡改，主張按照伊斯蘭教原來精神建立國家與社會；18 世紀當奧斯曼帝國衰落出現宗教危機時，阿拉伯半島興起了旨在淨化伊斯蘭教的瓦哈比運動；19 世紀西方殖民主義侵略擴張，伊斯蘭世界開始全面衰落時，出現了北非的賽努西運動，蘇丹的馬赫迪等運動。

在經歷現代民族主義運動和世俗化運動的衝擊後，伊斯蘭原教旨主義也進入了自己的分化時期。在一些國家伊斯蘭特徵明顯消退的同時，另一些國家卻正相反，廣大穆斯林在伊斯蘭教全面受威脅的情況下，奮起抗爭，打出了保衛伊斯蘭教的戰鬥旗幟。到本世紀70、80年代，現代化進程在伊斯蘭國家的普遍受挫，從而進一步引發了新的一輪原教旨主義思潮泛濫。

現代伊斯蘭原教旨主義興起的一大推動者也許當推埃及的哈桑·班納（1905—1949）。班納出身於埃及一個具有濃厚宗教傳統的家庭中，父親是位宗教學者，當地清真寺的領禱人，班納本人雖然畢業於師範學校，但對伊斯蘭至為虔誠，且受阿布杜的激進弟子拉希德·里達的思想影響，立志於改造宗教、改造社會。班納對於整個社會在西方經濟、政治和文化影響下出現的"世風日下，人心不古"現象深惡痛絕，認為當代埃及青年們繼承的伊斯蘭教是一個"腐敗的宗教"，他們的思想中充滿了"疑問和困惑"。因此當務之急是要清除從西方引進的世俗教育、法律制度、政黨體制和西方生活方式，純潔社會，純潔人們的思想。班納的最終理想是要建立一個完全符合《古蘭經》原則的伊斯蘭政府。

為了實現這一理想，班納於1928年與一批志同道合者一起創立了穆斯林兄弟會這一組織。穆斯林兄弟會最初是一個非暴力的宗教組織，旨在通過討論研究、交流宣傳和組織社會工作來捍衛和光大伊斯蘭教義和精神。到30年代後期，穆斯林兄弟會開始走上政治鬥爭道路。班納的主要政治思想有下面這樣幾個方面：

1. 強調伊斯蘭教的普遍性。班納認為，伊斯蘭無所不包，涉及生活的一切方面，適用於任何時代和任何地方。是統貫一切，放之四海而皆準的真理。

2. 強調伊斯蘭教的原旨教義。班納認為，伊斯蘭教最根本的東西，無非是兩個：《古蘭經》和"聖訓"。他聲稱，伊斯蘭制度應用最初的源泉來澆灌，我們要站在先知們的立場上，避免用同真主不同的標準來要求我們自己。

3. 堅持伊斯蘭敎不分民族和國家的統一性及哈里發制度。班納強調，伊斯蘭是信仰和崇拜，是祖國和民族，伊斯蘭祖國是一個國家。關於哈里發，他在一次大會上稱，哈里發是伊斯蘭統一的象徵，是伊斯蘭各族相互聯繫的標誌，認爲這是伊斯蘭敎的禮儀，所有穆斯林都要尊重它。

伊斯蘭敎原旨主義思想的另一位重要代表人物是阿布·阿拉·毛杜迪（1903—1979），毛杜迪出生於印度北部賈巴爾普爾的一個信仰伊斯蘭敎的家庭中，從小受到宗敎傳統的熏陶，後進入宗敎學校接受系統的宗敎敎育，因健康原因而未完成學業，但毛杜迪堅持不懈，終於通過自學而成爲著名的伊斯蘭敎學者。

毛杜迪自己的思想形成於 30 年代末 40 年初，當時印度正處於掙脫英國殖民主義枷鎖的過程中。毛杜迪在鬥爭中一方面反對"異敎徒"英國人的統治，反對穆斯林作爲少數民族生活在印度敎徒統治下的印度，另一方面，他也極力反對當時由眞納、伊克巴爾等穆斯林民族主義者領導的"穆斯林聯盟"，認爲"穆斯林聯盟"的目的不過是要建立一個世俗的民族國家。他強調，他追求的不是一個"穆斯林國家"，而是一個"伊斯蘭國家"：國家應由精通經訓的伊斯蘭政治思想家來領導，必須嚴格按伊斯蘭敎法來治理。他提出，穆斯林應該成爲"眞正優秀的穆斯林"，應該摒棄一切印度敎的、西方的以及非伊斯蘭的影響，以自己的模範行爲來恢復和光大伊斯蘭價值。1947 年印巴分治後，毛杜迪從印度遷到巴基斯坦定居。

關於如何建立一個伊斯蘭社會的問題，毛杜迪認爲，這必須自上而下地進行，必須依靠那些具有伊斯蘭思想的領袖人物的引導才行。考慮到人才是第一位的，毛杜迪於 1941 年創立了"伊斯蘭促進會"，致力於未來領導人才的培養。"伊斯蘭促進會"後來作爲一個合法政黨在巴基斯坦政壇上一直很活躍。

毛杜迪將先知穆罕默德和四大哈里發時代加以理想化，發展了哈瓦利吉派"淨化伊斯蘭教"的觀點。他強調，世間一切權力都屬於眞主，只有依靠眞主，領會神聖不朽的教法才能統治人類社會，否則便屬先知所謂的"蒙昧狀態"（"希利耶"）。在毛杜迪看來，現代穆斯林社會之所以處於"蒙昧狀態"主要有兩個原因：一是先知穆罕默德及四大哈里發之後的歷代領導人對伊斯蘭教教義的篡改和歪曲；一是受西方殖民主義和帝國主義的影響。因此，爲了擺脫現代的"賈希利耶"，穆斯林不應消極地只限於接受伊斯蘭教信條，而應積極地行動起來，投身到"除惡揚善"的集體行動之中，在現實的社會生活中強化和體現伊斯蘭的價值和力量。毛杜迪這種以實際行動推進伊斯蘭原教旨主義的思想觀點，對後來各個原教旨主義派別都產生了重要的影響。

　　伊斯蘭原教旨主義思想的第三個具有典型性的代表人物是賽義德·庫特卜。賽義德·庫特卜（1906—1966）埃及人，早年曾在開羅求學和謀職，後來又當過教師。庫特卜早年思想上傾向於民族主義，曾熱情地支持過民族主義政黨——華夫脫黨。但後來在深入地接觸社會底層的生活和思想的過程中，開始接受近現代一些伊斯蘭思想家如阿富汗尼、阿布杜、里達等人的影響，逐漸地產生了思想轉變。1950年，庫特卜到美國去學習了兩年時間，使他有了一個瞭解西方社會和文化的很好機會。在美國的兩年最終使庫特卜感到，西方世界物質生活發達，但精神世界空虛，社會腐敗。因此他深深感到，"西方道路"不可能解決穆斯林世界的社會問題。此後庫特卜出版了他的一部重要著作《伊斯蘭與資本主義的衝突》，較全面地闡述了自己這方面的思想。庫特卜的這本書標誌着他的思想已完全轉向了伊斯蘭原教旨主義立場。

　　庫特卜和埃及的穆斯林兄弟會保持着很好的關係，從美國回來後，他進一步地捲入了政治活動。由於穆斯林兄弟會從最初的支持納賽爾政權到後來成爲不共戴天的敵人，1954年庫特卜被捕，經

10年獄中生活後於1964年後獲釋，但一年後，即因又捲入陰謀而再度被捕。1966年庫特卜被政府處決。庫特卜的伊斯蘭原教旨主義思想在長期的監獄生活中傾向於更為激進，對世俗主義和民族主義的現政權從失望到仇恨到勢不兩立。他在獄中汲取了毛杜迪和班納的激進主義思想，經過自己創造性的發展，形成了一套更具號召力、更富戰鬥性的原教旨主義理論。他在獄中寫的手稿都經秘密途徑帶出，在穆斯林兄弟會的支持下，廣為傳播，形成很大影響。第二次被捕後，庫特卜自知無生之希望，因而放棄為自己辯護，在法庭上全面闡述了自己的伊斯蘭原教旨主義思想，引起當時法庭和社會的震動。

庫特卜的原教旨主義思想概括起來說，有兩個主要方面。

首先，他認為要徹底否定存在於現實之中的非伊斯蘭秩序。他借用了毛杜迪的"蒙昧狀態"說指出，當今世界，包括所有的伊斯蘭國家都仍然處在與伊斯蘭出現之前同樣的"蒙昧狀態"之中。這種狀態無處不在，無處不有，我們周圍的一切都是蒙昧，人們的信仰、習慣、風俗、藝術、政治、法律，甚至那些被人們認為是伊斯蘭文化、伊斯蘭源泉或伊斯蘭哲學和思想的東西，實際上也是構成這種蒙昧狀態的組成部份。在政治方面，庫特卜認為，這種蒙昧狀態表現為真主在世間的主權受到了人們的侵犯，一些自稱有權制定法律和制度，有權規定道德和戒律的人們總是炮製出統治人和壓迫人制度。因此，無論是共產主義、法西斯主義、世俗主義、資本主義還是當時流行的阿拉伯世界的民族主義、社會主義，都是"蒙昧"，它們都出自人而不是出自於真主，都是讓人服從人，而不是服從真主。埃及現實的阿拉伯民族主義不是把主權歸於真主，而是歸於阿拉伯民族，因而也是非伊斯蘭的秩序。

其次，庫特卜號召建立一種真正的伊斯蘭社會。他認為，要去除"蒙昧狀態"，就必須宣告真主獨一無二的神性，必須採取行動恢復眞主的主權和統治權，建立眞主的王國：一個不受污染的、完全按照伊斯蘭方式和標準而存在的社會，一塊完全排除世俗主義、民族主義、愛國主義這類非伊斯蘭影響的淨土。爲達成此項目標，庫特卜號召穆斯林進行"希吉拉"（遷徙），以和當前的種種"蒙昧狀態"劃清界限。庫特卜在這裡所要求的"遷徙"並不是要拉開和"蒙昧狀態"的地理空間，而是要拉開心理和情感上的空間；不是要穆斯林消極避世，而是要以一種積極的態度投入鬥爭，向"蒙昧狀態"開戰，爲主道的發揚光大而進行"傑哈德"（聖戰）。在庫特卜看來，作爲一個虔誠的穆斯林就必須反對任何形式的人的統治，必須摧毀地球上一切人的王國和人爲制定的一切法律和道德，將人類篡權者手中的權力交還給眞主，讓至高無上的神聖教法光照人間。個中道理在庫特卜看來是不言自明的，因爲僅靠說教和祈禱是不會實現這些偉大目標的，因爲那些把枷鎖套在人民脖子上的人和篡奪了眞主權力的人是不會因這樣的解釋和勸誡就讓出自己的位置的。在這個基礎上，庫特卜反對一切有關改良和變革的主張而提出了"徹底摧毀"現有一切的"革命口號"。他認爲，只有以實際行動清除現有的非伊斯蘭秩序之後，才有可能去考慮建設未來的眞正伊斯蘭社會。

庫特卜的原教旨主義思想從總體上講，反映了那些對現實抱有強烈不滿和憎恨的下層穆斯林民衆的激進心態。而庫特卜在法庭上的視死如歸的大無畏精神及其後來被殺，又使他帶上了殉教者的光環。這樣庫特卜的名字和思想在伊斯蘭原教旨主義組織中受到了推崇，他的許多著作成爲原教旨主義者的必讀書。埃及穆斯林兄弟會在他的影響下，也有趨向激進的傾向，而一些更爲激進的小團體，如"聖戰者組織"、"贖罪與遷徙"等則從兄弟會中分離了出來，形成更爲極端的勢力。

三、中東地區宗教復興的實踐

廣義上中東地區是伊斯蘭世界的重心。進入近現代以後，這一地區的變革主流一直是現代意義上的世俗主義和民族主義。應該說民族主義和世俗主義的實踐也給這一地區的人們帶來了生氣和希望，帶來了眾多穆斯林國家的獨立、主權和尊嚴。然而，就在民族主義和世俗主義實踐蒸蒸日上之機，伊斯蘭作為一股潛流仍在暗中湧動。而當民族主義和世俗主義因種種原因而有所削弱之時，伊斯蘭作為一種很有根基和底蘊的力量便立即洶洶而至，很快形成一個伊斯蘭復興實踐的高潮。在這個高潮中，沙特阿拉伯、埃及等地的穆斯林以各種形式的實踐活動表達出他們對於伊斯蘭的眷戀、執着和希冀。

沙特阿拉伯在伊斯蘭教中佔有一種相當獨特的地位。自瓦哈比派 1926 年統一阿拉伯半島主要地區和立國以來，就一直表現出甚為明顯的伊斯蘭色彩：它政治上實行政教合一的傳統政體，國王既是世俗的國家元首，同時又是國家的伊斯蘭教大教長。沙特阿拉伯沒有憲法，自稱以《古蘭經》為憲法，並在國內嚴格實行伊斯蘭教法。可以說，伊斯蘭教支配着沙特阿拉伯社會的方方面面，而沙特阿拉伯也處處自覺地以伊斯蘭教的維護者身份自居，打出"伊斯蘭團結"的旗幟，謀求充當伊斯蘭世界領頭羊和凝聚核心的角色。這樣就在戰後伊斯蘭世界中形成了一種和主流的民族主義相抗衡的力量。

戰後初期，伊斯蘭世界中以埃及和敘利亞為代表的民族主義國家陣營佔有明顯的優勢，而以沙特阿拉伯、約旦和伊拉克等保守的君主國則處於下風。隨着伊拉克、也門、利比亞等國的君主制政權相繼被推翻，民族主義國家陣營力量蒸蒸日上，似乎勢不可擋。然而到了 60 年代後期，形勢出現了根本性的逆轉，埃及等國的地位急劇下降，而沙特阿拉伯的影響卻顯著加強，開始成為伊斯蘭世界中的一顆耀眼的明星。出現這樣一種轉變的原因是多方面的。歸納起來講，大致有這樣幾種：

首先，沙特阿拉伯積極利用麥加、麥地那在伊斯蘭教中的"聖地"地位，利用穆斯林參與朝覲活動的機會，推行"伊斯蘭外交"，積極擴大自己的影響。沙特阿拉伯對外堅持伊斯蘭團結第一，阿拉伯統一第二的外交政策原則，積極推動各種伊斯蘭組織和會議的活動，擴大和其他伊斯蘭國家之間的聯繫。沙特為了方便和鼓勵朝覲活動，修建了大量的公寓住房，購置了大批的交通工具，還在吉達修建了當時世界上最大的國際機場。

其次，作為產油大國的沙特阿拉伯坐收石油大幅提價的好處，石油收入在 70 年代初期激增，財富滾滾而來，增強了沙特阿拉伯爭雄伊斯蘭世界的能力。沙特阿拉伯利用手中掌握的財力，擴大對外經援，向許多伊斯蘭教國家提供大量"有條件貸款"，使受援國承諾將逐步實行伊斯蘭教法，承諾反對無神論。沙特阿拉伯還出資在全世界各地幫助建立了許多清真寺和"伊斯蘭文化中心"，並提供大量的獎學金推動伊斯蘭教人才的培養工作。

再次，1967 年第三次中東戰爭的失敗也為沙特阿拉伯的崛起意外地創造了良機。儘管包括沙特阿拉伯在內的幾乎所有中東穆斯林國家都參加了這一次中東戰爭，但埃及和敘利亞是當時的主要力量，是領頭人。埃敘在這次戰爭中一直以阿拉伯民族主義為號召，聲稱要消滅以色列，解放整個巴勒斯坦。然而在這次戰爭中，阿拉伯國家不僅沒有打敗以色列，解放巴勒斯坦，反而還喪失了約旦河西岸、加沙、西奈半島、戈蘭高地和伊斯蘭教的一大聖地——耶路撒冷等大片土地。對以戰爭的失敗使阿拉伯民族主義國家陣營的影響一落千丈。70 年代，作為阿拉伯民族主義國家領袖的埃及又在沒有充分磋商的情況下，私下和以色列單獨媾和，從而使民族主義的號召徹底喪失了自己的魅力。正是在這種情況下，沙特阿拉伯以進行"伊斯蘭聖戰"的口號贏得了眾多中東、西亞國家的信任和好感，逐步踏上了伊斯蘭國家盟主的寶座。

沙特阿拉伯作為一個長期從事伊斯蘭原教旨主義實踐的國家一舉成為伊斯蘭世界多少公認的盟主，無疑標誌着伊斯蘭復興運動高潮的來臨。而伊斯蘭復興運動由於有了沙特阿拉伯這個強有力的支柱也獲得了新的發展動力。不過話也要說回來，沙特阿拉伯的伊斯蘭原教旨主義從總體上講，還屬於一種上層的、溫和的、有控制的、不缺乏靈活應變態度的伊斯蘭宗派。而相比較之下，來自阿拉伯世界下層的伊斯蘭原教旨主義則具有相當的極端成份在內。這些極端派別從教派組織角度講，也缺乏一個統一的控制力量。這些特點構成了當代伊斯蘭復興運動實踐的豐富多樣性。

埃及在近現代阿拉伯世界中佔據着較突出的地位。早年穆罕默德·阿里的現代改革所吹響的民族主義和世俗主義的進軍號角一直被傳承了下來。到了當代的納賽爾政府，民族主義的呼聲又在社會主義口號的伴同下響徹雲天。然而，埃及在大力推進自己的現代化過程中，卻總是面對着一個十分頭痛的問題：伊斯蘭原教旨主義的猖獗。埃及有着當代最大的伊斯蘭原教旨主義組織——穆斯林兄弟會。這就不難理解，埃及為什麼會無可避免地成為民族主義、世俗主義與穆斯林原教旨主義進行激烈較量的一個戰場。

1926年成立的穆斯林兄弟會在埃及有着眾多的支持者，形成一股很強大的政治勢力。當1952年代表民族主義力量的納賽爾組織"自由軍官組織"發動革命時，雙方進行了有效的合作。由於革命勝利後建立的新政權沒有充分重視穆斯林兄弟會的利益，加上在世俗化政策上的巨大分歧，雙方關係便很快惡化。納賽爾對於兄弟會組織的一次又一次的反抗和陰謀進行了嚴厲的鎮壓。雙方結下了難解的怨毒。政府的高壓政策在一段時間裡取得了一定成效，宗教勢力對於國家政治的影響明顯被大大削弱。就連作為伊斯蘭教重鎮、傳統伊斯蘭力量代表的愛資哈爾大學也有所收斂，基本上成為一游離於政治和宗教的機構。有時甚至還不得不充當政府需要的宣傳工具的角色。

但穆斯林兄弟會並沒有真正地銷聲匿跡，他們一直在伺機而動。阿拉伯世界在第三次中東戰爭中的失敗，使民族主義政府的權威受到沉重的打擊。1970 年納賽爾去世，薩達特繼任總統後，推行了一套遠較納賽爾有效、開明的外交內政方針，取得了令世人矚目的成就。然而薩達特在宗教政策問題上卻有些曖昧不清，他既出於自己的信仰立場，也是為了鉗制左翼勢力發展帶來的威脅，不僅逐步放寬了對伊斯蘭教的嚴厲限制，甚至還採取了一些鼓勵和支持發展伊斯蘭的政策措施。電視台開始每天 5 次定時播送召禱詞，1971 年在憲法中明確規定伊斯蘭教是國教，伊斯蘭教法是國家立法的一個主要淵源。穆斯林兄弟會儘管尚未獲得合法地位，但其大量的在押成員獲得了釋放，它組織的大規模聚會和出版的刊物也沒有受到政府的干擾。

政府所採取的溫和政策在某種程度上軟化了穆斯林兄弟會的強硬態度，兄弟會訴諸暴力的傾向有了很大的改變。很多成員開始參與受官方支持的宗教機構，有的甚至還以個人的身份進入政府。然而，穆斯林兄弟會的新立場和它一向堅持的原教旨主義觀點有着很大的距離，很多信奉里達、庫特卜學說的穆斯林感到很難適應。他們認為這樣做違背了既定原則，是向"蒙昧狀態"妥協和投降。這批穆斯林往往最後採取脫離穆斯林兄弟會，重新組建激進的原教旨主義小團體。這個時期出現的這類組織有："伊斯蘭解放黨"、"真主黨"、"聖戰者組織"、"贖罪與遷徙組織"等。這些組織儘管在鬥爭的方式方法上有着若干差異，但在反對現存政治秩序，主張以暴力革命推翻現政府，在伊斯蘭教法基礎上建立一個伊斯蘭國家這些主張方面是基本一致的。

這些激進的原教旨主義組織此後採取的一系列行動迅速地激化了自己和政府之間的矛盾，鬥爭的雙方很快走上了鬥爭—鎮壓—再鬥爭—再鎮壓的惡性循環道路。激進的原教旨主義組織抓住政府在開放過程中有所加劇的腐敗，薩達特和以色列單獨媾和、收留流亡的巴列維國王、一邊倒向美國等問題，煽風點火，內外勾結，遊行示威，四處出擊，大張撻伐，構成了對薩達特政府的嚴重威脅。而薩達特政府則還以顏色，最初是加強對宗教事務的控制和管理，後來又採取斷然措施，大規模搜捕極端的原教旨主義份子，重申穆斯林兄弟會為非法組織，取締其出版的刊物《呼聲》，清除軍隊中有親穆斯林兄弟會傾向的軍官。穆斯林兄弟會為此連續幾個星期舉抗議集會和遊行，而激進的原教旨主義組織則陰謀發動革命，推翻世俗主義政府，成立伊斯蘭共和國。1981 年 10 月，一批原教旨主義陰謀份子利用慶祝 "十月戰爭" 勝利 8 週年的閱兵式，刺殺了薩達特，將政教之間的鬥爭推向了高潮。

穆斯林兄弟會堅持鬥爭，使接替薩達特的穆巴拉克總統不能不有所顧忌，新總統決定採取軟硬兼施，恩威並重等方法，對伊斯蘭原教旨主義進行分化瓦解，鼓勵穆斯林兄弟會中的溫和派走合法鬥爭的道路，吸收他們進入議會，對於堅持走暴力鬥爭道路的原教旨主義激進組織和成員則實行嚴厲的打擊和鎮壓。儘管穆斯林兄弟會目前業已分化，溫和派也確實組織或聯合成政黨投身議會政治，但穆斯林原教旨主義極端派別仍在不屈不撓地頑抗下去，以種種形式來破壞埃及社會的穩定、秩序和聲譽。我們可以看到，在埃及政府和宗教極端勢力的鬥爭尚未有窮期。

如果說埃及激進的原教旨主義份子把矛頭指向政府是因為政府推行的世俗主義、民族主義政策不能令人滿意的話，那麼沙特阿拉伯激進的原教旨主義份子所反對的卻是一個以推行原教旨主義政策聞名的政府。

1979 年發生在麥加大清眞寺的一場大規模暴力流血事件還向人們揭示出來自沙特阿拉伯下層的原教旨主義極端組織的行爲方式和特點。

11 月 20 日，也就是伊斯蘭教曆 1400 年的元旦凌晨 5 點多鐘，正當麥加大清眞寺的伊瑪目準備帶頭做這非同尋常的新紀元晨拜時，數百名裝備精良的極端原教旨主義份子突然佔領了整個清眞寺，爲首的是一名叫做朱海曼‧烏塔比的人和他的內弟穆罕默德‧卡塔尼。暴動者封鎖了大清眞寺所有的 48 個入口，槍殺了領禱的伊瑪目和幾個反抗的毛拉。接著，朱海曼‧烏塔比在麥克風中向當時在寺內做禱告的 4 萬多名穆斯林宣佈，穆罕默德‧卡塔尼就是人們期待已久的馬赫迪。他在廣播中稱，沙特家族的統治是非伊斯蘭的，號召人們起來推翻這個腐敗的、投靠美國的統治集團，建立眞正的、合法的伊斯蘭國家。烏塔比最後宣佈他們將長期佔領大清眞寺，作爲藏身之地和庇護所，因爲他們到處受到迫害，除聖寺外別無求援之所。

朱海曼‧烏塔比是年 40 歲，出生在沙特阿拉伯西部的蓋西姆，曾在國民衛隊中服役過很長時間，後來又到麥地那伊斯蘭大學學伊斯蘭法律，思想極端而激進。他認爲，沙特王室早已完全背叛了伊斯蘭教，而烏里瑪階層又和統治的沙特家族相互勾結、狼狽爲奸。因此必須用武力加以消滅。他曾在一篇文章中寫道，"你們都看到了，自從國王在半島建立統治以來，人們對伊斯蘭教變得愚昧無知了……他們放棄了奮鬥，與基督教徒結盟，並追求物質的東西。我們相信，繼續這樣的統治將毀滅眞主的宗教，儘管他們假裝堅信伊斯蘭。我們祈求眞主讓我們從他們的統治下解脫出來。"據報導，這次行爲是帶有強烈宗教政治色彩的，暴動者經過長期準備，預計國王有可能會參加大清眞寺的新紀元晨禱，故選擇這一天發難。他們的目標很清楚，那就是殺死國王，推翻政府。

事件發生後，政府當局一時有點不知所措。因爲麥加大淸眞寺作爲伊斯蘭教最神聖的地方，按慣例是不能允許發生暴力流血衝突的。只是在國王緊急召開烏里瑪會議，並獲得會議通過的"法特瓦"授權後，政府才迅即調集了上萬軍隊包圍聖寺。巴基斯坦聞訊後，也派出了數千名突擊隊前來配合作戰。經過兩個多星期的血戰，政府軍在付出了重大傷亡代價之後，才控制了局勢。在戰鬥過程中，軍隊士兵、暴動者和朝覲禮拜者的傷亡高達數千人之多。包括烏塔比在內的170多名暴動者被政府軍抓獲。一個月後，烏塔比和他的60多個同道分別在8個城市裡被處以斬首的極刑。

麥加大淸眞寺的流血事變是短暫的，但伊斯蘭原敎旨主義極端份子的那種頑強抗爭的精神卻在伊斯蘭敎歷史上留下了不可磨滅的印記。

第二節　伊朗伊斯蘭革命

伊朗是中東西亞地區一個有着民族主義和世俗主義改革傳統的國家。早在本世紀20年代，巴列維王朝的創立者禮薩汗就順應當時世界潮流，效仿凱末爾推行民族化、世俗化、現代化改革。穆罕默德·巴列維在戰後鞏固了自己的統治以後，繼承了改革這一事業，在伊朗掀起一場規模和力度更加強大的現代改革運動，力圖利用手中的石油財富，完成伊朗現代化這個夢想。然而，出乎人們意料的是，快速的現代化觸發了伊斯蘭情感的強烈反彈，引起了一場轟轟烈烈的革命運動。

一、自上而下的現代化改革運動

伊朗大規模的現代化改革運動最早大概可以追溯到巴列維王朝

的創立者禮薩汗。禮薩汗出身軍人，於 20 年代通過政變奪取政權，稍後建立起自己的王朝。由於受到當時土耳其凱末爾革命的影響，也由於出於加強中央集權、鞏固自身統治的目的，禮薩汗在伊朗發起了聲勢浩大的現代改革運動，使民族主義和世俗化成爲伊朗的發展新方向。通過這場運動，伊朗成爲當時西亞地區世俗化浪潮中的一個排頭兵。

禮薩汗通過改革，削弱了部落主義、地方分裂主義，強化了中央集權制；改革了軍事體制，建設了一支現代化的軍隊；改革並完善國家行政機構，加強對從中央到鄉村整個官僚體系的控制，強化了君主制下的中央集權。

在宗教問題上禮薩汗向凱末爾看齊，削弱宗教勢力在各個領域中的影響，大力推進世俗化進程。他努力使法律和宗教相分離，在全國建立了世俗法院系統，頒佈了刑法和民法，取代伊斯蘭法律體系。他還使教育脫離宗教，將宗教學校交由教育部管理，積極推行世俗教育，創辦現代大中小學校的現代教育系統。他剝奪宗教界的經濟特權，接管宗教基金和地產，將之置於政府的直接管理和控制之下。他大力從議會排擠宗教界人士，減少他們對於議會事務的控制和干擾。

在削弱伊斯蘭教對社會習俗的影響方面，禮薩汗進行了服飾改革，號召男人戴巴列維帽，（以後改爲歐式禮帽）穿歐式服裝，鼓勵並最後強制婦女摘掉面紗，禁止穿從頭到腳的穆斯林婦女罩袍。在改革歧視婦女的風俗習慣方面，規定男女可以同校；婦女有權在高校和國家機關工作；公共場所不得歧視婦女等。禮薩汗還效法凱末爾的文字改革做法，變革了波斯文字，剔除了波斯文字中借用的土耳其、阿拉伯及歐洲文字詞彙，推進伊朗自身的民族意識的覺醒。

禮薩汗所推行的上述種種世俗化改革舉措，儘管存在着不徹底性，但促進了伊朗民族主義、世俗主義意識的覺醒，推動了現代教育勃興，鞏固了國家統一，維護了民族獨立。儘管伊朗在某些方面還不能完全擺脫西方國家控制，但整個伊朗政治、經濟、文化及社會生活狀況確實發生了相當重大的變化。所有這一切為戰後伊朗進一步的現代化變革打下了一個良好而堅實的基礎。

穆罕默德·巴列維作為巴列維王朝的第二代君主，在自幼所接受的西方教育的熏陶下，很早就立志要以西方工業國家為模式，把伊朗從一個貧窮落後的農業國改造成一個現代化的先進工業國，使伊朗走上工業化的富裕道路。巴列維曾在他的《走向偉大的文明》一書中寫道："我的最終目的是讓我的國家和人民進入偉大的繁榮昌盛的文明時期"。

二戰以後，伊朗花了很長的一個時期來擺脫戰爭的影響。到60年代開始，巴列維認為進行全面改革的時機已經成熟，遂發動了那場頗令世人矚目的"白色革命"，再次啟動伊朗現代改革的閘門。毫無疑問，這場"白色革命"與其禮薩汗所推行的現代改革之間是有一種歷史傳承關係的。

巴列維所謂的"白色革命"，就字面含義而言，是要強調這場改革所具有的君主領導、自上而下的中庸特點。人們習慣上一般把由左翼力量領導的運動稱為"紅色革命"，而把由宗教勢力領導的運動稱為"黑色革命"。巴列維把自己領導的改革稱作"白色革命"就是想有別於這兩種不是過分激進就是過分保守的運動。"白色革命"包括內容甚廣，巴列維在1963—1978年推行了一套包括17項改革綱領的社會經濟改革計劃，同時相應制訂和實施了國民經濟第三至第五個五年發展計劃。這些計劃宏偉而龐大，尤其是1973年國際石油市場價格暴漲，伊朗石油收入猛增後，巴列維大大加快了改革的步伐和力度。他在石油美元滾滾而來面前有點忘乎所以，頭腦發熱，錯誤地認為伊朗可以"買"一個現代化回來。國王的目標很清楚，他想通過快速變革和大量引進的方式，使伊朗一下了完成從落後的傳統社會到現代社會的轉變，進而跨入現代化工業強國的行列。巴列維甚至聲稱，要在本世紀末把伊朗建成世界五強之一，成爲控制波斯灣和活躍於印度洋上的軍事大國。爲實現這些"宏偉"目標，他無視伊朗具體的國情，盲目貪大求快，在 70 年代中期後形成了一個被人們稱爲"瘋狂現代化"的階段。

應該承認，巴列維的現代化，尤其是早期的改革，在很大程度上推動了伊朗經濟的增長和社會面貌的改善。據統計，1963—1977年，伊朗國民生產總值由3,400 億里亞爾增至56,820 億里亞爾，15年中經濟年均增長 13.8％。這一增長速度位居世界前列。然而，在成就面前，巴列維逐漸失去了冷靜。特別是 1973 年以後，由於國際石油價格暴漲，伊朗每年的石油收入從 40 億美元猛增到 200多億美元。財富的猛然增長刺激了巴列維的改革雄心，他覺得時機成熟，應該也可以把伊朗強行推上"全盤西化"的發展道路了。然而，大規模地引進西方的技術、科學、文化以及某些經濟政治體制，不僅沒有使伊朗迅速地強大起來，反而卻造成了自身社會結構的破壞和社會各種規範體系的崩潰。急劇的社會變動和社會全面失範造成的重負，給生活在底層的人們造成不堪忍受的心理和物質壓力。從而爲伊朗的"反現代化"反彈提供了巨大的能量。

具體地講，"白色革命"的經驗教訓大致可以歸結爲下列幾個方面：

首先，巴列維在經濟上推行了一套不適合國情的盲目超前的工業化發展戰略。在三個五年計劃期間，採取政府大力投資、大量引進外國資本技術及扶持私營企業等措施。石油漲價後又幾次修訂五年計劃，以大幅度增加投資謀求經濟高速增長。這就不可避免地造成了經濟失控、通貨膨脹、經濟比例嚴重失衡等災難性後果，致使國民經濟秩序陷於混亂。

在農業上，巴列維沒有始終致力於農村的發展。隨着大量投資於工業，他的重工輕農思想有所發展，對農業的投資不斷減少。在幾個五年計劃中，農業在國家總投資中的比例逐年下降。農民因得不到足夠的資金而被迫借高利貸或賣青，陷入破產境地。而土地改革也未能提高農業生產率和改善農民生活狀況。最後造成大批農民離開土地，湧入城市，擴大了城市失業隊伍，加劇了社會動盪。

第二，巴列維的經濟現代化帶來了嚴重的社會問題。雖然白色革命包括出售國有工廠股份、工人參加企業分紅等措施，但工人享受不到改革的絲毫利益。絕大多數工人收入微薄，在物價飛漲的情況下甚至難以養家餬口。更爲嚴重的是，在農村人口的衝擊下，城市失業和貧民隊伍不斷擴大，1973 年官方宣佈國內各城市失業者佔全體居民的 1/10，而實際上還遠不止此。與飢寒貧困的社會底層形成鮮明對照的是奢侈腐化的統治集團和上層社會。他們依仗權勢，貪污受賄，巧取豪奪，揮金如土。兩極分化的日趨嚴重加劇了伊朗的階級對立，激化了社會矛盾。

第三，在精神文化領域，西方文化與價值觀的湧入，使一直維繫着社會規範體系但又和西方文化難以相容的傳統價值觀失去了存身之地。社會規範體系的全面失效，造成了一種人們常常稱作爲“世紀末”的現象，構成“革命導師”霍梅尼所謂的“道德墮落”和“文化衰退”的根源。正是在這樣一種社會生活全面失範，基本秩序受到嚴重威脅的情況下，人們的不滿很容易在道德譴責方面形成共鳴，從而爲那些能夠成功地佔領道德批判制高點的人們提供了一種能夠發動大規模羣衆運動的機會。我們看到，伊斯蘭原教旨主義份子高舉道德批判大旗，極力反對物質主義、基督教和猶太復國主義等“邪惡教義”對伊斯蘭的侵蝕，呼籲淨化伊斯蘭。“回歸伊斯蘭”的呼聲，很快就成爲了廣大伊朗民衆的普遍心聲。對當政的現政府來說，這種現象最大的危險就在於它自己徹底喪失了在民衆心目中的感召力和合法性。

第四，在對外關係上，巴列維採取了對西方一邊倒的政策。國王視美國爲王權的盟友，聘請大批美國軍官和政治專家。伊朗的軍隊無論裝備或訓練都是美式的。他還大量從美國進口軍火、技術設備和日用品，派遣大批留學生赴美學習。而美國出於自身利益考慮，也大力支持巴列維，支持伊朗急就篇式的“全盤西化”。這不僅僅激起具有強烈民族自尊心的伊朗人的反感，認爲巴列維惟美國是從，而且也把伊朗在現代化過程中蒙受的苦難和美國、美國價值觀念以及美國生活方式聯繫在一起。從而使後來的伊斯蘭革命很自然地把美國看成是“大撒旦”，把國王看成是美國的走狗。

最後，在政治生活中，政府既不能做到嚴謹自律，又拒絕各種監督形式，結果造成行政效率的徹底喪失和腐敗的極度泛濫。一般來說，在具有自己深厚傳統的東方社會實現自身現代化的早期階段，並非越民主越好。但是如果這個時期中爲推行改革而被高度集中起來的權力不能高瞻遠矚，把廉潔自律，創建一個高效廉價政府作爲獲取新的合法性和感召力的不二法門，作爲一種戰略目標去追求，那麼這種權力本身就會成爲腐敗、黑暗的最大源泉，成爲推動本已嚴重失範無序的“轉型社會”走向徹底崩潰的強大動力。巴列維在這方面的過失與責任正在於他只知道一味地強化君主專制政體而不知道其他。在“白色革命”前後，巴列維創設了秘密警察組織“薩瓦克”和高級特務機構“王家調查委員會”；組建官方政黨“民族復興黨”，取締其他一切政黨；削弱議會權力，控制議會活動；下大力氣建設軍隊，加強威懾力量；任人唯親，強化對權力的控制。從表面上看，他幾乎做了所有可能做的事情來加強自己手中的權力，然而由於這一切沒有從根本問題上着眼，因此都反過來成爲淘空權力而不是鞏固權力的因素。

伊朗的“白色革命”迅速地爲伊斯蘭“黑色革命”所取代，這既和國王快節奏的現代化速度造成的巨大苦難有關，但也是伊朗社會伊斯蘭傳統強大影響力作用的結果。一個帶有自己深厚文化傳統的東方國家，在不大量消耗自己的元氣和精華，從而體悟不到"決一死戰"式革命的不中用之前，它總是會在兩種帶有極端性的道路上作"非此即彼"式的選擇。在這個意義上，伊朗反現代化的伊斯蘭革命就不是什麼不可理解的現象了。

二、霍梅尼的伊斯蘭革命

"白色革命"的缺憾爲伊朗社會的結構性大震蕩準備了巨大的動能，而伊斯蘭作爲抗衡現代化的一股強大傳統力量，也迅速地發揮了自己的主動性，以合法道德權威的面目將所有反叛的力量聚集到自己周圍。一個高度無序渙散、也充滿張力的社會突然之間找到了自己的凝聚核心，於是，大規模的羣衆革命運動的風暴遂不以人們的意志爲轉移而迅速降臨。在這個意義上，1979 年伊朗伊斯蘭革命的爆發確實並非偶然，"實際上，它是伊朗人民對巴列維國王的'不成功的現代化'的一種伊斯蘭式的回應。"

由於對巴列維王朝的鬥爭是在"現代化挫折"所造成的全面、長期的社會失範和無序狀況下發生的，因而參與運動的成份十分複雜而廣泛。這些自覺不自覺地捲入反國王政治力量大體上可以分成下面幾類：

一是溫和派，他們包括中產階級中的溫和政黨，如巴扎爾甘領導的"自由運動"，以及"民族陣線"和一部份溫和的宗教界人士。其次是左翼進步組織，主要是人民黨（原伊朗共產黨）。再次是具有激進的左翼思想特徵的伊斯蘭組織，如"人民聖戰者組織"和"人民敢死隊"。最後是以霍梅尼爲精神領袖的伊朗伊斯蘭原教旨主義勢力。在這些力量中，儘管溫和的中產階級政黨和激進的左翼伊斯蘭組織的力量也不算薄弱，但總的來講似乎握不起一個拳頭。而真正稱得上有廣泛羣衆基礎和組織的最好的力量當屬伊斯蘭原敎旨主義組織。

什葉派原敎旨主義份子能夠在這場反國王的政治運動中佔據了主力的地位，是有着深刻的社會經濟政治背景的。長期以來，宗敎勢力集團在伊朗經濟、社會和政治生活中擁有特權地位。他們有着自己的土地、莊園和寺產，掌握着像清眞寺、宗敎學校等傳統的輿論陣地，與社會各階層羣衆保持着廣泛聯繫。作爲一個什葉派穆斯林國家，什葉派的敎義和傳統長期滲透到國家和個人生活的各個領域，對人們有着無可爭議的影響力。巴列維王朝建立後，對宗敎勢力採取一系列的限制措施，國王所推行的“白色革命”有着非常強烈的世俗化色彩，打擊和削弱宗敎勢力也是這場革命的一個目標，這就嚴重威脅到了宗敎勢力集團的切身利益和他們的社會經濟、政治地位，勢必至於遭到宗敎勢力集團的強烈反對。因此，政敎之間的鬥爭在伊朗無可避免。儘管國王採取了堅決的暴力鎭壓手段，迫使宗敎勢力集團在一定時期裡不能不保持沉默，而像霍梅尼那樣決不妥協的頭面人物也被迫流亡國外。但宗敎勢力的憤怒和敵對情緒決沒有因此而受絲毫影響，反而在積極謀求“於沉默之中的爆發”。

宗敎勢力集團之所以強大的另一個原因是，他們以對信仰的執着，對“道德”生活的追求以及用體現在“一切穆斯林皆兄弟”口號中平等精神，來和一個“無序失範、腐敗黑暗”的世俗世界相抗衡。當由巴列維“白色革命”一手造成的“社會結構性震蕩”給伊朗人民的精神和物質生活帶來難以忍受的痛苦時，宗敎勢力集團站在“道德制高點”上對社會黑暗所做的猛烈抨擊，對回歸理想化的傳統社會的號召，便很自然地在一個很多人們都感到絕望的時代裡點燃了希望的火炬。因此，它能得到那麼多人們的關注、理解、支持和擁護是毫不奇怪的。大動蕩的歲月也是人們期盼“奇里斯瑪”和堅持製造“奇里斯瑪”的時候。只要新社會權威的感召力、合理

性和合法性一經大多數人們確認，一個無序社會中會突然出現一種
"有序化共振"現象，它可以將長期折磨人們的彷徨和猶豫、懷疑
和厭惡一下子掃除乾淨，能把幾乎所有能量都一下子激發出來，並
匯聚成一種令人可畏、能打碎一切的力量。我們在世界的現代化歷
史進程中，不止一次地發現，搶佔道德制高點，成為底層人民代言
人是轉型社會結構性大震蕩中，橫掃一切的羣眾大革命風暴興起的
源頭。在伊朗革命風暴的源頭，我們同樣能看到那高大的"奇里斯
瑪"身影，這就是伊朗什葉派原教旨主義份子當之無愧的領袖霍梅
尼。魯霍拉·霍梅尼當然是絕對正確，當然也絕對不能允許對這種
正確性的任何挑戰。

第三節　巴勒斯坦的"哈馬斯"運動

　　伊斯蘭復興運動的再崛起在中東地區還和本來就錯綜複雜的阿
以衝突問題攪和在一起，使得這一問題的解決難上加難。哈馬斯運
動在巴勒斯坦這塊土地上的嶄露頭角是有着深刻的社會根源的，它
所堅持的極端不妥協立場將被證明是中東達到自己真正和平的一大
障礙。在這裡民族矛盾和社會矛盾纏在一起，互相激勵，惡性循
環，構成了我們今天世界上的一個長期無法癒合的創口。

一、"巴勒斯坦"困境的形成

　　希特勒在二戰中對歐洲猶太人殘酷的大規模屠殺，使人們終於
對猶太民族在世界上長期以來的悲慘命運有了更多的同情。很多國
家在戰後對於猶太人孜孜以求的要有一個自己家園的呼聲重視起
來。1948 年在各種極為複雜的因素左右下，聯合國終於不顧阿拉
伯國家的反對，最後通過了關於巴勒斯坦實行分治的方案。聯合國

分治方案雖然滿足了猶太人在他們已經離開了一千六七百多年的故土上重建家園的希冀，但也造成了剝奪在這塊土地上生息繁衍了一千年有餘的阿拉伯人生存權力的結果。這樣，一個很難調和的爭奪家園的矛盾從此在巴勒斯坦這塊土地上扎下了根。鬥爭的雙方從一開始就沒有過任何可能實行妥協的幻想。

把收回家園希望寄託在實力政策上的阿拉伯各國由於沒有能夠在第一次中東戰爭中戰勝對手，所以以實際行動來否決聯合國決議案的想法也告失敗。儘管阿拉伯人在後來幾十年中不屈不撓，數度掀起高潮，訴諸軍事解決，但消滅以色列，奪回被佔領領土的理想始終無法實現。面對接二連三的戰爭失敗，面對被戰爭拖垮的國家經濟，面對深重的發展危機，一個同仇敵愾的阿拉伯聯合反以陣線終於發生了分裂。埃及在通過第四次中東戰爭為自己挽回一定面子的基礎上，於 70 年代後期走上了與以色列和解的道路。儘管埃及一度被阿拉伯國家徹底孤立，薩達特總統也為此付出了生命的代價，但是，中東和平之路從此非常現實地擺在了所有中東地區的政治家的面前。

正如基辛格曾分析的那樣，在中東，"沒有埃及就沒有戰爭"。阿拉伯方面由於埃及的退出而實際上失去了"軍事解決"被佔領土的可能。其餘的阿拉伯國家儘管沒有放棄自己的理想並始終堅持鬥爭，但再也沒有能力和以色列進行一場大規模的正面衝突。這樣，一個不戰不和、沒有徹底勝利可能的前景實際上就擺到了巴勒斯坦人民的面前。從理性認識上來講，接受現實，自己活也讓別人活，是一個無可避免的選擇。然而，巴勒斯坦人民要在實踐上排除各種干擾達到這一步，卻絕對不是那麼容易的事情。幾十年的積怨，複雜的中東政治結構，艱難困苦的生存狀態，似乎注定着巴勒斯坦人民還有着一條漫長的道路要走。

首先，誰來代表巴勒斯坦？這個問題從一開始就沒有一個一致的意見。正因爲如此，第一次中東戰爭失敗後，在聯合國分治方案劃歸巴勒斯坦國的土地上（其中有一小部份爲以色列所侵呑），始終沒有能夠成立巴勒斯坦人自己的國家（儘管有領土不完整的缺陷）。相反，一向認爲自己與巴勒斯坦有着特殊聯繫的約旦佔領了約旦河西岸這塊巴勒斯坦最大的地區，而埃及爲了表示抗衡而佔領了巴勒斯坦加沙地區，巴勒斯坦問題由於一開始就以阿拉伯民族事務的面目出現，巴勒斯坦人反而失去了代表巴勒斯坦的權利。沒有巴勒斯坦人自己合法的代表，又怎麼談得上巴勒斯坦的獨立和巴勒斯坦問題的解決呢？

其次，誰來爲巴勒斯坦人民制定自己的政策？隨着時間的推移，隨着巴勒斯坦一代英雄人物的脫穎而出，誰代表巴勒斯坦的問題逐漸得到了解決。阿拉法特領導的巴解組織經歷了鬥爭的考驗，得到了國際社會的廣泛承認。然而，阿拉法特作爲巴勒斯坦人民的政治領袖是一回事，而爲巴勒斯坦制定鬥爭的大政方針在另一些人眼中卻是另一回事。如果說約旦在 70 年代對活動在約旦的巴解組織進行血腥的鎮壓和驅逐，還有維護自己主權這樣一個理由的話，那麼巴解在黎巴嫩數度受到叙利亞組織軍事圍攻這件事卻不是可以有其他什麼理由來解釋的。在巴勒斯坦問題上，決定性的發言權似乎始終沒有巴勒斯坦人的份。巴解和阿拉法特這麼多年來走過的道路曲曲折折，甚至身不由己、言不由衷的苦惱，的確值得同情。解決巴勒斯坦的牌分散在很多隻手中，如果沒有同心協力，沒有一種共識，問題怎麼可能得到解決呢？

再次，巴勒斯坦問題解決的難度不僅有來自外部的干涉，它還有着自己內部的困擾。巴勒斯坦自實現有限度自治以來，一直在一個相當狹小的領土內發展。以色列當局至今控制了加沙和西岸的許多土地，遷入猶太移民，控制經濟水源，從而使當地的工農業、商業發展緩慢。今天的巴勒斯坦甚至連糧食都無法自給，農產品從過去的出口變爲進口。而巴勒斯坦的人口正成爆炸性增長，並主要地集中在少數幾個城市裡，從而使城市人滿爲患，失業率居高不下，更爲嚴重的是巴勒斯坦難民營的狀況，人口高密度集中的難民營，缺乏必要的公共設施和基本的醫療照顧，那裡污水橫流，疾病蔓延，生活條件極其艱難。而幾代青少年正是在這樣的環境中成長起來的。正因爲如此，我們看到，激進的、極端的政治思潮在巴勒斯坦這塊土地上很有基礎，也很有市場。而代表着政治上理性主義的溫和解決方案反顯得沒有什麼號召力。加上以色列當局對於巴勒斯坦經濟上的刁難和封鎖，資源上的控制和剝奪，政治上的鎮壓和敵視，正好爲淵驅魚，將巴勒斯坦人的無奈、不滿和怨忿引導到激進的反以情緒上去，助長了它本應加以防範的極端主義政治勢力抬頭。

最後，激進的阿拉伯國家和巴勒斯坦人的仇以情緒和與此相應的以色列不妥協立場正好相輔相成，使巴勒斯坦問題的解決無法形成一種必要的信任氣氛。而沒有信任，在巴勒斯坦這塊狹小而缺乏戰略縱深的土地上就不可能有兩個民族國家的和平共處基礎。因此如果以色列人和巴勒斯坦人無法在內部對於仇恨心態、激進情緒加以控制的話，巴勒斯坦問題的解決實際上就很難取得一種實質性的進展。一部中東的歷史告訴我們，以色列很難做到這一點，而阿拉法特與巴解由於我們上面提到的原因就更困難。在這個意義上，巴勒斯坦問題解決的關鍵很可能不是我們今天所看到的和平協議的簽訂，而是在於巴勒斯坦人（當然也包括以色列人）能否放棄自己的激進立場，改變自己的極端態度。

而正是這最後一點，使我們的眼光不能不轉向代表着巴勒斯坦最爲極端、最爲激進的政治勢力——伊斯蘭原教旨主義組織：哈馬斯。

二、哈馬斯運動的崛起

巴勒斯坦人民爭取解放的大規模鬥爭，一直是在主張民族主義的世俗組織：巴解的領導之下展開的。但在早期，一些宗教政治組織也發揮了一定作用。早在 30 年代末，猶太人開始成規模地移民巴勒斯坦時，埃及的穆斯林兄弟會就進入巴勒斯坦支持當地阿拉伯巴勒斯坦人的民族鬥爭，並由此而吸引了一批巴勒斯坦人加入了穆斯林兄弟會。在這基礎上巴勒斯坦的穆斯林兄弟會在 40 年代末宣告成立，而對西岸地區人民有一定影響的約旦穆斯林兄弟會也於 50 年代初成立。然而在 1967 年以色列佔領了西岸和加沙地區之後，上述組織很難活動下去，因而幾乎銷聲匿跡。直到 80 年代政治氣候的改變，伊斯蘭教組織才開始重新活躍起來。

"哈馬斯"在阿拉伯語中的原意為"熱情"。而在這裡則是"伊斯蘭抵抗運動"的縮寫，該組織的創始人為阿赫馬德·亞辛。亞辛出生於巴勒斯坦的一個很富有的家庭。在 1948 年的第一次阿以戰爭中逃到加沙，一度依靠教授語言和傳教謀生，後加入穆斯林兄弟會。當穆斯林兄弟會和政府反目後，亞辛曾被埃及當局關押過一陣。到 1967 年第三次中東戰爭以色列佔領加沙後，他開始獲得自己的發展機會：在這一個時期，亞辛以伊斯蘭為旗幟，糾合同志，擴充組織，並於 1973 年成立了"伊斯蘭中心"。以色列當局對亞辛的活動一直非常關注，從最初的默許一直到後來對"伊斯蘭中心"的活動給予某種支持。以色列當局對亞辛的支持當然不是對伊斯蘭教本身有興趣，它們支持亞辛的主要目的在於，想讓他與巴解競爭。亞辛在這樣一種形勢下，再加上後來從海灣產油國家得到的資助，不斷壯大自己的力量。

1978 年，在亞辛的推動下，仍處於地下狀態的加沙穆斯林兄弟會組織以"穆加馬"（伊斯蘭協會）的名義向以色列軍事當局登記，並作為一個非盈利性的宗教團體開始進行公開活動。"穆加馬"

早期主要從事宗教宣傳、發展組織和社會福利活動，反對激進的左翼力量。它盡量避免與佔領當局對抗，也不與巴解衝突。

80 年代初，隨着中東伊斯蘭復興運動的興起，被佔領土的伊斯蘭勢力日趨活躍，出現了一系列大大小小的針對以色列軍事當局的地下政治和軍事組織。1987 年，被佔領土上的蔬勒斯人打破了政治上的僵局，展開了如火如荼的民衆自發起義。亞辛在這種情況下，抓住時機，宣佈成立“哈馬斯”組織，積極介入起義，並公開聲稱它是穆斯林兄弟會的分支。自此之後，亞辛開始與巴解爭奪對整個運動的領導權，在被佔領土的政治生活中成爲一顆頗引人注目的新星。然而，亞辛的出格表現和鼓勵過激行動的做法使以色列當局無法容忍，1989 年亞辛遭到以色列當局的逮捕，兩年後他被判處無期徒刑。此後，哈馬斯運動在亞辛的後繼者，加沙伊斯蘭大學的教師阿卜杜拉·阿齊茲·蘭蒂西的領導下繼續展開轟轟烈烈的鬥爭。

哈馬斯的成員如今估計多達數萬人，並在被佔領土居民中擁有相當高的支持率。哈馬斯運動的成員並非都是虔誠的穆斯林。據分析，其中有眞正的穆斯林，也有因不滿巴解政治路線而轉向哈馬斯運動的，更多的成員主要是對以色列高壓政策感到不滿和憤怒。從哈馬斯成員的身份上看，他們主要來自社會中下層，其中許多人是青年，尤其是知識份子和大學生，但領導人均來自城鎮，且多半出身於中上階層，尤以經商者居多。

哈馬斯組織嚴密，紀律嚴明，制度嚴格。其組織機構一直保密，成員大體可分爲兩類。一類是政治人員，他們的身份對外公開，具體從事清眞寺的管理及學校、醫院等社會福利工作，任務是參加選舉、組織罷工和遊行示威。其基層組織是“家庭”，每個“家庭”有一家長，以及數名到十名以兄弟相稱的“家庭成員”。另一類是軍事人員，身份保密，其軍事組織爲“埃兹丁·喀薩姆支隊"，成員由基層領導控制，互不隸屬。哈馬斯還擁有一個極其秘密的情報機構"馬吉德"。主要任務是蒐集有關與以色列情報部門合作的巴勒斯坦人（所謂"巴奸"）的情況，它也擁有武器，有時還執行處死親巴解人士及襲擊以色列的任務。在對外關係上，哈馬斯與海灣國家和伊朗政府及約旦、埃及、蘇丹、阿爾及利亞和海灣國家的伊斯蘭組織有着密切的聯繫。

從 1987 年被佔領土起義開始，哈馬斯展開了反對以色列統治的武裝鬥爭，其勢力急劇增長。哈馬斯的反以活動主要有兩種形式，一種是組織被佔領土巴勒斯坦人進行反對以色列的遊行、示威、罷工等抗議活動；另一種就是開展武裝鬥爭，如伏擊以色列的軍車，製造爆炸事件，組織小規模突擊隊襲擊、綁架以色列軍警和在約旦河西岸與加沙地帶的猶太定居者等。儘管如此，這一時期的反以武裝鬥爭仍屬"低烈度"，並未對以色列軍事當局構成重大威脅。但到 1990 年耶路撒冷發生"聖殿山慘案"，21 名巴勒斯坦人被以色列軍警打死之後，哈馬斯的武裝鬥爭顯然進入了一個新的階段。它公開聲稱，"我們的鬥爭已成為伊斯蘭教與猶太教的戰鬥"，號召對猶太人進行"白刃戰"。哈馬斯此後展開的武裝活動日趨頻繁，規模逐步擴大，襲擊的目標也從以色列軍警和猶太人定居點發展到以色列國內的猶太人。這些武裝襲擊活動在以色列國內引起了普遍的恐懼和不安。

哈馬斯開展的另一活動是"肅清內奸"。所謂"內奸"是指與以色列合作的巴勒斯坦人。哈馬斯認為"任何（與以色列的）合作者都是叛教者，都將按真主的法律被處死"。據以色列當局統計，被哈馬斯處死的"叛教者"每年多達數百人。哈馬斯的這一活動有力地扭轉了巴勒斯坦的政治氛圍，使激進主義的潮流勢不可擋，而它的影響也在這個過程中得到了急劇膨脹。以色列政府一直為此視哈馬斯為眼中釘，稱其為"恐怖組織"。為了消除哈馬斯的威脅，以色列軍方採取了諸如驅逐、逮捕和分化瓦解，以及武裝鎮壓等一系列措施。但始終未能成功地控制哈馬斯的反以活動。

哈馬斯運動在思想淵源上，主要受埃及穆斯林兄弟會理論家賽義德·庫特卜和伊朗伊斯蘭原教旨主義宗教領袖霍梅尼的影響。這些影響比較集中地反映在 1988 年哈馬斯公開發表的有着 36 個條款的《哈馬斯憲章》中，以及哈馬斯領導人多次講話中。概括起來講，大體上有以下幾個方面的內容。

第一，以伊斯蘭教作爲最高指導原則。哈馬斯自稱是穆斯林兄弟會的分支機構，堅決反對世俗的民族主義、共產主義和資本主義，並將埃及穆斯林兄弟會的口號：＂眞主是它的最終目的，先知是它的榜樣，《古蘭經》是它的憲法，聖戰是它的道路，爲眞主而獻身是它最崇高的理想＂寫在自己的旗幟上，作爲行動的指導綱領。

第二，在整個巴勒斯坦建立一個伊斯蘭國家。消滅以色列憲章指出：巴勒斯坦土地是＂伊斯蘭的瓦克夫（神聖教產），任何阿拉伯國家、國王、或領導人……組織、巴勒斯坦或阿拉伯人都無權放棄它的任何部份＂。以色列的佔領是歷史上基督教與伊斯蘭教爭奪聖地的繼續，而奪回聖地的惟一辦法是聖戰，眞主讓猶太人聚集到這裡是爲了讓＂朝觀者純潔的手將猶太人屠殺在阿克薩的岩石上＂（阿克薩清眞寺爲耶路撒冷著名的清眞寺）。此後，穆斯林將在這塊土地上建立一個伊斯蘭國家。

第三，反對西方國家，反對阿以和談。哈馬斯認爲，以色列的建立是＂東西方強權者＂＂聯合起來反對伊斯蘭＂的陰謀，而西方的思想、政治及武力入侵是今天伊斯蘭衰落的根本原因。同樣，和談不是解決巴勒斯坦問題的途徑，只有靠武力，而所有關於中東和談的提議，方案和國際會議都不過是＂浪費時間和枉費心機＂，是對伊斯蘭的＂背叛＂。

第四，同巴解既聯合又鬥爭的方針。憲章指出，哈馬斯與巴解是"同一民族，遭受同一不幸，有同樣的命運，面臨同一敵人"，但要求後者放棄世俗主義，接受伊斯蘭國家。對於其他伊斯蘭組織，哈馬斯將"予以尊重"。

第五，否定民主和選舉。哈馬斯反對民主，認為它完全是西方概念，不適合於伊斯蘭社會。哈馬斯宣稱在伊斯蘭秩序下將禁止一切非伊斯蘭政黨。不過作為權宜之計，在建立伊斯蘭秩序前可以接受民主，因為"伊斯蘭在民主條件下比在獨裁條件下更能興盛"。

按照哈馬斯的政治綱領，我們可以看到，巴勒斯坦問題不存在着政治解決的可能，而阿拉法特及其領導的巴解也將失去任何存在的合法性。可以說，哈馬斯代表着一種和當前國際社會解決巴勒斯坦問題努力相左的一種潮流。如果它能在巴勒斯坦發揮自己的影響，那麼國際社會為中東地區和平所做的一切努力都是徒勞的。

三、哈馬斯與巴解

哈馬斯的存在及其反以活動不僅對以色列在巴勒斯坦的軍事佔領和統治構成了直接威脅，而且對巴解組織在被佔領土上的領導地位和威望也同樣形成了嚴峻挑戰。儘管巴解組織與哈馬斯在反對以色列的這個大方向上有某些共同之處，但如前所述，雙方在意識形態、鬥爭的目標和方式等問題上存在着重大分歧。巴解組織的指導思想是巴勒斯坦民族主義，目標是在被佔領土上建立一個世俗的巴勒斯坦民族國家；而哈馬斯的意識形態基礎是伊斯蘭教，目標是在整個巴勒斯坦建立一個伊斯蘭共和國。

在鬥爭方式上，巴解組織根據近年來國際形勢的變化和自身的處境，已放棄單純依靠武力的傳統方式，轉而走上了尋求政治解決巴勒斯坦問題的軌道。而哈馬斯則反對任何形式的和平談判，堅持以聖戰消滅以色列，解放巴勒斯坦。它聲稱，中東和會的任何協議對巴勒斯坦人都無約束力，並且一再抨擊和指責阿拉法特在巴勒斯坦問題上對以色列妥協退讓。哈馬斯在反對和平談判、反對政治解決巴勒斯坦問題上，成爲巴解組織很頭痛的對手。哈馬斯在海灣戰爭後多次聯合巴勒斯坦解放組織中的激進派別，公開發表聲明，要求巴解退出中東和談。1993 年，哈馬斯又與巴解組織中的主戰派聯合發出《第一號軍事聲明》，號召巴勒斯坦人"組成一條戰線"，以"游擊戰反對以色列軍事統治"。

巴以奧斯陸協議剛一通過，哈馬斯就發表聲明，指責"它包含危險的妥協，完全背離了巴勒斯坦民族的合法的標準，完全違反了巴解一系列會議所做出的路線決定"，協議是"對我們名譽的侮辱，是對我們的犧牲和多年鬥爭的否定，違背了我們對巴勒斯坦的歷史權利"。與此同時，哈馬斯積極行動，通過採取包括製造自殺事件在內的各種方式，干擾和阻撓業已啓動的中東和平進程。力主和談的以色列前總理、工黨領袖西蒙·佩雷斯之所以在以色列大選中敗北，它似乎在某種程度上或多或少地反映了這樣一個事實，即由於哈馬斯猖獗的襲擊行動，引起以色列人對自身安全的普遍不安和恐懼，致使許多人轉而倒向以色列強硬派利庫德集團。因此，應該說，佩雷斯的落選同哈馬斯的極端行動產生的負效應導致以色列右翼強硬派勢力上升不無關係。今天我們又看到在巴以和平初步協議草簽後，哈馬斯再次表示了自己對這個協議的蔑視和反對。一句話，哈馬斯運動使本已相當艱難的中東和平進程變得更加舉步維艱，撲朔迷離。

巴解組織和哈馬斯之間在上述問題上的分歧是原則性的。爲在巴勒斯坦爭取支持者和擴大自身影響，更重要的是爲了爭取自身存在的合法性和"代表權"，雙方不能不走上對抗的道路。哈馬斯開展的肅清內奸的活動，表面上是打擊以色列，但有一些卻在實際上是針對巴解組織的。正因爲如此，阿拉法特和巴解對來自哈馬斯的威脅不敢掉以輕心，盡自己所能地抑制哈馬斯運動的發展。在這樣一種背景下，雙方經常互相攻擊，從相互脣槍舌劍的爭論到大打出手一直到最後兵戎相見都已成為家常便飯。90年代巴解組織主流派法塔赫和哈馬斯的支持者在加沙和納布盧斯多次發生衝突，嚴重時，衝突造成的傷亡都高達上百人。

然而，哈馬斯和巴解組織雙方在開展這場近乎你死我活的鬥爭中也有各自的難處。這又在一定程度上限制了雙方矛盾的無止境發展。一方面，哈馬斯運動在某種程度上對巴解組織心存畏懼，尚不敢為所欲為。哈馬斯運動這幾年來儘管發展迅猛，得到來自國外伊斯蘭勢力和國內民眾的積極支持，手中也握有中東地區普遍高漲的伊斯蘭激進情緒這張牌，但是巴解組織畢竟是中東政治舞台上資格最老、鬥爭經驗最豐富的一支力量，巴解在30餘年的反以鬥爭歷史中已在被佔領土上建立了比較堅實的羣眾基礎，並得到國際社會的廣泛承認。不僅如此，巴解組織如今控制着巴勒斯坦全國委員會這一巴勒斯坦最高決策機構，控制着巴勒斯坦的國家機器，更重要的是它手中還擁有一支不是任何其他巴勒斯坦武裝組織所能抗衡的忠於阿拉法特的嫡系部隊。因此，哈馬斯在被佔領土上排擠和打擊巴解力量的同時，不敢過分明目張膽，總是注意在爭鬥中留有迴旋的餘地，避免與巴解組織徹底鬧翻而成為巴解全力鎮壓的對象。此外，哈馬斯運動也想借助巴解的力量和影響來獲得自己存在的合法性，因此一直在爭取巴解組織承認和支持。哈馬斯曾多次公開表示，願與巴解合作，並派出代表參加了巴解執委會擴大會議，共同研究和探討如何在反以鬥爭中消除分歧，建立信任，協調行動等問題；它還與法塔赫多次會談商議建立聯合委員會的問題，建立雙方之間的正式聯繫渠道等問題；最後它還向阿拉法特提出了爭取進入巴勒斯坦全國委員會領導機構的要求。

從另一方面來講，阿拉法特和巴解中央在處理與哈馬斯運動的關係上也感到十分的棘手。哈馬斯運動在一系列重大問題上和巴解中央的分歧都是原則性的，根本無法妥協的，這就在某種意義上，對於阿拉法特的領導權威與合法性地位提出了直接的挑戰。阿拉法特要推行自己的政治路線，使巴勒斯坦問題沿着和平談判、政治解決的方向獲得進展，就必須排除哈馬斯這個障礙。然而阿拉法特儘管表面上大權在握，但實際要徹底解決哈馬斯問題卻很難做到。

首先，阿拉法特在巴解中央和巴勒斯坦全國委員會中的地位本身並不是很穩固，他經常受到來自巴解組織內部派系的挑戰。巴解是一個由很多派系游擊隊在反對以色列這個大前提下組成的組織。這些游擊隊組織背景十分複雜，大多數都從其他阿拉伯國家或伊斯蘭國家獲得財政與後勤上的支持，有的甚至進一步成爲這些國家的利益代表。阿拉伯國家、伊斯蘭國家在對以色列戰和問題上的矛盾就這樣不可避免地會帶到巴解組織中來。正因爲如此，當阿拉法特在80年代開始意識到政治解決巴勒斯坦問題既不可避免，又存在着可行性並決定在這個方面進行嘗試後，就一直面臨激進的阿拉伯國家、伊斯蘭國家以及它在巴解組織中代言人的強烈反對。這種反對有時大到這樣的程度：阿拉法特不能不做出重大的原則性妥協，否則他就可能成爲少數而失去在巴解中央和巴勒斯坦全國委員會中的領導地位。這就不難理解，中東和平進程爲什麼在20來年的時間中那樣曲折艱難，阿拉法特爲什麼有時出爾反爾，不能維持自己的一貫立場。在這樣一種形勢下出現的"哈馬斯"挑戰，對阿拉法特來講是很兇險的。哈馬斯在對付阿拉法特問題上，實際有一個潛在的激進派聯盟，對哈馬斯採取任何行動都必須要有充分理由，否則激進的主戰派就會羣起而攻之，陷阿拉法特於不利地位。

其次，哈馬斯儘管在爭權奪利，但它所打出的反以大旗在很多阿拉伯人、巴勒斯坦人和穆斯林看來，是神聖的。這就使得哈馬斯在巴勒斯坦政治舞台上獲得了自己合法性。而阿拉法特走政治解決道路的弱點也就在這個方面：中東地區的很多人們從感情上尚無法接受和承認必須與猶太人共處這個現實，儘管他們在理性上也許已經意識到這一點。在中東地區人民還沒有完成這個情感上的轉向時，阿拉法特不能不在處理哈馬斯這個問題上慎之又慎，避免授人以柄。

再次，哈馬斯運動在巴勒斯坦這塊苦難的土地上有着自己的深厚基礎，得到了來自各個階層，尤其是廣大年輕人的支持。除此之外，哈馬斯運動還保持着自己與國際上的各種聯繫，得到勢力強大的穆斯林兄弟會以及伊朗等原教旨主義國家的大力支持。而其他一些激進的阿拉伯國家也把哈馬斯運動看成是可以向阿拉法特施加壓力的一個工具，因而有時也站在它後面助威。這一局面使阿拉法特也很被動，投鼠必須忌器。

綜上所述，我們可以看到，以哈馬斯運動爲代表的伊斯蘭原教旨主義在中東巴勒斯坦問題的解決上已經擁有了相當的發言權和影響力。它和代表着世俗主義、民族主義的溫和政治力量——巴解組織將有一個長期的較量過程。而最終的結局也許會取決於整個世界的發展變化大局，取決於中東地區的政治氣候變化，取決於巴勒斯坦人民能否找到克服自己經濟發展困境的良方。在某種意義上，哈馬斯運動和其他地區的伊斯蘭原教旨主義組織一樣，它們的存在和發展象徵着一個苦難和絕望的世界。只要這個世界還存在，那麼無論是地區問題還是世界範圍的問題都不可能得以真正地獲得最終解決。

第四章　當代伊斯蘭復興運動新進展

　　進入 1990 年代後，隨着海灣戰爭的爆發與冷戰的結束，以及一些伊斯蘭國家政治、經濟狀況的惡化，中東地區的伊斯蘭復興運動狂飆再起，伊斯蘭原教旨主義以更強勁的勢頭迅速蔓延，並在北非和馬格里布地區形成伊斯蘭復興運動的新中心，而阿爾及利亞"伊斯蘭拯救陣線"爲代表的伊斯蘭政治勢力的迅速崛起和發展及其引發的國內政局動蕩，則成爲這場運動的高潮，引起了國際社會的普遍關注。

第一節　圖拉比道路與蘇丹的"伊斯蘭實驗"

　　蘇丹作爲一個北非國家，有着悠久的歷史和文化，也有着自己不屈不撓反抗殖民主義侵略的光榮傳統。在戰後探索自身發展道路的過程中蘇丹表現出了相當積極的進取精神，而在伊斯蘭復興運動的大潮中，它又獨樹一幟，再一度顯示出自己的主動精神和創造力。蘇丹的伊斯蘭實驗雖然並不一定會成功，但它的嘗試卻爲整個伊斯蘭世界以及東方傳統社會現代化摸索提供了一種有益的經驗。

一、尼邁里與蘇丹邁向伊斯蘭的早期進程

蘇丹是一個較爲特殊的北非國家，它具有多民族、多部族、多宗敎、多敎派的特點。全國 260 萬居民分成 19 個民族，近 600 個部族，形成很多對立的種族集團，這些居民使用的方言多達 100 餘種。在人文地理上，蘇丹可以劃分成南北兩個部份，北部屬阿拉伯文化而南部屬黑非洲文化。北部包括六個省，約佔蘇丹總面積的 3/4，歷史上長期屬於阿拉伯伊斯蘭文化圈，其居民主要爲阿拉伯人，信仰伊斯蘭敎；南部蘇丹包括三個省，面積約佔全國的 1/4，居民以信仰基督敎和原始拜物敎爲主。由於這種文化上差異和分裂，蘇丹一直爲統一和民族認同問題而傷腦筋。佔主體地位的北方認定，只有伊斯蘭才能統一蘇丹，才能成爲統一的認同基礎。因此他們在蘇丹展開了一個伊斯蘭化運動。經過長期努力，蘇丹有 2/3 的人信奉了伊斯蘭敎，有 1/2 的人以阿拉伯語爲母語。然而，這一運動自始至終一直受到來自南方的抵制，南北之間在文化上的矛盾和裂痕始終很難消除。

由於存在着南北方認同問題上的差異，以及由此帶來的一系列經濟、政治和社會問題，獨立後的蘇丹政局一直不穩，政府更迭相當頻繁，社會經濟發展受到嚴重影響，1969 年尼邁里在共產黨支持下，發動了所謂的 “5·25” 革命，在議會裡獲得微弱多數，取得國家政權，並改國名爲 “蘇丹民主共和國”，情況才似有起色。尼邁里執政的前期，其政策富有他自己的特色。

一是仿效埃及納賽爾的做法，在蘇丹大力推行阿拉伯社會主義。尼邁里宣稱，社會主義意味着富裕和公正，蘇丹人民依靠它可以達到幸福和贏得尊嚴。據此，政府對種植園、大企業和銀行實行國有化，並開始實施五年計劃。到 70 年代中期國營和部份國營的企業已佔企業總數的 65％。高度集中的計劃經濟在最初階段使蘇丹原有的落後經濟面貌有了一個很大的改觀，國家的整體實力有所

增強。

二是改變政黨結構，加強集權傾向，逐步實行政治上的壟斷。蘇丹政治在歷史上實行多黨制，當時的國內政治受兩大教派影響甚大，“安薩派”以及“哈特米亞派”利用他們控制的“烏瑪黨”和“民族聯合黨”控制國會，左右政局。尼邁里上台後即解散了所有的政黨，對這兩大教派著重加以打擊，政府軍與安薩派信徒一度曾在阿巴島發生直接衝突。為了削弱大教派對於宗教、政治事務的壟斷，尼邁里鼓勵小教派組織的發展，而這些小教派組織的領袖往往更具原教旨主義傾向。1972 年，政府出面成立了“社會主義聯盟”，並規定它是國內“惟一合法的政治組織”。通過這一步，尼邁里基本上完成了對於政治權力的壟斷。

最後是對南方實行和解政策。這一政策可以被視為鞏固民族國家的一個重要步驟。1972 年 2 月，政府與南方代表達成亞的斯亞貝巴協議。協議規定南方實行自治，確認信仰自由以及蘇丹所具有的阿拉伯與非洲雙重屬性，承認英語為南方的官方語言和全國的外貿、科技用語，規定了實現南北經濟平等的中長期目標，同意接受南方人參軍服役。協議就南北雙方長期爭執的許多問題達成了妥協，有助於國內種族矛盾的緩和。回過頭來看，這一協議為蘇丹贏得了整整十多年和平發展期。

1971 年親蘇的共產黨在蘇丹發動了一場針對尼邁里的政變。尼邁里在平定這一場叛亂之後，開始改變自己過於激進的社會主義色彩。而經濟上遭受到的困難、獲取富有的海灣國家援助的需要以及埃及加快進行的對外開放戰略都進一步加快了這一進程。在這一逐步加強對外開放的時期中，社會伊斯蘭化的傾向也有所發展。尼邁里根據新的形勢，調整自己的政策，逐步打起“伊斯蘭”這張牌來獲取支持，鞏固自己的地位。1973 年，蘇丹通過的新憲法宣佈，“沙里阿”為國家立法的主要來源。到 1977 年政府正式成立了一個

委員會根據教法對現有法律進行逐項審查。同年，政府宣稱實施
"民族和解"政策，將安薩派領袖及"伊斯蘭憲章陣線"領袖均吸
收進政府。安薩派是傳統的宗教大教派，但正處於衰落過程中，而
"伊斯蘭憲章陣線"則是一個新興的伊斯蘭原教旨主義組織，它的
主要成份是日漸獨立的知識階層。隨着傳統宗教黨派的衰落，這個
新組織獲得了很快的發展，具有令人不可忽視的政治實力，因而受
到了政府的青睞和倚重。這樣我們看到，尼邁里和伊斯蘭憲章陣線
這兩者由於共同的利益而走到一起。

二、伊斯蘭原教旨主義的崛起

領導伊斯蘭憲章陣線的是哈桑·圖拉比，一個受過西方教育，
有着開闊視野的伊斯蘭原教旨主義知識份子。圖拉比 1932 年出生
於柯斯拉城的一個宗教法官家庭，早年曾接受傳統宗教教育和蘇菲
派神秘主義教育。1955 年畢業於喀土穆大學法學院，獲學士學位，
隨後又在英國的牛津大學獲法學碩士學位，在法國巴黎索本神學院
獲憲法學博士學位。60 年代中期回國後在喀土穆大學擔任講師。
在此期間，他建立了伊斯蘭原教旨主義組織——穆斯林兄弟會在蘇
丹的分部，並擔任穆斯林兄弟會總指導。後來他將兄弟會更名為蘇
丹"伊斯蘭憲章陣線"，自任主席。自那以後，圖拉比全心身投入
運動，謀求把蘇丹建成一個伊斯蘭國家。1969 年 5 月尼邁里上台
後，該陣線於 1970 年與安薩派在阿巴島聯合抵抗政府軍，圖拉比
因此被捕入獄，度過了七年鐵窗生涯。圖拉比的經歷造就了他獨特
的思想方式，他在長期的政治生活和監禁生涯中撰寫了大量著作，
其中主要有《伊斯蘭國家》、《伊斯蘭思想復興》、《伊斯蘭思潮的主
導性》等，系統闡述了他的一整套理論觀點，構築了他的伊斯蘭原
教旨主義理論體系。

圖拉比的伊斯蘭原教旨主義理論是指導他所領導的伊斯蘭憲章

陣線的綱領。該陣線在圖拉比理論的武裝下積極展開工作。它自己的組織方式上也很有特色，它在蘇丹各地區和居民點都設有秘書處和地方秘書處，組織結構極為嚴密。它借助自己設在各學院、大學、地區和居民點的秘書處發展成員，其方式採取單線聯繫，被發展的人只知道自己的直接領導和基層組織內的成員，組織形式帶有神秘色彩。發展對象以高中、大學畢業生、大學教授、高級知識份子、學者以及大商人、工廠和企業老闆、銀行家為主。這些成員文化水平高，活動能力強，富有煽動性，執行組織的方針政策時立場堅定。陣線十分重視對各級各類學校和大學學生聯合會的控制，並注重擴展在軍隊中的勢力，倡導尚武和聖戰。另一方面，它也緊抓經濟，曾得到一些伊斯蘭銀行的大筆資助，部份成員還在國內外開設了一大批工廠、企業，成為老闆，大商人和金融界頭面人物，逐步掌握了國家經濟命脈，並支配着國家經濟發展。因此，伊斯蘭憲章陣線實際上是一個集政治、宗教和經濟於一體的伊斯蘭原教旨主義組織。

1973 年和 1976 年該組織又策動了兩次民眾起義和軍事政變，但由於得不到其他政治力量的支持而均以失敗告終。自此之後，圖拉比的思想有了很大變化，他對兩大教派失去了信心，認為它們無能且不可靠，並決定與政府合作創建伊斯蘭國家。這為他和尼邁里的合作打下了基礎。1977 年，尼邁里邀請伊斯蘭憲章陣線加入政府，圖拉比獲釋出獄，被尼邁里任命為將軍，先後擔任了司法部長、總檢察長、社會主義聯盟政治局成員和總統外交事務助理等職。

然而，伊斯蘭化沒有給蘇丹帶來起色。進入 80 年代後，蘇丹經濟形勢惡化，被聯合國劃入最不發達國家之列，國家發展面臨危機。尼邁里為了擺脫經濟政治危機當時沒有別的選擇，因此只能和宗教原教旨主義勢力進一步加強合作關係，徹底靠攏伊斯蘭。1983

年，尼邁里不顧南北之間在民族、宗教和文化傳統等方面存在的差異和矛盾，斷然宣佈在蘇丹全國推行伊斯蘭化，實施伊斯蘭法，並準備建立一個政教合一的伊斯蘭國家。他發佈了禁酒令，規定婦女外出需着伊斯蘭服飾，禁止男女接觸，罪犯一律按伊斯蘭刑法處罰；在經濟領域，根據《古蘭經》禁止利息的規定，取消銀行利息，國家稅收改爲天課（伊斯蘭宗教稅，只徵收 2.3%）等。與此同時，尼邁里還向議會提交了一系列憲法修正案，內容包括建議他爲蘇丹的伊瑪目，並由他獨攬世俗和宗教大權。

然而，和尼邁里大力推進伊斯蘭化政策的主觀願望相反，所謂的"政教合一"並未起到鞏固自身政權的效果，反而引起很多人們的不滿和反對。北部的伊斯蘭組織領袖認爲他剝奪了他們的權力，開始和他離心離德；南方的非穆斯林黑人則完全拒絕接受伊斯蘭化，使一度緩和下來的南北矛盾再度激化。此後，蘇丹南部發現的石油進一步激化了雙方之間的矛盾關係，並最後引發了一場奪去100 多萬人生命的內戰。至此尼邁里的統治基礎遭到了嚴重破壞，他的政治生命顯然去日無多了。

圖拉比在蘇丹的伊斯蘭化運動中配合尼邁里發揮過重大作用。但鑒於尼邁里大勢已去，他便準備發動政變，再起爐竈，廢黜尼邁里，以達到伊陣（"蘇丹全國伊斯蘭陣線"的簡稱）單獨執政的目的。但因密謀暴露而於 1985 年 1 月被捕。同年 4 月，四面楚歌的尼邁里最終在全國一片討伐聲中被趕下台。圖拉比躲過了再遭長期囚禁的厄運。

1986 年，蘇丹舉行全國大選，伊斯蘭烏瑪黨獲勝，組成了以該黨領袖薩迪克、馬赫迪爲首，包括民主聯合黨的新政府。這兩大政黨在傳統上有兩大教派的背景，當時控制了國會中的大多數議席。新政府停止了尼邁里前階段所推行的伊斯蘭化進程，採取了比較溫和的內外政策。然而，由於國內政治氣候的變化，這兩黨內部的成員政治傾向已有很大變化。這兩黨推出的當選議員實際上是很多並非來自傳統上作為兩黨領袖的名門望族，而是出自尼邁里時期權勢日增的地方精英。這些地方精英所具有的原教旨主義傾向對兩黨的溫和領袖構成壓力。因而兩黨內部實際上由於政見不同而正在醞釀着分裂。新政權的統治基礎從一開始就不很穩固。

伊斯蘭憲章陣線此時已成為在野黨，不久它更名為"蘇丹全國伊斯蘭陣線"（簡稱伊陣），圖拉比任總書記。伊陣接納了國內伊斯蘭各種組織，並在其政治綱領中明確宣佈其奮鬥目標是要在蘇丹建立一個伊斯蘭政權，推行伊斯蘭法。伊陣當時的實力已非常強大，在社會生活中實際發揮的影響甚至要大於聯合的兩大政黨。在這種形勢下，政府當局迫於伊陣的壓力而未敢廢除尼邁里時期頒佈的伊斯蘭法，在對南方政策上也不敢貿然實行妥協政策。

1988 年，政府出於自身考慮主動邀請伊陣參政，並給予伊陣五名部長職位（後增至七名）。然而，出於對政府新的南方和解政策的反對，伊陣於 1989 年 3 月退出政府。政府在伊陣退出後顯得十分無力。同年 6 月 30 日，蘇丹的一位軍人，奧馬爾·哈桑·巴希爾中將發動軍事政變，推翻了馬赫迪政府，建立了軍政府。

巴希爾軍政府執政後，一度給人們帶來了希望。巴希爾曾向蘇丹國民許諾：結束南方戰爭，實現國家和平統一和挽救瀕於崩潰的蘇丹經濟。同時他還決心要在政治和外交諸方面有所建樹。但一年多過後，上述所有目標均告落空。在政治上陷於軟弱地位的巴希爾為了擺脫自己面臨的困境，也步尼邁里後塵再度撿起伊斯蘭這面旗幟。1990 年他在蘇丹獨立 35 週年之際發表講話，宣佈蘇丹要再度推行伊斯蘭化，伊斯蘭法將應用於行政管轄和民事訴訟，同時還將涉及金融和財政，將取消銀行利息等。巴希爾強調"遵照真主的意願和民眾的要求，我們應當立即實行伊斯蘭法，不得拖延。這已是勢在必行和無法抗拒的"。1991 年 3 月，蘇丹政府正式宣佈在北方各省實施伊斯蘭刑法。根據刑法，飲酒者、盜竊者將受到公開鞭打，對盜竊金額超過2,600蘇丹鎊（1美元＝4.5蘇丹鎊）者要砍手，已婚通姦者將用石頭砸死，而信奉異端邪說者則處以絞刑等。另一方面，蘇丹內外政策也開始顯露出濃厚的伊斯蘭色彩。蘇丹軍政權的新動向引起了國際社會的密切關注，美國等西方國家開始把蘇丹視爲繼伊朗之後又一個由伊斯蘭原教旨主義掌權的國家。

蘇丹軍政府之所以置尼邁里的教訓於不顧，決定向伊斯蘭原教旨主義傾斜和靠攏，顯然和當時世界和中東局勢的變化有關，當然也和蘇丹自身政局的需要有關。自80年代末開始遍及世界的自由化浪潮，經過多年高漲之後因面臨許多問題而低落下去；受到現代化挫折衝擊並感受到西方威脅的伊斯蘭世界開始了一輪新的反彈，這導致戰後中東地區伊斯蘭復興浪潮的再起。和70—80年代伊斯蘭潮集中於阿拉伯及海灣地區的特點不同，這一波反彈從區域上開始西移，在馬格里布地區形成氣候，阿爾及利亞伊斯蘭陣線在國會大選中幾乎奪取國家政權，突尼斯伊斯蘭原教旨主義者在國內攪得政局不寧，這種形勢爲蘇丹伊斯蘭原教旨主義勢力的崛起無疑提供了適宜的外部環境。

另一方面，蘇丹國內局勢更趨嚴峻。蘇丹自獨立後，雖然曾在尋求發展和現代化道路上進行過多種模式的嘗試，但實踐證明，無論是議會民主制、阿拉伯社會主義，還是軍人政權，均未能達到預期目標，蘇丹依然處於債台高築、民不聊生、內戰不息的窘境。巴希爾執政時，蘇丹外債已達130—140億美元之巨，通貨膨脹率爲80％，生產規模萎縮，生活必需品匱乏，並被國際金融組織定爲不宜再提供援助的國家。巴希爾上台後的治國政策既沒有使隱匿於蘇丹社會肌體內的各種危機出現明顯轉機，也沒有使蘇丹擺脫內外交困的局面。相反，由於受各種自然災害和政策失誤的影響，經濟每況愈下，以至於1991年成爲蘇丹自尼邁里政權以來經濟最困難的一年。其結果，蘇丹國民怨聲載道、不滿情緒遍佈城鄉。這就無怪乎一向在蘇丹社會中很有勢力的伊斯蘭教重新恢復對蘇丹大多數穆斯林的吸引力，許多穆斯林羣衆、特別是知識份子都把他們的各種美好願望和憧憬的實現寄託於伊斯蘭教復興。蘇丹國民心態的這一變化，自然為哈桑‧圖拉比及其領導下的蘇丹全國伊斯蘭陣線贏得廣大民衆支持，對蘇丹政治施加自己的影響提供了良機。

圖拉比及其領導的伊斯蘭陣線與巴希爾軍政府關係十分微妙。巴希爾政變上台後，曾將包括圖拉比在內的蘇丹所有政黨領導人拘捕起來。但半年後，圖拉比即獲釋出獄，並於 1991 年 5 月起擔任蘇丹“阿拉伯伊斯蘭人民會議”秘書長，實際上成為蘇丹伊斯蘭宗教界的領袖。而伊斯蘭陣線也是巴希爾上台後被公開取締的政黨之一。但有趣的是，巴希爾軍政府中大量的高級官員包括大量司局級以上官員、各部部長、主要民間團體負責人、軍隊高級軍官等，都是伊陣成員或親伊陣的人。伊陣成員甚至參與了作為巴希爾政權核心的救國革命指揮委員會。因此蘇丹的政治、經濟、軍事、文化、教育和宣傳等部門與伊陣實際上有着千絲萬縷的聯繫。而且有材料說明，巴希爾當年推翻馬赫迪政府的政變實際上是得到伊陣全力支持的，而巴希爾軍政府成立後所推行的一系列政策也是受到伊陣默認的。因為如此，有外界傳媒猜測，巴希爾與伊陣是一種聯合執政的關係。更極端的則說巴希爾政府不過是受伊陣幕後操縱的傀儡政權。蘇丹民衆間也有類似的說法流行，他們將伊陣同巴希爾政府的關係比喻為手與筆的關係，巴希爾政府是一支筆，伊陣是掌握這支筆的手。如此看來，軍政府和伊斯蘭陣線究竟是什麼關係外人還真難道清。不過有一點大概是明白的，那就是以巴希爾為代表的軍方離不開勢力強大的伊斯蘭陣線的支持，軍政府實際上成了伊陣的伊斯蘭政府。而圖拉比也正是憑藉了自己在民衆中的威望而成為蘇丹無可爭議的伊斯蘭精神領袖。正是圖拉比負責着對整個蘇丹進行伊斯蘭革命化改造的總計劃。人們常常把蘇丹的伊斯蘭實驗稱作“圖拉比道路”，這是不無理由的。

三、圖拉比和他的“伊斯蘭現代化”探索

作爲一個多年受西方教育的知識份子，爲什麼最後選擇了伊斯蘭道路，圖拉比對此有着他自己的解釋。在圖拉比看來，沒有其他任何東西能在蘇丹取代伊斯蘭而成爲一個民族國家得以凝聚的核心，成爲邁向現代化可資利用的資源。他說，“在其他國家，民族主義可能會成爲替代伊斯蘭的選擇，但如果我們想維持蘇丹的固有價值，創造性和獨立，惟一可以利用的民族主義就是伊斯蘭。伊斯蘭是惟一的現代性，是可以用來作爲我們民族今天的惟一旗幟。”因此圖拉比指出，他之所以轉向伊斯蘭是因爲如果沒有伊斯蘭，“蘇丹就沒有認同、就沒有方向”。在這個意義上可以說，圖拉比的選擇是在歷史經驗基礎上對伊斯蘭世界邁向現代化的一種新認識。正因爲如此，他始終將蘇丹原教旨主義新政權所開創的道路稱之爲“伊斯蘭實驗”，而沒有把它絕對化。

圖拉比不僅出於國情的要求將伊斯蘭這面旗幟高高舉起，而且還將新的內容帶進伊斯蘭教中，使它更符合我們這個時代的精神。在這個意義上圖拉比作爲一個伊斯蘭原教旨主義者來講，完全是個“新潮派”，而蘇丹作爲北非國家中惟一將伊斯蘭教義作爲自己政府制度的國家也不能和當年的伊朗相提並論。

圖拉比“新”原教旨主義的鮮明的特色，是他的伊斯蘭概念較爲開放和寬容。蘇丹的伊斯蘭實驗和埃及的原教旨主義相比顯得相當溫和，人們在蘇丹很少能看到很多埃及婦女戴的面紗。雖然夜生活和酒吧在喀土穆和其姐妹城歐杜曼街上消失了，但蘇丹人比其他阿拉伯國家居民顯得更輕鬆，他們的談話很少受當局的限制。對圖拉比的做法有人反對，有人贊同。但大多數蘇丹人認爲，圖拉比對

一個溫和的、非嚴厲的伊斯蘭的偏愛，會使伊斯蘭歷史發展中較多地保留蘇丹特殊的經驗。圖拉比自己甚至認爲他搞的"伊斯蘭實驗"不會和西方自由主義形成對抗。他許下諾言，"我們不提倡很嚴厲的伊斯蘭形式"。在圖拉比看來，以不寬容的狂熱追求伊斯蘭的寬容政策是不矛盾的。

和傳統的伊斯蘭原敎旨主義的確有很大的不同，圖拉比不主張建立一個包羅萬象，什麼都管起來的伊斯蘭政府。他講，伊斯蘭是一種總的生活方式，如果你把它縮小成一種政府，那麼這個政府就必須是全能的。而那就不是政府了。干涉個人的宗敎行動，比如祈禱、齋戒不是政府的事情，除非有對齋戒進行公開反對。圖拉比指出，政府不會把道德和法律問題混在一起。道德規範、個人良心固然都很重要，都屬於社會控制的一種手段，但它們完全是自律的，不能作硬性的規定或強求。他甚至強調，自由是大前提，知識份子對伊斯蘭的態度完全不會劃一也不可能劃一。他認爲伊斯蘭世界的某些人士對拉什迪採取的行動是不可接受的，他援引穆罕默德來爲自己說話，他說先知確實抨擊那些未來祈禱的人，但並未因此懲罰他們。圖拉比在這個基礎上進一步認爲，宗敎自由不僅適用非穆斯林，甚至也適用持不同觀點的穆斯林。他說，如果一個穆斯林早晨醒來說，他不再信仰什麼了，那是他個人的事情。人們在自由表達他對伊斯蘭的理解時決不能有什麼限制。

圖拉比關於道德、信仰和個人良心的觀點還延伸到了如何對待婦女、婦女衣着這一類伊斯蘭敎較爲敏感的問題上。圖拉比在這方面也語出驚人，保持着自己極爲獨立的看法。他認爲從他個人來講，他反對伊斯蘭敎所有涉及到婦女地位的正統敎規。他講，像衣着這類事情，的確有着婦女和男子應該如何這般的道德規定，但這不是法律，不能強求統一。圖拉比的這些觀點在伊斯蘭世界引起了重大的爭議，他受到很多原敎旨主義者的攻擊，後者認爲圖拉比受西方文化影響過深，實際上已處於叛教的邊緣。

圖拉比承認，"伊斯蘭實驗"在蘇丹由於受到經濟困難和陷於內戰這些條件的限制，在很多方面尚沒有接近自己的理想模式。政府很難完全按照憲法制度辦事，在很多情況下不得不依賴政府的控制。但他強調，蘇丹沒有忘記自己的使命和道路，正在盡一切努力爭取實現自己的理想。對於未來，圖拉比充滿了信心。他認為自己作為一個理想主義者，相信所有的穆斯林國家或快或慢都在朝着自己指出的那個方向發展，他相信伊斯蘭最終毫無疑問會贏得自己的勝利。

圖拉比的理論以伊斯蘭作為主題，兼容了西方的法治和自由精神，的確吸引了不少的穆斯林知識份子和一般民眾。然而和圖拉比的理論相比，蘇丹的伊斯蘭實踐似乎要來得更黯然一些。蘇丹伊斯蘭政府的所謂"寬容"精神體現得極為有限，它依然是一"全能"的政府，在政治、文化、宣傳、司法、教育以及社會生活各個領域中大力倡導和推行伊斯蘭化。與在國內加強伊斯蘭化相應，伊斯蘭政府還致力於加強和國際伊斯蘭力量的聯繫，努力擴大蘇丹在伊斯蘭世界中的作用和影響，爭取伊斯蘭世界對蘇丹"伊斯蘭實驗"的首肯。蘇丹為此召開了"阿拉伯伊斯蘭人民大會"，廣泛邀請伊斯蘭世界各國的宗教人士，原教旨主義組織代表出席會議。

蘇丹伊斯蘭政府為了確立自己的伊斯蘭形象，還不顧其他阿拉伯國家的反對，努力發展同伊朗這個什葉派神權政治國家的關係。在一段時間裡，兩國交往頻繁，並開創了蘇丹自1965年獨立以來首次邀請伊朗總統訪問蘇丹的先例。而伊朗總統拉夫桑賈尼1991年12月訪問蘇丹時，也兩次秘密會見圖拉比，表達了對蘇丹這位伊斯蘭精神領袖的尊敬和重視。通過這一次高峰會談，雙方就兩國的伊斯蘭化廣泛交換了意見，交流了經驗和做法，密切了雙邊關係。蘇丹和伊朗之間關係的發展多少加重了自身在國際社會和阿拉伯世界的孤立處境，至於蘇丹伊斯蘭政府採取秘密行動，爲阿拉伯各國的宗教極端份子提供庇護所，在自己境內爲宗教極端份子建立訓練營地，使蘇丹成爲輸出伊斯蘭革命、收容和培養原教旨主義者進行暴力活動的重要基地這些問題，更是進一步破壞了蘇丹的自身形象，導致它同鄰國以及西方國家關係的日漸惡化。

蘇丹伊斯蘭政府在處理南北問題上，雖然已有所退讓，將伊斯蘭法的推行只限於北部阿拉伯各省，同意南方三省有權自己制定相應的法律，但這一政策在南北之間長期激烈的內戰背景下已無法取得南方的滿意。這一所謂的退讓，同南蘇丹反政府力量"蘇丹人民解放運動"提出的在全國廢除伊斯蘭法、實行政教分離、建立穆斯林、基督教徒和拜物教徒和平共處、無種族歧視、統一的社會主義蘇丹的政治解決方案相比，顯然相距甚遠。因此，伊斯蘭政府也很難化解這一久已存在的民族和宗教矛盾。

對於蘇丹伊斯蘭政府來講，最大的問題也許在於它無法解決自己國內的發展困境。伊斯蘭之所以能在蘇丹崛起和得勢，是和它社會現代化發展的困境緊密相關的。伊斯蘭道路選擇的合理性和合法性最終也應該由這個發展困境的解決來證明。但實踐表明，蘇丹伊斯蘭政府在這方面無法交出一份令人滿意的答卷來。伊斯蘭政府雖然加強了社會生活中的規範和秩序，但整個社會經濟發展出現了倒退，人們的生活差距縮小了但卻更加艱難了。內戰的沉重包袱使人們不堪重負。時間一長，人們的早期伊斯蘭革命激情消失得無影無蹤，希望化爲失望，新的社會矛盾不斷湧現，不滿情緒暗中蔓延滋長，社會又步入了自己的結構不穩定階段。那些早年受伊斯蘭革命衝擊的政治勢力：如流亡國外的前軍隊領導人以及遭禁止的反對黨組織利用這種形勢相互串聯，積極開展反政府活動，圖謀東山再起。蘇丹政局又進入了一個新的不穩定時期。1995 年 9 月，由喀土穆的三所大學開始的大規模反政府示威，波及到瓦德邁達尼和蘇丹港；而軍隊內部在數年之中竟出現了四次未遂政變，這些都可以看成是蘇丹伊斯蘭政權不甚穩固的表徵。

面對危機四伏的嚴峻形勢，蘇丹人真有一種一籌莫展之感。戰後幾十年，從尼邁里到圖拉比、巴希爾在內的蘇丹歷屆政府都沒有找到任何能夠拯救蘇丹的靈丹妙藥。而每一次摸索的失敗，都很難避免向伊斯蘭回歸現象的出現。對一個穆斯林國家來說，這也許是相當自然的。因為它畢竟擁有伊斯蘭這樣一個可資利用的資源，能使高度動蕩、失範的社會較快地回到自己的穩定狀態。而且，依靠伊斯蘭來探尋一條既不同於東方也不同於西方，既不搞社會主義制度也不搞資本主義制度的獨特發展道路，重新點燃人們對新生活的渴望，從而達到救國安民、開拓未來的目的這種做法本身，至少在理論上也是完全能夠成立的。然而，我們看到，穆斯林國家每一次向伊斯蘭的回歸儘管都不無創意，都能生發出新的形式，都能使社會重新回到結構穩定狀態，但它在解決自己的經濟發展、民族矛盾等問題上卻總是顯得那樣笨拙，那樣無能。人們不僅要問，究竟是通向現代化的伊斯蘭形式還未被創造出來，還是伊斯蘭方案只配充當為新的一輪探索廓清地基、積累能量的角色？

這的確是蘇丹幾十年發展道路探索留給人們的困惑和思考。

第二節　阿爾及利亞伊斯蘭運動的勃興

阿爾及利亞是北非地區的一個大國，由於和法國有着很深的歷史淵源關係，受西方文化影響甚深。獨立後阿爾及利亞又經歷了一個黃金發展時期，因而一直被人們看好。然而意想不到的是，在經歷了 80 年代的艱難困苦之後，它會一下子背離自己的既往發展道路，突然迸發出空前的伊斯蘭原教旨主義激情。阿爾及利亞的突變使人們對伊斯蘭、對現代化的審視角度不能不產生某種新的變化。

一、阿爾及利亞的政治民主改革

阿爾及利亞於 1962 年擺脫法國殖民統治贏得獨立。當時的阿爾及利亞有着一個充滿希望的開端。和其他阿拉伯國家不一樣，他們的勝利來之不易。通過艱苦卓絕而又長期的戰鬥所贏得的勝利使他們內心充滿了其他阿拉伯世界所沒有的成就感。戰爭中阿爾及利亞還出現了一批受過教育的民族精英，這些人面對西方人能流利地講一口法語。該國土地肥沃，出產豐富，地下還儲藏着大量的石油與天然氣。除此之外，阿爾及利亞還繼承了法國在撤退時所留下的基礎設施。

獨立後的阿爾及利亞在本·貝拉和布邁丁領導下，執政黨民族解放陣線（簡稱民陣）仿效埃及的納賽爾，把發展"社會主義"作為指導方針。政治上實行中央集權的一黨統治，由民族解放陣線長期執政。在政治生活中，軍隊的作用和影響一直很明顯。在經濟上阿爾及利亞借鑒了當時的社會主義國家，建立了一套計劃經濟體制，走上了一條自己的發展之路。

從獨立到 80 年代初，阿爾及利亞依靠豐富的石油和天然氣資源，獲得了較多的國際資本的貸款，經濟獲得較快增長。尤其到 70 年代，世界石油價格暴漲，經濟收穫頗豐，經濟上獲得了迅猛的發展。人均國民生產產值最高時曾超過2,400 美元，與此相應，人民的生活水平有了很大的提高，社會生活比較穩定。在約 20 多年的這個階段中，阿爾及利亞的人口增加了近 2 倍。

但進入 80 年代後，阿爾及利亞的經濟形勢出現了嚴重的惡化。由於世界市場油價暴跌，作為產油國，國民收入主要來源的石油收入銳減。而在繁榮景氣中得到掩蓋的經濟結構和管理體制中存在的弊端也開始充分暴露出來。阿爾及利亞國民經濟陷入了空前危機，

1987 年和 1988 年連續兩年經濟出現負增長。由於人口激增和長期忽視農業發展，糧食供應出現嚴重短缺現象，一度有 80％以上的糧食需要依賴進口。為此國家每年耗資近 20 億美元，大大加重了自身的外債負擔。1988 年阿爾及利亞外債高達 250 億美元，超過當時國民生產總值的 1/3。為了緩解外債壓力，政府決定逐步放開物價，減少糧食補貼和取消消費品價格補貼。結果由此導致的生活必需品價格上漲達 100—400％，致使人民生活水平突然急劇下降。這樣的變化顯然大大超出了國民的心理承受能力。與此同時，高人口出生率和過度城市化所導致城市住房緊張，在經濟困難時期顯得更難容忍。而更為重要的是，失業率由 1984 年的 20％增加到了 1988 年的 25％。全國有 150 萬人的失業大軍，而青年人失業現象尤為嚴重。全國有將近一半的人口生活在貧困線以下。嚴重的經濟困難和人民生活水平的急劇下降，加劇了社會矛盾，人們的不滿情緒與日俱增。

社會經濟生活中存在的巨大不滿，往往會尋求一種政治上的表達，這在具有東方傳統色彩的國家中尤其如此。人民開始對社會政治體制、對長期的集權統治表示不滿，認為問題的根子也許在於社會政治生活中缺乏民主和自由。而阿爾及利亞官場的腐敗更是為這種政治不滿火上澆油。民族解放陣線執政多年來，官僚主義盛行，貪污腐敗現象日甚。據政府一位部長私下透露，多年來政府官員通過拿回扣和收受賄賂而侵吞的資財總額就可能達到 250 億美元，這筆錢相當於當時國家外債的總額。執政黨自身形象的欠佳加上它在對於國內社會經濟困境改變問題上所表現出來的無能，使執政黨及其所推行的世俗政策的感召力和政治權威急趨下降。情況正如阿賈米（Fouad·Ajami）所說，"整個世界從阿拉伯精英的手指縫中溜走。……一筆政治遺產已經丟失。"

執政黨的宗教政策多變，也給社會增加了某些分裂的因素。獨立後，阿爾及利亞從未認爲自己是特殊的伊斯蘭國家。推行世俗主義的政府和當時其他的阿拉伯國家一樣，在宗教政策上採取相當強硬的態度。本‧貝拉要求宗教信仰絕對服從社會主義原則。但到1965年布邁丁總統上台後，政府的宗教政策有所變化，開始推行一種"溫和的世俗主義"。布邁丁開始強調伊斯蘭教的作用，力主以伊斯蘭教和阿拉伯民族主義作爲消除殖民主義影響、發展民族文化、增進民族團結的重要手段，宣稱阿爾及利亞的社會主義是"眞主加革命"。爲此，國家對修建清眞寺和宗教學校給予了幫助，1975年清眞寺已增加到3,200餘座。1978年沙德利出任總統後，進一步提出了一種語言、一個宗教（伊斯蘭教）、一個民族的政策。布邁丁和沙德利的本意可能無非是想開發傳統資源，增強民族凝聚力而已。但實踐證明，宗教政策上的變化，給阿爾及利亞政策造成的麻煩遠大於它的收益。

政府對伊斯蘭教的讓步首先引起了執政黨內左翼的不滿，後者對代表軍方勢力的布邁丁及後來的沙德利政府日益明顯的集權傾向也頗有微詞。另一方面，在獨立運動中曾發揮過重要作用的伊斯蘭宗教勢力對政府的方針也心懷不滿，總覺得政策讓步不夠。到80年代，這種不滿隨着國內經濟形勢的惡化和國際上伊斯蘭復興運動影響的加強而發展，逐步形成獨立的伊斯蘭運動。領導這一運動的是穆斯林兄弟會。它猛烈抨擊政府的世俗化政策，極力控制學生組織的領導權，並進行了諸如禁止婦女前往海濱或游泳池、禁止西方電影和飲酒等運動。由於沙德利政府忙於對付左翼份子和黨內的反對派，對兄弟會的活動採取了寬容的態度。1982年，兄弟會在大學生機構的選舉中與其他派系的學生發生暴力衝突，政府出面彈壓，逮捕了30餘人。這一偶發事件不意引起伊斯蘭組織對政府的嚴重敵意，從而引發了上萬人的示威，形成了伊斯蘭組織與政府的正式對立。1985年8月，一些激進的伊斯蘭份子甚至搶劫了警官學校的武器，進入山區打游擊，爲此遭到政府軍的圍剿。

1988 年 10 月，形勢進一步惡化，長期積累的矛盾終於以一場全國範圍的反政府羣衆騷亂形式爆發了。這場騷亂波及到了 15 個省市，持續了一週之久，伊斯蘭組織積極參與了這場騷亂。騷亂中，成千上萬的羣衆上街遊行，砸商店、燒汽車、築街壘。政府最後不得不動用軍隊來平息騷亂，並宣佈全國處於緊急狀態。據報導，500 多人在這場騷亂中喪生。在這場自獨立以來規模最大的羣衆騷亂中，阿爾及爾工業區一個清眞寺裡的年輕阿訇，貝勒哈吉嶄露頭角，成了伊斯蘭運動的新領導人。貝勒哈吉主張就業、清除腐敗，更主要的是要"清洗"阿爾及利亞法律中與伊斯蘭教不符的條文。這場暴亂使他有了大批的追隨者，這些人雖然不一定都贊同伊斯蘭，但都因政府的大屠殺而投到他的麾下。

這場自獨立以來規模最大的羣衆騷亂是阿政治、經濟、社會各種危機交織的必然結果，它還影響到了沙德利總統繼續推行自己政策的信心。他最終決定在壓力下面後退，與來自左的和右的反對派實行妥協。不久他推出了一套政治民主化改革方案，以期用退讓的方式來挽救執政黨的地位，解決政府面臨的危機。

從歷史經驗總結的角度來講，民主的確是和某種程度的妥協分不開的。但是，在高壓下的退讓與妥協卻從來不是通向民主的成功之路。因爲它總是導致對主動妥協者的蔑視並誘使施壓方反復使用這一手段，直至取得壓倒性的勝利。在這個意義上，沙德利總統的退卻戰略似乎是災難性的。

1989 年 2 月政府公佈了旨在推進民主改革的新憲法。新憲法取消了民族解放陣線是"國家惟一政黨"的規定，賦予公民以言論自由及組織工會、罷工和組建"政治性社團"的權利。這意味着阿爾及利亞開始由一黨制向多黨制過渡。新憲法開放黨禁後，各種政治勢力抓住時機，迅速建黨。7 月新政黨法出台，各政黨紛紛登記，相繼獲得合法地位。截至 1990 年 6 月已有合法政黨 25 個，至 1991 年 1 月登記參加國民議會選舉的政黨達 36 個。阿爾及利亞的新憲法使反對黨很滿意，但它邁向民主的步伐如此之大，即便連當時的左翼民主派都懷疑是不是過急了一些。

然而，執政黨似乎並不擔心這一些問題，當時的民意測驗有利於執政黨（民意測驗結果表明，"民族解放陣線"會在選舉中穩操勝券）。於是，政府許諾將進行選舉：先進行地方議會選舉，再進行國會選舉。政府的盤算很好，以選舉來獲得合法性，由此來渡過統治危機。然而，阿爾及利亞的伊斯蘭運動沒有受民意測驗影響，它們為選舉而充分地動員了起來。當時的形勢很清楚，政府的水已經潑出，難以收回，一切都取決於民心向背了。

二、圍繞民主選舉的生死搏鬥

阿爾及利亞伊斯蘭政黨中最具影響力的是"伊斯蘭拯救陣線"。該組織是 90 年代最大的伊斯蘭原教旨主義組織，它的崛起、發展和對阿政局後來的演變產生了極為引人注目影響。伊斯蘭拯救陣線的領袖阿巴斯·邁達尼生於 1931 年，青少年時代受過傳統的伊斯蘭教育。後成為伊瑪目。1954 年因參加伊斯蘭秘密組織被捕，1963 年獲釋後滯留學校，曾獲哲學學士和教育學博士學位，後作為人文學教授任教阿爾及爾大學。70 年代中期又在英國倫敦大學獲教育學博士學位。1989 年 3 月，他創立伊斯蘭拯救陣線，任執行局主席。他吸收了早期伊斯蘭組織的教訓，主張伊陣通過民主憲政途徑掌政，建立伊斯蘭國家和社會制度。

擁有博士和伊瑪目這樣兩個頭銜的邁達尼是伊斯蘭拯救陣線中溫和派的代表。阿里·貝勒哈吉是該組織的第二號人物。他生於 1951 年，曾因從事反政府活動而於 1983—1987 年被監禁。作為阿爾及爾一個平民區清真寺伊瑪目的他，出名於 1988 年的暴亂。貝勒哈吉屬於伊斯蘭拯救陣線中的激進派。在一些令人嘆服的講道中，他鼓動不僅要建立一個伊斯蘭政權，而且還要展開"聖戰"，走武裝奪取政權的道路。在伊朗革命勝利的鼓舞下，貝勒哈吉確信阿爾及利亞的伊斯蘭運動離成功不會太遠，因此他為"伊斯蘭拯救陣線"規定的立場比其他領導人認可的更激進。而年齡較大又講究實際的邁達尼則多少充當限制其激進同僚的角色。

伊陣作為一個政黨有着自己明確的目標、綱領和策略，它提出了"以伊斯蘭全面取代一切引進的政治和社會意識形態"的政治目標，並制定了伊斯蘭的社會發展計劃。它以清真寺的禮拜堂為基地，進而擴展到學校、工廠和其他公共場所，從事演講、散發宣傳品、組織集會等宣傳活動。它猛烈抨擊民陣政府的官僚腐敗作風，大力宣傳在阿爾及利亞建立伊斯蘭國家和社會制度以取代現行政治體制的政治主張，以提倡伊斯蘭公正平等原則迎合人民迫切要求社會正義的心理，同時大搞社會救濟和社會服務活動。伊陣的這些活動有效地擴大了自身的影響，贏得了廣大羣眾，特別是社會中下層和青年人的積極支持。到 1990 年初，伊陣就有號稱 300 萬支持者和追隨者，骨幹力量達3,000 多人。除伊陣外，其他伊斯蘭政黨有伊斯蘭呼聲聯盟、伊斯蘭社會運動（即哈馬斯）、伊斯蘭復興運動、烏瑪運動和現代阿爾及利亞伊斯蘭運動等，這些政黨都較伊陣溫和。

正是在這樣一種形勢下，"伊斯蘭拯救陣線"與其他 60 多個政黨一起登記參加即將來臨的選舉。在世俗的政黨中，"民族解放陣線"財大氣粗、組織有力，最有希望。民族解放陣線的惟一的真正對手是伊斯蘭拯救陣線。今天回頭來看，這場形將到來的衝突清楚地反映了人們對世俗與宗教之間的選擇。但當時阿爾及利亞廣大選民初涉民主，都把"伊斯蘭拯救陣線"看作是對現狀的挑戰者，他們認為與令人厭惡的"民族解放陣線"進行較量似乎更刺激，更有意義，更具前景。

1990年6月，阿爾及利亞舉行獨立以來第一次多黨參加的自由地方議會選舉。結果伊陣在這次選舉中獲得驚人的勝利，而長期執政的民陣慘遭失敗。根據統計，伊陣獲54％的選票，贏得1,541個地方議會中的854個（佔55％）、48個省議會中的32個（佔66％）。而民陣僅獲28％的選票，贏得487個地方議會（佔32％）和14個省議會。伊陣首戰告捷，士氣大振，隨即提出舉行國民議會選舉，並得到其他政黨附和。沙德利宣佈國民議會選舉將於1991年前3個月內舉行。但由於海灣危機的爆發，選舉被推至1991年6月。

地方議會選舉給執政黨敲響了警鐘，爲了遏制伊斯蘭政治勢力的過度膨脹，1991年4月2日，議會通過選舉法修正案。修正案改一輪多數選舉制爲兩輪單一選舉制，並對代理投票數額加以限制，同時還限定競選場所。爲抗議政府這一“違憲、不公正、旨在使民陣保住政權”的做法，伊陣於5月25日在阿爾及爾發動總罷工，要求廢止這一修正案，並進一步提出總統選舉隨同國民議會選舉一並舉行。數以萬計支持伊陣的工人、學生、知識份子及市民參加了罷工、罷課和示威遊行，並與警察發生流血衝突，死傷達上百人。6月初，沙德利總統出動軍隊平息騷亂，宣佈全國處於緊急狀態，在首都實行戒嚴、並再度推遲國民議會選舉。由於警察逮捕了數百名伊斯蘭激進份子，伊陣要求釋放被捕者，示威活動有增無減。6月30日，軍隊以策劃反政府活動罪將邁達尼和貝勒哈吉逮捕，隨後兩天又圍捕了至少700人，從而使被捕的伊陣成員及支持者人數多達到2,500人。不久，政府還宣佈他們發現了“伊斯蘭拯救陣線”的武器庫。7月，邁達尼被判處12年徒刑。

伊陣儘管遭到沉重打擊，但在新任領袖卡迪爾·哈沙尼領導下，在得到獄中的邁達尼的支持的情況下，繼續展開了爭取合法競選執政的鬥爭。並最終迫使沙德利‧本傑迪德同意於 1991 年 12 月 26 日舉行國會第一輪選舉，之後三週再舉行第二輪選舉。伊斯蘭拯救陣線摩拳擦掌，躍躍欲試。

由於伊斯蘭各黨都決心在大選中見分曉，因而主動約束了自己的街頭行動，使秋季的競選出乎意料地平靜。眾多候選人有很好的機會在和平的集會上和有序的人羣前進行辯論。26 日的大選如期舉行。而選舉結果則大大超出民意測驗的預期，成了一邊倒的態勢。伊斯蘭拯救陣線在國會（共 430 個席位）第一輪 231 個席位的角逐中一舉奪得 188 席，民族解放陣線僅得 15 席。這樣一來，伊陣只需在預定於 1992 年 1 月舉行的第二輪選舉中再獲 28 席，即可以超過半數的議席控制國民議會，進而取代民陣成為執政黨，達到執掌政府權力的目的。

國民議會第一輪選舉的結果在阿爾及利亞國內外引起了強烈的反響。輿論普遍認為，伊陣肯定會在第二輪大選中獲勝。與阿爾及利亞有着密切聯繫的法國及其他西方國家對此也憂心忡忡，阿國內世俗政治力量和政論亦大為驚慌。沙德利總統最初還抱有幻想，想通過支持“伊斯蘭拯救陣線”執政以換得他對國防部和內政部的控制權。然而這一解決方案對軍方和“伊斯蘭拯救陣線”雙方來說都無法接受。為防止政權落入原教旨主義者手中，避免在北非出現一個伊朗式的神權政體，沙德利總統於 1992 年 1 月 11 日（第二輪選舉舉行的前 5 天）宣佈辭職。軍隊宣佈接管政權，成立安全委員會控制局勢。1 月 12 日，安全委員會宣佈第一輪選舉結果無效，並取消了第二輪選舉。1 月 14 日，阿軍方和政界磋商成立以民陣前政治局委員穆罕默德‧布迪亞夫將軍為首的五人最高國務委員會，代行總統職權，統管國家事務。史稱阿爾及利亞“一月政變”。

阿爾及利亞軍隊由於在獨立戰爭中的決定作用而一直在政治事務中保有重大影響。可以說，軍方 30 年來是“讓”民族解放陣線以政黨面目維持秩序，進行治理。現在，"民族解放陣線"既已失利，軍方也就不能不直接出面干預了。

伊陣不甘心勝利果實被剝奪，從 1 月 17 日開始利用穆斯林的主麻日多次舉行反政府的羣衆集會和示威遊行，並與軍警發生對峙，流血衝突蔓延到全國 10 餘個大、中城市。2 月 6 日，最高國務委員會頒佈爲期一年的緊急狀態法；3 月 4 日，又宣佈伊陣爲非法組織，勒令其解散，並大規模搜捕伊陣領導人和骨幹份子，拘押一切身穿象徵"伊斯蘭拯救陣線"身份的白色罩袍的人員。軍方還着手控制清眞寺，成批地更換原教旨主義阿訇們，切斷高音喇叭，禁止上街集會。幾週後，政府關閉了"伊斯蘭拯救陣線"的辦公場所，嚴禁其黨報發行，並撤換了伊陣 1990 年當選的市政府官員。至此，伊陣通過議會選舉等合法渠道實現建立伊斯蘭國家的道路被堵死。

"一月政變"的道義性質在阿爾及利亞內外都有爭議。雖然沒有人爲它的合法性辯護，但它的擁護者們認定，是軍隊挽狂瀾於即倒，拯救了阿爾及利亞。他們引用伊斯蘭頭面人物的言論作證，指出伊斯蘭運動一旦勝利，絕不會同意再進行一場有可能使到手權力喪失的選舉。他們認爲，內戰的暴力非軍方所願，而是伊斯蘭運動內在的狂熱強加給它的。這些認識可能有一定道理，但任何對阿爾及利亞伊斯蘭拯救陣線有所瞭解的人都知道，該組織從最初創立開始，就一直沒有過一個始終如一的意識形態和政治戰略。

三、"伊斯蘭拯救陣線"的政治、武裝鬥爭

獨立戰爭之前，阿爾及利亞的伊斯蘭教在宗教上溫和，在政治上合乎反殖民主義主流。實際上，伊斯蘭教徒在戰時領導層中已佔有一席之地。但戰後當政府成爲納賽爾式的民族世俗政府時，伊斯蘭教徒便只能拉開與國家的距離，轉而成爲政府的對手。和整個中

東地區的伊斯蘭運動一樣，它的意識形態隨着形勢的惡化而愈原教旨主義化，而它的戰略也更趨暴力化。

直至 70 年代，阿爾及利亞的清真寺大都在好鬥的阿訇控制下。該運動的大多數人都自稱爲"沙拉菲"，這個稱呼意味他們對經訓的絕對遵從。他們認爲，伊斯蘭國家應該由"沙里阿"來統治。"沙拉菲"往往都是中下階層，尤其是沒有根基的失業青年。1979年，當霍梅尼的力量在伊朗獲勝時，"沙拉菲"找到了一個不僅進行革命而且建立了神權政府的榜樣，這可以說是霍梅尼給阿爾及利亞"伊斯蘭拯救陣線"的遺產。

然而來自前獨立時代的伊斯蘭溫和遺產並未消失。它在運動內部的繼承者便是所謂的"賈扎拉"，他們承認自己和阿爾及利亞民族主義之間的聯繫。作爲受過高等教育、頗具精英色彩的"賈扎拉"贊成在對經訓作當代解釋的基礎上建立一個現代伊斯蘭國家。在"賈扎拉"少數派和氣勢奪人的"沙拉菲"之間存在着當今遍佈伊斯蘭世界的現代派和原教旨主義派的對峙。

"伊斯蘭拯救陣線"內部還有被稱爲"聖戰鬥士"的第三派。"聖戰鬥士"並非"伊斯蘭拯救陣線"的嫡系，貝勒哈吉雖不是其成員，但一直很同情它，而邁達尼對之則有一種畏懼感。"伊斯蘭拯救陣線"許多受尊崇的阿訇對這種由他們自己培植出來的好鬥行爲束手無策。"聖戰鬥士"沉迷於行動而不是意識形態，他們繼承了反法戰爭的殘忍，認爲只有通過武裝鬥爭，伊斯蘭國家才能得以實現。

這一勢力的緣起可追溯到 1982 年。當時，一位名叫 M. 鮑亞里的抗法游擊戰士發起了一場反"民族解放陣線"和"邪惡國家"的暴亂。他夥同一小撮視他爲伊斯蘭羅賓漢的同黨，劫持了一些重要的政治反對派人物。結果，他被軍方於 1987 年 2 月在阿爾及爾城郊的一次伏擊中擊斃。軍方在此後的幾個月裡逮捕和處決了他的大部份同黨。然而，鮑亞里的影響並沒有真正消失，他留給了政治伊斯蘭一份暴力的遺產。在"一月政變"之後，他的追隨者和獲釋出獄的同志一起，重建了自己的隊伍。他們在"阿富汗人"（在阿富汗與蘇軍作過戰的阿爾及利亞人）中徵召和補充新兵。據傳，這些"阿富汗人"造就了"聖戰鬥士"的歹毒手段。

"聖戰鬥士"對暴力的過度偏愛使邁達尼感到不安，他指示，"伊斯蘭拯救陣線"要盡可能地將"聖戰鬥士"置於自己控制之下。但"聖戰鬥士"並不願意接受這種控制，反過來奚落"伊斯蘭拯救陣線"寧要選舉，不要聖戰。沒有證據表明，鬆散地組織成"伊斯蘭武裝小組"的鮑亞里追隨者曾接受"伊斯蘭拯救陣線"的指令。"伊斯蘭武裝小組"處處走極端，當暴力到處肆虐時，他們在公眾心目中取代了"伊斯蘭拯救陣線"。借助於電視與新聞，他們強化了伊斯蘭運動的暴力形象。

政府安全部隊以大搜捕和施酷刑來對付青年伊斯蘭份子，削弱"聖戰鬥士"。這種方略多少有點奏效，但它也導致了年輕人大規模背離世俗社會。具有諷刺意味的是，"聖戰鬥士"反而成了他們惟一的庇護所。

大多數"聖戰鬥士"由於過強的意識形態色彩而明顯地傾向於狹隘的極端主義。他們在反對世俗國家的同時，還公然宣稱反對女權，反對知識份子和反對外國人。而有一些"聖戰鬥士"只不過是犯罪團夥，他們以伊斯蘭教為掩護，進行搶劫、綁架和勒索。政府認為，這夥人大多是罪犯。

這樣我們就看到，阿爾及利亞在軍人干政以後，伊斯蘭拯救陣線被迫從公開轉入地下，內部分裂為主張與當局對話的溫和派和與當局武裝對抗的極端派。伊陣內部的極端派又與國民議會選舉被中止後迅速崛起的伊斯蘭武裝暴力組織聯合起來，走上了武裝抗爭的道路。這就使形勢顯得更為複雜。

自 1992 年 2 月阿爾及利亞實行緊急狀態法以來，伊陣極端派與其他伊斯蘭武裝暴力組織開始在全國各地進行恐怖和暴力活動。1992 年暗殺警察、軍人和偷襲兵營、治安哨所、搶劫槍支彈藥、爆炸破壞等事件頻頻發生，甚至最高國務委員會主席布迪亞夫也在 6 月份遭恐怖份子暗殺。最高國務委員會則盡全力對恐怖份子進行嚴厲鎮壓。1993 年 2 月，最高國務委員會又宣佈緊急狀態無限期延長。伊斯蘭極端勢力則以實際行動報以顏色，恐怖活動愈發猖獗。它們從暗殺高級軍政官員到文化和教育界的著名人士，甚至殃及無辜，並將矛頭對準外國人。對此，政府軍隊只能採取無情鎮壓手段，成立反恐怖委員會，對首都郊區進行清剿。致使伊斯蘭極端勢力同現政權的對抗加劇，阿政局實際上處於"准內戰狀態"。

四、苦覓出路的阿爾及利亞

1994 年，阿當局被迫召開全國協商會議，推舉前任文職國防部長利亞米納·澤魯阿勒出任總統，在 3 年過渡期內執政。他上台後，一方面繼續鎮壓伊斯蘭原教旨主義者及其暴力恐怖活動，另一方面努力尋求同各派政治勢力進行協商與對話，並親自到獄中與伊陣領袖談判。澤魯阿勒執政之初，暴力恐怖活動更趨活躍並呈擴展趨勢，國家政治經濟生活無法正常進行，社會秩序混亂，人民生命缺乏保障，不少本國和外國工商業者及技術人員紛紛出走。在這種形勢下，民眾採用各種形式呼籲政府採取有效措施恢復社會穩定，要求它同包括伊陣在內的反對派對話，和平解決衝突。但伊陣堅持其無條件釋放所有政治犯、恢復其合法地位、重新大選、推翻現政權、最終建立伊斯蘭國家的強硬立場，並繼續進行恐怖活動，從而在民眾中威信每況愈下。同時，政府的嚴厲打擊使極端組織的力量大大削弱。

澤魯阿勒總統行伍出身，50 多歲當上將軍。當軍方選他替代執政的"最高國家委員會"時，他在忠誠與能力方面被認為勝人一籌。他願和"伊斯蘭拯救陣線"尋找一個解決方案，並倡導"不排斥任何人"的對話。8月份，獄中的伊陣領導人邁達尼同意澤魯阿勒的停火建議；一個月後，邁達尼和貝勒哈吉由監禁改為軟禁。

11月份，阿爾及利亞各政黨在羅馬展開一場和平對話，商議結束戰爭和敵對的計劃。阿爾及利亞政府也收到邀請，但它拒絕出席。羅馬會議的出席者代表了在1991年議會選舉中獲得超過80%選票的政黨。這也是"伊斯蘭拯救陣線"第一次同意和阿爾及利亞非宗教組織坐在一起進行對話，在此之前，伊斯蘭運動從來沒有表明如此明確的折衷意願。邁達尼和貝勒哈吉在獄中支持這次會議，貝勒哈吉宣稱如果該和平組織能和政府對話，他將擔保"聖戰鬥士"接受約束。

羅馬方案於1995年1月由各個政黨簽署，世俗黨派聯同"伊斯蘭拯救陣線"確認了1954年阿爾及利亞解放戰爭宣言中提出的"開明伊斯蘭"的原則。"伊斯蘭拯救陣線"作出了重大讓步，同意放棄恢復1991年的選舉結果，同意不再以阿爾及利亞合法政府自居，不再堅持自己有進行武裝鬥爭的權利。最後，它還接受輪流執政原則，即如果它在競選中失敗，它將和其他政黨一樣，成為和平的反對派。

羅馬的和解方案無疑只是建議而不具約束力，它是作為阿爾及利亞所有政黨為結束內戰而開始對話的方案。許多阿爾及利亞人對該計劃寄予厚望。然而澤魯阿勒總統對方案採取了極為消極的態度，他藉口梵蒂岡教廷的支持，稱方案是十字軍運動的再現。不過人們猜測，澤魯阿勒的敵意可能與方案所提出的軍隊不干政要求有關。澤魯阿勒是軍隊的代理人，不能容忍對軍隊權力的這種剝奪。羅馬條約簽署兩週後，澤魯阿勒再度將邁達尼和貝勒哈吉關進監獄。澤魯阿勒總統計劃按照自己的方式治理國家。

1995 年 6 月，澤魯阿勒宣佈"透明、自由、民主與主權"的總統選舉將於 11 月的第一週舉行。這時仍然作爲非法政黨的"伊斯蘭拯救陣線"夥同參加羅馬會議的政黨聯合抵制大選。除了澤魯阿勒外，候選人包括一個溫和的阿訇和兩個非宗教的無名政界人士。他們都沒有提出通過政治途徑解決戰爭的要求。"聖戰鬥士"沒有作重大努力來打斷選舉。競選順利進行，被許多觀察員認可的選舉也公正地舉行。

　　選舉結果對當局來說比預期的更有利：澤魯阿勒記贏得了 61％的選票。同樣有意思的是，75％的選民無視各政黨的聯合抵制運動，參與了投票選舉，從而使投票棄權率低於"伊斯蘭拯救陣線"大獲全勝的 1991 年選舉。這個數字表明了阿爾及利亞人否定了早在四年前給予"伊斯蘭拯救陣線"的巨大支持。這次選舉可以看做是阿爾及利亞人對革命激情的抛棄。但另一種解釋也可能是正確的：疲於戰爭的老百姓現在只要求暴力的結束，而澤魯阿勒似乎較能滿足這一要求。

　　當然，澤魯阿勒勝選的原因可能和經濟情況好轉也不無關係。澤魯阿勒上台後，進行了內容廣泛的經濟改革，包括調整結構，對國營企業進行改造，對部份國營企業、旅遊業和商業實行私有化，鼓勵私人經濟發展。同時，政府開始與國際貨幣基金組織、巴黎俱樂部、世界銀行、歐洲聯盟等債主進行談判，爭取西方重新安排債務和提供新的經濟援助。上述措施取得明顯的成效，經濟停止滑坡，通貨膨脹率和預算赤字都有所下降，市場供應和人民生活也逐步改善。此外，政府得到了西方國家的支持，法國希拉克政府向軍政府提供 10 多億美元的援助，這些外援有助於阿經濟的恢復。

　　選舉獲勝後，澤魯阿勒明顯地不理睬"伊斯蘭拯救陣線"，他邀請其他政治力量討論阿爾及利亞的未來，只有一個參與羅馬會議的黨支持"伊斯蘭拯救陣線"，拒絕了澤魯阿勒的邀請。這樣澤魯阿勒就把和平談判的旗幟抓到了自己手裡。

1996年澤魯阿勒提議通過一套憲法修正案重建立法議會。修正案沒有明令禁止伊斯蘭政黨，但禁止為政治目的而利用宗教。議會將設立一個由總統任命的上議院，而它再賦予總統按總統令進行治理的廣泛權力。修正案實際上認可了澤魯阿勒不受約束的統治權。其意圖顯然是要防止任何伊斯蘭政黨像"伊斯蘭拯救陣線"在1991—1992年那樣接近權力。

阿爾及利亞人在1996年11月對修正案進行了投票，據政府公佈的數字，超過85％的人投了贊成票。官方投票記錄為1,270萬張選票，這一支持率遠遠超過了上一年的總統選舉。但由於外界觀察員未被允許監督選舉，很多人對政府的統計數字表示懷疑。而更多的人認識到，澤魯阿勒提供給人們的只不過是民主的外表，其憲法只是確保總統代表軍隊合法擁有治理阿爾及利亞的最終發言權。澤魯阿勒總統接着在1997年夏季又組織了一場選舉運動，選出了一個新的國會。正如人們所意料的，執政黨及其同盟獲得了相當可觀的多數席位。國會選舉的成功使澤魯阿勒總統充滿了自信，不久他釋放了邁達尼，他似乎認為內戰已經結束。的確，澤魯阿勒在1997年的選舉中完成了阿爾及利亞總統權力、憲法和議會的重新結合，在"一月政變"中對合法性的損害表面上已經得以修復，澤魯阿勒可以貌似合理地聲稱自己的合法性了。這種合法性也是包括美國在內的外國政府所願意接受的。

就在澤魯阿勒將伊斯蘭敵對勢力排擠出局的政治秩序漸為人們接受，他的安全部隊也贏得了對最兇狠的"伊斯蘭武裝小組"的軍事勝利，擊斃該集團頭目 A. 佐布里，內戰似乎有跡象行將結束之時，武裝的伊斯蘭極端勢力發動了猛烈的反撲。使1997年夏季在6年內戰中成為最血腥的夏季。到秋季，邁達尼宣佈他的"伊斯蘭拯救陣線"無意服從澤魯阿勒的政治規則。這使他再次被捕。屬於邁達尼政黨外圍力量的伊斯蘭救世軍單方面宣佈的停火協議也宣告結束。同時，"伊斯蘭武裝小組"也脫離了伊斯蘭組織的政治領導單獨行事，在全國範圍內進行野蠻殘忍的攻擊。他們利用夜間在鄉村、邊境和首都到處製造血案，有時甚至不放過婦女、小孩以及老人。和平的前景一片暗淡。人們對政府軍喪失了信心。它既未能控制住"伊斯蘭武裝小組"，也未能控制住叛軍及地方民兵武裝。有時究竟誰在殺人沒有人能夠說得清楚。這種暴力的形式使人想起阿爾及利亞 1954—1962 年的反法獨立戰爭。當時農民無動於衷，爲了懲罰這種冷漠，衝突雙方都殘酷地殺害無辜者。今天的阿爾及利亞，誰殺人不是問題的關鍵，最要緊的是國家無力制止殺人。近 6 年的衝突與 6 萬人的死亡使阿爾及利亞人感到厭煩、絕望、疲憊不堪。具有各種政治信仰的阿爾及利亞人都希望能夠減少流血。現在對阿爾及利亞人來講最大的問題已不是什麼信仰的問題，而是究竟誰有能力來結束這種混亂局面的問題。

政府既不能恢復穩定的安全秩序，又未能向公衆說清阿爾及利亞最新面臨的經濟窘困原因。事情似乎又進入了新的一輪循環：政府無力解決飢餓與普遍的失業問題，人口的暴漲使公共設施和生活必需品嚴重匱乏，而這些東西的分配又完全在腐敗和不稱職的背景下進行，社會不公蠶食着公共道德，蠶食着政府的權威和合法性。導致 1992 年 1 月的軍事政變並觸發了內戰民衆信任度問題再一次擺在現政府面前。這些問題顯然不是伊斯蘭直接製造的，但這些問題不解決，就給伊斯蘭原教旨主義的生長提供了一塊沃土。

戰爭雖然發生在阿爾及利亞，但問題並不限於此。追求現代化的世俗政府在阿拉伯世界普遍遭到了失敗。與其他地方一樣，在阿爾及利亞，具有強烈原教旨主義傾向的伊斯蘭運動是惟一的一個組織良好，反對社會極度無序化的組織。很多阿拉伯人擔心，長期的不穩定可能使阿爾及利亞戰爭會成爲通向一場浩劫的路標，在這場浩劫中，伊斯蘭將合力戰勝製造極度無序和混亂的"現代化"。人們還想知道，阿爾及利亞的流血事件是否也是等待着埃及與突尼斯的厄運？這兩個地方的清眞寺與世俗政府早已發生了暴力衝突。叙利亞也會遭此厄運嗎？那裡的伊斯蘭教徒對政府的深仇大恨掩蓋在平靜的外表下面。土耳其雖然不屬阿拉伯，那裡穩定的世俗統治已有75年，但伊斯蘭運動也此起彼伏。甚至在由仁慈君主統治的約旦和摩洛哥這樣和平的國家裡，伊斯蘭教徒也在等待下一次能對社會起破壞作用的戰爭、饑饉等的到來，以推動伊斯蘭運動。

大多數人們實際上並不認爲伊斯蘭是良藥，也知道虔誠與祈禱解決不了社會長遠的發展問題，但人們在無奈之中又不能不求助於它。儘管伊斯蘭運動有着不同的個性，面臨許多新的困難，但蘇丹與伊朗的革命表明，它們解決了困擾着伊斯蘭世界的一個大問題，即推翻極度腐敗和無序的世俗政府，提供了一種比較穩定的社會秩序和統一的思想信仰。實現現代化發展的確是該地區幾代精英和民衆的共同願望，但深受"現代化磨難"之苦的民衆實在因不堪重負而只能轉向伊斯蘭。

第三節　土耳其伊斯蘭精神的復活

土耳其自20年代抛棄奧斯曼這一沉重的歷史包袱，以世俗主義和民族主義爲指引，在社會經濟、政治和文化建設方面取得了重大成功，成爲伊斯蘭世界現代化改革的典範。凱末爾1938年去世後，他的一位德高望重的戰友，伊涅紐繼承並發展了凱末爾開創的事業，逐步把土耳其政治引上民主軌道，完成了從一黨制到多黨制的轉變。1950年民主黨擊敗打下江山並執政了20多年的共和人民黨，登上權力寶座，而伊涅紐則下台成爲反對黨領袖，這成爲土耳其政治民主化成就的一個標誌。雖然土耳其的民主政治在自己的發展過程中也遇到種種問題，並於 1960 年、1971 年和 1980 年三度遭到軍隊的短期干預，但總的來說，它逐步走上了軌道。對土耳其素有研究，著有《現代土耳其興起》一書的劉易斯在 1993 年考察了"伊斯蘭聯盟"的 41 個國家後發現，只有土耳其一個國家能稱得上是西方意義上的民主國家，劉易斯爲此對土耳其的民主前景表示了謹慎的樂觀：

"土耳其在自己的歷史進程中曾兩度成爲他國效法的榜樣：在奧斯曼時期的伊斯蘭軍事帝國，凱末爾時期的世俗愛國主義。如果土耳其今天能在不失去自身特點和身份的情況創造一個自由經濟、開放社會和自由民主的政策，那麼，它就會再一次成爲其他許多國家的榜樣。"

然而，正是這個有可能成爲"其他許多國家的榜樣"的土耳其僅在幾年之中就爆出了大新聞。1995 年，土耳其伊斯蘭原教旨主義政黨繁榮黨在大選中奪得了 21.3% 的選票，一舉成爲國會中的第一大黨。1996 年 5 月，繁榮黨終於組成聯合政府，其領袖埃爾巴坎出任總理。人們不無驚訝地發現，民主政治運行了近半個世紀，竟然最終和凱末爾開創的世俗主義和民族主義原則"撞車"了！繁榮黨政府雖然執政一年後在一場"軟政變"中被趕下台，但伊斯蘭在土耳其這一"世俗化堡壘"中的強勁復興引起的震驚和疑問卻一直縈繞在人們的腦海中。

一、通向伊斯蘭復興的道路

1923 年土耳其共和體制建立後，政治改革的重點即在於推翻伊斯蘭在社會生活和決策方面的主導權。這方面的改革包括 1929 年修改憲法，廢除原憲法中規定伊斯蘭爲國教的條款。從 1933 年到 40 年代後期，小學裡的宗教課程被取消了。從 1934 年到 1947

年，到麥加參加朝聖被禁止。1925 年推廣西式的服裝和帽子，1934 年人們都必須在名字後冠以姓氏。1928 年後，教育中採用了西方的科學術語，並以拉丁字母取代了阿拉伯字母。20 年代中期，休息日從穆斯林習慣的星期五改爲西方通用的星期天。1925 年，伊斯蘭紀年被廢止，公元紀年成爲惟一的曆法。1926 年採用了瑞士的民法，意大利的刑法和德國的商法。1930 年，婦女獲得選舉權。土耳其依靠大衆傳媒、教育、升旗儀式、國歌、國慶節的慶典遊行、非宗教節日等方法，力圖把社會化的公民培養成具有愛國精神的世俗共和國的公民，而不是穆斯林社團中虔誠的信徒。世俗化進程在土耳其取得了重大成功，人們對宗教團體的支持大大減少，而那些有影響的宗教組織立場也不斷溫和化，人們看到，這些宗教團體對世俗民族國家的威脅越來越小。世俗化改革還對人們的身份認同產生了強烈的影響。60 年代人們在回答"你認爲自己身份是……"的調查時，大約有 50％回答爲"土耳其人"。回答"穆斯林"的約 37％。這就表明，民族主義作爲土耳其人身份認同對象顯然超過了宗教。

然而在世俗民族主義文化逐漸佔據主導地位的情況下，重新強調伊斯蘭價值觀的做法卻隨着多黨政治體制的採納而開始悄悄進行。40 年代後期，作爲反對黨的民主黨和國家黨爲了抗衡強大的執政黨共和人民黨，注意利用廣大農民所具有的傳統宗教傾向，圍繞着宗教自由問題做文章，給推行世俗主義政策的執政黨出難題。執政的共和人民黨的世俗化政策雖然在城市中得到了普遍的擁護，但在農村卻受到相當的阻力。考慮到城市和廣大的農村相比只不過是一些孤島，共和人民黨不敢對在野黨的挑戰掉以輕心。結果共和人民黨在 40 年代末，在宗教政策上作了重大調整和讓步，同意在初中開設宗教選修課，並在安卡拉大學建立神學學院。人們看到，這和政府早年大力推行的世俗化政策形成了一個鮮明的反差。

然而政府的後衛戰沒有能成功，民主黨 1950 年依靠農民的支持成功地取代了共和人民黨成爲執政黨。自凱末爾起一直受到忽視的農村力量利用民主顯示了自己的威力。民主黨上台後，伊斯蘭傳統的恢復在一定程度上受到了進一步的鼓勵。民主黨政府開始允許穆斯林的禮拜祈禱用阿拉伯語進行；要求那些不想讓孩子在初中，高中上宗敎選修課的家長，必須向校長寫申請；恢復和建立培養神職人員的中學。這一切都直接間接地推動了伊斯蘭在公共生活中影響的擴展。伊斯蘭觀念在長期受壓迫之後出現了反彈：宗敎出版物逐步增多；去麥加朝聖的人數激增；安卡拉神學院學生報名踴躍；宗敎禁令以廣告方式出現在城市交通工具上；一些個人和組織甚至對世俗主義進行直接抨擊。民主黨的某些代表甚至聲稱，國家並不眞正感謝凱末爾，它必須從伊斯蘭那裡謀求解放。有些地方甚至示威性地搗毀作爲世俗秩序象徵的凱末爾塑像。

1960 年軍隊干預結束了民主黨的統治，和希臘在塞浦路斯問題上爭端引起的民族主義感情的高漲，都使 50 年代伊斯蘭發展的勢頭有所停頓。60 年代中期，前身是民主黨的正義黨仍以農村作爲基本依托在選舉中又一次獲得壓倒性多數而執政。儘管正義黨的德米雷爾總理努力保持世俗主義的統治地位，但農村和農民的伊斯蘭感情卻成爲任何一個政黨都不敢無視的對象。

1970 年，作爲救國黨和繁榮黨前身的國家秩序黨組建。該黨公開打起了伊斯蘭這面旗幟，以推動穆斯林意識的復興作爲自己的綱領，對國家的世俗主義原則多多少少提出了挑戰。秩序黨的成立標誌着土耳其的伊斯蘭復興運動進入了一個新的階段。伊斯蘭不再是政客們手中用來拉攏民心，獲取選票的一張牌，現在它已通過秩序黨獨立地走上了土耳其的政治舞台。

1971 年軍隊再次干政後，土耳其政壇分化情況加劇：黨派增多，各黨派之間的實力不再十分懸殊，50、60 年代一黨獨大，單獨執政的情況已成昨天。而在這一情況下組成的聯合政府作爲替代品既使政府政策曖昧不清，也爲小黨派增加了討價還價的能力。以秩序黨爲前身的救國黨在這種情況下於 1970 年代三度入閣，不能不使聯合政府的政策多少具有照顧伊斯蘭的傾向。在這個時期中救國黨成功地利用了這一點加強了活動，擴大了自己的政治影響，並迫使聯合政府在全國範圍內增加了宗教學校的數量。

70 年代後期，土耳其面臨了一個相當困難的發展時期。石油危機給貧油的土耳其帶來了巨大的額外支出，而世界市場的蕭條又影響了它的出口，周邊地區的伊斯蘭復興運動高漲使國內的極端主義勢力不斷抬頭，這一切造成了土耳其社會秩序和政局的不穩。1980 年的軍隊第三次干預也無助於這些複雜問題的解決。爲了緩解矛盾，軍政府一度訴諸伊斯蘭價值觀，1982 年通過的憲法在第 24 條規定"宗教和種族的教育必須在國家的監督和控制之下，宗教文化和道德教育在中小學課程中是必修的。不允許爲了個人或政治目的，或以基本的社會、經濟、政治、法律秩序爲理由壓制和褻瀆宗教和宗教感情及被宗教認爲是神聖的東西"。

1983 年軍隊還政於文官政府。厄扎爾領導的祖國黨執政後，對整個經濟體制做了大調整，結束國家壟斷經營體系，鼓勵自由市場經濟發展。除此之外，他還使大衆傳播媒介私有化，擴大了公民結成社團的自由，推動了非政府組織的發展，這一調整有很多的確是明智之舉。然而經濟政治改革的齊頭並進造成了社會承受能力的不足。變革帶來了很高的通膨率、工薪族收入的實際下降和貧富分化鴻溝的擴大，帶來了價值認同分裂造成的首先道德危機。這些使本就不很穩定的局勢變得更爲動蕩。在這種情況下，作爲總統的埃夫倫將軍和作爲總理的厄扎爾，都在不同的場合下強調宗教價值觀的重要性，希冀通過宗教來規約世道人心。爲了表示對宗教的重視，總統埃夫倫 1984 年代表國家參加了伊斯蘭會議組織的大會，在會上他強調土耳其和該地區伊斯蘭人民間深厚的歷史聯繫，號召所有的穆斯林國家團結起來。會議結束後，他還訪問了堅持伊斯蘭原教旨主義的沙特阿拉伯。

和總統埃夫倫相比，總理厄扎爾則走得更遠。厄扎爾本人是一個虔誠的伊斯蘭信徒，1970年代曾參加過埃爾巴坎的救國黨。他一貫強調，世俗主義並不排斥道德價值，並不是宗教活動和宗教化的絆腳石；學校中宗教訓導有助於培養頑強和具有優秀品德的新一代。1989年，他作為政府總理訪問沙特時特意參加了朝聖活動，並宣稱要作出特別努力，培養與各阿拉伯國家、伊斯蘭國家的關係。1990年厄扎爾母親去世，他把她葬在伊斯坦布爾最有名的清真寺墓地裡。厄扎爾還經常以自己和宗教組織的關係而炫耀。

在這種情況下，儘管政府有關機關對宗教活動的控制依然非常嚴格，但伊斯蘭情感在土耳其依然得到很快的發展。穆斯林通過宗教價值觀的宣傳，吸引中右政治家特別是執政黨成員的贊同，獲得自己的發展機會。宗教情感還由於宗教基金會而加強，這些基金會向青年學生提供助學金和住房，這使伊斯蘭運動後來在校園內十分強勁。正因為如此，80年代伊斯蘭在土耳其獲得了長足發展。據統計，1979—1982年，土耳其宗教出版物從30種發行二百萬冊增加到53種發行五千七百萬冊。1979—1988年，土耳其宗教學校從2,610所增加到4,715所，在這些學校就讀的學生數字也從不到七萬人發展到了十五萬人；同期到麥加朝聖的土耳其人從每年一萬人發展到每年九萬多人。1981—1988年清真寺的神職人員從三萬人發展到了五萬多人；同期，有證書的古蘭經經師從二千人增加到了四千五百人。

到90年代初，伊斯蘭的發展已經有了一個很好的基礎。原先畢業於宗教學校的大學畢業生佔據了很大的一個比例（在安卡拉大學這個數字達到了60%），他們進入社會後使原先相對清一色的信奉凱末爾主義的土耳其精英隊伍成份發生了很大變化。他們對於政府機關和軍隊不可避免的滲透造成了軍方和政府的緊張，致使軍方不能不多次強調高級軍官的凱末爾主義立場。

通過上述考察，人們不難看到，土耳其巨大的城鄉差別、廣大農村地區的落後保守以及經濟政治變革造成的社會不適在"民主政治制度"的催化下，很自然地演生出了伊斯蘭意識的復活。從土耳其後來的發展看，這個階段的伊斯蘭意識復活還只是一個"序言"，進入 90 年代後，伊斯蘭復興在諸多條件的配合下，形成了一個真正的"高漲"階段。而領導和推動這一伊斯蘭潮的則是埃爾巴坎和他的繁榮黨。

二、埃爾巴坎和他的繁榮黨

繁榮黨是當今土耳其最有勢力的伊斯蘭政黨，至今是土耳其國會中的第一大黨。它的建立，可以追溯到國家秩序黨的創建。1970年，一批脫離中右政黨的人在埃爾巴坎的帶領下，組建了國家秩序黨。1971 年該黨因軍隊干政，查禁政黨而被解散。1972 年當局恢復政黨制度後，國家秩序黨改名救國黨而重建。救國黨在 1973 年到 1977 年曾三次參與聯合政府，活動甚為活躍。1980 年再遭軍政府查禁後，於 1983 年以繁榮黨的名稱再度恢復。儘管該政黨曾三度易名，但其領導人和組織都沒有什麼特別的變化。而造成這種政黨數度易名現象的原因主要在於土耳其戰後歷史上三次軍人干政。軍政府一上台往往就查禁一切政黨，等到要還權於文官政府而不得不開放黨禁時，又規定在登記時不得使用原有黨名。由此之故，土耳其的每個政黨往往都有好幾個名字。繁榮黨自 1983 年創立後，把自己的黨綱定在這樣一些原則基礎上：工業化、自由企業、獨立於西方、親近伊斯蘭世界，正義的經濟的秩序和反對色情、飲酒等世俗惡習的保守道德觀。

繁榮黨的崛起是土耳其伊斯蘭復興最引人注目的部份，然而，埃爾巴坎和繁榮黨的很多高層人物都不是專門的神職人員，他們有着各自的職業和生意背景。埃爾巴坎本人是位工程學教授而不是人們想像中的伊斯蘭思想家，正因為如此，圈內人物常稱埃爾巴坎和其同伴們的伊斯蘭知識被過高估計了。儘管如此，埃爾巴坎還是經常表現出自己對伊斯蘭的虔信，他在家中會客室裡擺出的惟一裝飾品是一幅壁掛，裡面鑲着《古蘭經》和聖城麥地那大清眞寺的比例模型。埃爾巴坎開始為公眾所注目是在 70 年代，當時他公開拒絕參加在世俗共和國奠基者凱末爾陵前舉行的慶典儀式。1980 他為軍政府所拘押也多少擴大了他的影響。然而埃爾巴坎眞正有能力的地方在於，他對於來自社會底層的呼聲和要求，不滿和憤怒有着一種直覺的瞭解，並能以“正義秩序”這類帶有宗教色彩的語言，為窮人的煩惱開出人們願意接受的藥方。不僅如此，埃爾巴坎還是一位在傳統價値業已解體的時代，能夠注意搶佔道德制高點，提出重建“關懷、互助和道德生活”口號的政治家。繁榮黨根據這一精神所做的大量工作成功地使自己成為那些較難順應社會結構性變動的衆多底層民眾的政治代言人。

繁榮黨建立後經過幾年的努力於 1987 年參與了大選獲得了7.1%的選票。由於土耳其“議會門檻法”的規定（10%），繁榮黨沒有能夠在議會中擁有自己的席位。到 1989 年地方選舉，繁榮黨第一次嚐到甜頭，取得了在 5 個省份中勝選的好成績。相比較之下，執政的祖國黨由於高通膨率的打擊，只贏得了兩個省的選舉。

1991 年對繁榮黨來講吉星高照，在這一年的國會大選中，它和兩個小黨（國家勞動黨和民主黨）結盟，贏得了 16.8%的選票，其中繁榮黨一家就大概得了 13%。這一勝利直接將繁榮黨送入了國會。

繁榮黨上升的勢頭在 1992 年地方選舉中得以保持了下來，它在全國 6 個大都市的議會選舉中贏得了 4 個，伊斯坦布爾這個土耳其最大的城市也落入了繁榮黨手中。繁榮黨在該市所獲選票超過了執政的正確道路黨幾乎一倍，這一結果被傳媒稱為"衝擊"。

1994 年的地方選舉中繁榮黨再奏凱歌，它的得選票數為 17.89%，上升到了第三位，開始呈現大黨的苗頭。當時佔第一位的是中左聯合政府中的主要黨派正確道路黨，它得票 22.64%，佔第二位的祖國黨得票 21.19%，而這兩個黨都是經常執政的"大哥大"黨。然而，真正的衝擊來自於這一年的全國 76 個省會城市的市長選舉。在這一次選舉中，繁榮黨把其他政黨遠遠甩在後面，獨得了 28 個，相比較，祖國黨得了 13 個，正確道路黨 12 個，社會民主黨 11 個，民族運動黨 7 個，共和人民黨 5 個。繁榮黨的優勢不僅體現在數量上，它還在兩個最大的都市中，即伊斯坦布爾和安卡拉獲得了勝利。這樣，土耳其人口最多的城市和作為國家首都、世俗秩序象徵的城市都落入伊斯蘭黨手中。

繁榮黨的這次選舉勝利不是偶然的。拿它在伊斯坦布爾的勝利來講，它的得票率具有了壓倒優勢，從 1992 年的 26% 上升到這一次的 58%。繁榮黨獲勝的市長僅用二年時間就向全體市民表明了自己的優秀行政能力，他將其他黨的市長們先前在各個方面表現出來的無能和醜聞一掃而光。

繁榮黨最值得驕傲的業績是在 1995 年國會大選中創下的。12 月組織的這次全國大選對各政黨來講生死攸關。通過激烈的角逐，繁榮黨脫穎而出，在共有 550 席的議會中，繁榮黨一舉奪得了 158 席，成為了議會第一大黨。由前總理齊萊爾領導的前執政的主要政黨正確道路黨獲得了 135 個席位，耶爾馬茲領導的祖國黨獲得了 132 席，剩下的席位由民主左派黨、共和人民黨幾個小黨瓜分。這樣我們看到，伊斯蘭黨在凱末爾建立現代土耳其共和國後 60 多年獲得了自己的第一次全國性勝利。這個選舉結果不僅使土耳其世俗主義者感到震驚，也使全世界爲之納悶。人們禁不住要問，土耳其到底怎麼啦？

然而，繁榮黨勝利的獲取並不偶然。

和一般人心目中的伊斯蘭原教旨主義印象有很大的不同，繁榮黨除了和其他政黨一樣，積極宣傳自己的綱領和宗旨外，他還以自己扎扎實實的工作和"開放改革"的形象贏得選民支持。在1995年大選前，繁榮黨把自己很大一部份精力投入到社會的慈善和救濟事業中去，它通過自己控制的市政府，向貧困的人們發放煤、布、肥皂和食物等救濟物資；它的志願人員在醫院和其他公共服務機構的工作，使人們在一個人情淡薄的轉型時代重新感受到了人和人之間的溫暖。在很多窮人眼裡，繁榮黨與其說是一個政黨，還不如說是一個始終關懷着他們命運、致力於幫助他們克服貧困的社會救助機構。

圍繞大選，繁榮黨做了大量仔細的工作。黨的眾多基層積極份子和每個關係到黨選舉成敗的選民保持聯繫，選舉前訪問他們，選舉日還向需要車輛往返投票站的選民提供交通工具。在努力控制選票過程中，繁榮黨還得到了伊斯蘭龐大的經濟網絡體的支持，它們包括和伊斯蘭有直接或間接關係的控股公司、商業和工業界、工會、婦女、青年組織，此外，還得到了和傳媒有關的50餘家出版商、45家電台、19個電視頻道和數百家音像生產供應商的支持。繁榮黨動員這些團體組織和個人，向選民提供精神和物質上的支持。

繁榮黨在選民影響中的擴大，還和它努力改變自己的形象，體現改革和開放精神有關。隨着黨在各種公開的選舉活動中得票率的不斷上升，黨的自信心也在不斷加強。爲了更好地適應新的鬥爭形勢，擴大自己獲得支持的政治基礎，黨的上層開始在黨內黨外活動中越來越多地採用民主程序規則，同時還注重吸收採納一些既成的世俗規則和政治策略。黨在作出這些調整和決定的過程中，還逐步形成了一個比較開明和溫和的“改革派”，從而使黨變得更有適應和應變能力。比如1993年10月的黨代大會作出戰略決策，黨將向選民中更多的新團體開放。

然而，繁榮黨的勝利最關鍵的還是存在着一種有利於它發展壯大的社會基礎。土耳其經濟改革加快了原已開始了的城市人口爆炸和貧富高度分化的趨勢。拿伊斯坦布爾來說，這個土耳其人口本來就最多的城市在過去不到十年的時間中使自己的人口翻了一番。80年代末，該市人口是500萬，現在至少達到了1,000萬。新增居民主要來自東部貧困的安那托里亞地區的農村和小鎮，這批幾乎一無所有的人來到大城市爲自己和孩子們尋求工作和機會。他們在城市中存在的最明顯的標誌便是大片大片的非法棚戶區。大量的農村移民不可避免地使這座早就歐化了的城市出現了“安那托里亞化”，而新老居民間的社會經濟和文化差異也使得土耳其的兩種文化，一方面是建國以來堅定的世俗化價值觀，另一方面是建立在東部安那托里亞鄉村城鎮基礎的伊斯蘭價值觀，發生了面對面的衝撞。從中期短期的眼光看，兩者間的鴻溝正在擴大。

更爲嚴峻的是，土耳其眼前正處在歷史上最嚴重的經濟危機邊緣：1994年頭三個月，土耳其里拉相對美元貶值了10％，而在地方選舉的一週中，齊萊爾總理的政府使物價上漲了60—100％，而通膨率這一年達到了120％。這樣一來，工人工資增長趕不上物價上漲，很多工人的工資現在已低於餬口的需要。再加上銀行倒閉、企業破產和市場不景氣導致的大量工人失業，使很多人已到了絕望的邊緣。相對於城市來講，農村的形勢更爲險惡。有效投資的嚴重不足，勞動力的大量流失，巨大的城鄉差別和東西部的發展差別使整個農村成爲社會另一個重大的不穩定之源，宗敎、種族和階級衝突時時爆發。更重要的是，土耳其與庫爾德族人的戰爭使土耳其東南部的農村受到了極度的破壞，戰爭造成了數萬人的死亡，數百萬人無家可歸。顯然，過去一二十年社會經濟政治變化帶來的社會代價正在充分地顯現出來。而最終承受這些壓力的人們把自己的痛苦和憤懣用支持繁榮黨這一政治化的語言表達出來，也是極為自然的事情。

除此之外，包括左翼黨派在內的世俗政黨既未能向選民提供一個思路清晰、具有吸引力的可行政策方案，也沒有認清形勢，協調相互之間立場，採取有力措施遏制伊斯蘭黨的過度發展。相反，主要的世俗政黨或者是被發現捲入了腐敗——尤其是正確道路黨和祖國黨——或者是熱心於無休止的爭論——新共和人民黨最突出。而一些具有批判精神的世俗主義知識份子則一直醉心於貶低軍隊、國家安全委員會、高等教育委員會、總統、議會等重要機構的形象，從而使世俗政治權力失去極為重要的合法性和感召力，這就給埃爾巴坎及其繁榮黨幫了很大的忙。因為對主要政黨失望的結果，只能增加繁榮黨獲勝的機會。

三、激烈的教俗之爭

伊斯蘭黨勝利是基馬爾建立現代土耳其共和國後，宗教勢力的第一次全國性勝利。議會第一大黨的位置給了繁榮黨組閣的機會。按照憲法成例，總統德米雷爾於大選後，將組閣權交給了埃爾巴坎，然而繁榮黨的組閣遭到了世俗政黨的抵制，埃爾巴坎無法拼湊議會多數席位以組成聯合政府。在這種情況下，德米雷爾於1月9日將組閣權從埃爾巴坎手中取回，交給了議會第二大黨正確道路黨的齊萊爾。正確道路黨作為世俗政黨，又是大選前聯合政府中的主要黨派，組閣應該講沒有問題，當時輿論也對正確道路黨和祖國黨這兩個偏右政黨的聯合執政寄望很高，而這兩黨本身也希望保衛土耳其的世俗主義。但是齊萊爾遇到的最大麻煩是她無法克服和祖國黨領導人耶爾馬茲個人間的成見，耶爾馬茲堅決反對任何讓齊萊爾當總理的聯合方案。結果，作為看守政府總理的齊萊爾只能認輸，將組閣權交還總統。

2月3日，總統將組閣權授予耶爾馬茲，經過艱難的談判，耶爾馬茲終於取得齊萊爾的支持，難產的聯合政府終於誕生。然而聯合政府執政僅3個月，終因內部矛盾過於複雜而宣告垮台。聯合政府的倒台為繁榮黨提供了機會。埃爾巴坎5月份再次取得組閣權後，立即拉攏怨忿不平的齊萊爾，終於取得了後者同意，組成了繁榮黨和正確道路黨的聯合政府。埃爾巴坎出任總理，齊萊爾擔任外長。伊斯蘭政黨經過一番周折終於在土耳其掌握了政權。

可以想像，土耳其伊斯蘭政府的出現，使一直以自己的世俗主義和民族主義為旗幟、為驕傲的土耳其面臨了一個什麼樣的尷尬局面。而以保衛世俗共和國為己任的軍隊又處於一個什麼樣的兩難境地。無論如何，土耳其教俗之間的一場惡鬥在所難免。

很多人們擔心，繁榮黨的執政將會背離土耳其的世俗主義原則和民主原則，將土耳其這個6,500萬人口的國家變成像伊朗那樣的伊斯蘭神權政治國家。這樣的擔心也許不無道理。埃爾巴坎在競選期間把問題提得很尖銳，他曾倡導土耳其回到伊斯蘭"沙里阿"法去，並主張廢除教會和國家間的正式分離，廢除禁止公務員在工作時穿著伊斯蘭服裝的憲法條款。該黨競選時還許諾取消銀行利息，採用伊斯蘭貨幣，建設伊斯蘭共同市場，從北約撤出，重新談判與歐盟已達成的自由貿易條約。埃爾巴坎還呼籲成立一個伊斯蘭聯合國，一個類似於北約組織的伊斯蘭防務聯盟。正因為如此，西歐的一位外交官為評論埃爾巴坎說："他是一名伊斯蘭原教旨主義者和一名極端民族主義者，如果我們想要土耳其面向西方的話，他是靠不住的。"

然而，像一切政治家一樣，埃爾巴坎在真正執掌了政權之後，出於對利害關係和現實政治的考慮，對自己的政策作了重大調整。他上台後多次重申自己對民主和其他西方式制度的承諾；他還表現出和齊萊爾的正確道路黨的閣員們進行通力合作的姿態，常在一些重大問題上實行妥協。正確道路黨在內閣中控制了很關鍵的國防、外交、內政和教育各部。在經濟上，埃爾巴坎放棄了他關於廢除利率的談話，並顯示出自己是一個願意與華盛頓和國際資本進行合作的對話者。投資者們已經受到這種靈活性以及埃爾巴坎大刀闊斧地使土耳其積重難返的國營部門私有化所取得成績的鼓舞，伊斯坦布爾證券交易所的指數在1997年的第一個月中就上漲了74％，達到創紀錄的1,700點。在談及土耳其與西方關係時，他半埋怨、半掩飾地講，"西方正在犯一個大錯誤。土耳其一直想同西方在一起，但是西方卻老是把它推開。"

更有意思的是，埃爾巴坎還不得不認真地處理好他過去在台下加以痛斥而現在卻不得不去做的許多事情。比如在涉及到軍隊管理問題上，埃爾巴坎最後只能同意開除13名參與伊斯蘭活動的軍官。他甚至還罷免了5個東方省份中持極端主義態度的繁榮黨的地方行政官員。在對待庫爾德人問題上，埃爾巴坎也只能被動地接受軍方的要求，對庫爾德工人黨採取大規模持續軍事行動以"結束"庫爾德人在東方省份的叛亂。同樣，埃爾巴坎對於土耳其和以色列之間簽訂的軍事合作協定加以了容忍。而他早先曾說過，如果他的繁榮黨組閣，他就取消這個協定。

埃爾巴坎不得不後退的另一個問題是，提供土耳其的空軍基地給英、美、法的空軍飛機使用，以執行伊拉克北部的飛行禁區計劃。埃爾巴坎早先也曾保證要撤銷土耳其對該計劃的支持，但埃爾巴坎執政後無法與擁有最終發言權的"國家安全委員會"抗衡，最後只能同意了對飛行禁區計劃的支持。

激進的伊斯蘭政黨上台沒有一個激進的開端，這真使埃爾巴坎的政府顯得有點可笑，不過這也的確是出於一種無奈。埃爾巴坎完全知道，問題的癥結並不在於軍隊和世俗主義政治家能在多大程度上聽從繁榮黨，而在於它們能在多大程度上容忍繁榮黨。

當然，埃爾巴坎並不是個完全被動挨打的角色，他上台後也在可能的範圍內推行自己的伊斯蘭黨政策。這方面的行動主要集中在處理外部事務這個不很敏感的領域。

埃爾巴坎在他上任的第一個月就作了試探性行動，他在沒有通知齊萊爾的情況下提議，與溫和的庫爾德人對話。7月底，他批准國會議員，伊斯蘭作家納卡爾與被驅逐的庫爾德議員舉行會談。儘管這一會談沒能影響局勢的後來發展，但批准會談本身就多少意味着繁榮黨的獨立性特點。因為誰都知道，庫爾德問題一直是軍方不容討論的禁區。

在對外問題處理上，埃爾巴坎把自己的主攻點集中在加強與伊斯蘭世界的關係上。他上任後出訪了伊朗、伊拉克、巴基斯坦、利比亞、馬來西亞、印度尼西亞和尼日利亞等一大批伊斯蘭國家。這和他12月在都柏林與歐盟領導人舉行首腦會談時斷然拒絕聚餐邀請的做法形成反差。儘管這次拒絕的確反映了土耳其對歐盟無視自己的憤怒，但人們還猜測，其中也許夾雜有埃爾巴坎反西方的因素。通過加強與伊斯蘭國家關係的政策，繁榮黨政府為土耳其取得了一定的實惠。土耳其和這些國家的經貿與合作關係有了明顯的加強。它和伊朗在1996年8月份達成的重大工程項目協議，共同出資230億美元興建一條通過伊朗、土庫曼斯坦到安卡拉的天然氣管道，更是驚動了克林頓，直接使美國通過了引起全世界不快的"達馬托法"。

繁榮黨小心翼翼避免那些涉及宗教敏感問題的政策在過了半年之後有了個變化，它開始採取實際行動推進某些具有伊斯蘭思想的建議，以迎合那些支持自己的伊斯蘭選民的要求。出現這個情況和齊萊爾地位削弱有一定關聯。她受到一連串醜聞和貪污的指控，而繁榮黨又幫助她免受司法追究，這使她已很難在政府中牽制繁榮黨的伊斯蘭化議程。

在這種情況下，政府開始允許婦女在政府大樓和大學裡圍裹伊斯蘭式的頭巾；允許朝聖者經陸路，而不只能乘國家航空公司的飛機去麥加朝聖；計劃修復從土耳其通到沙特阿拉伯麥加的朝聖道路以及在伊斯坦布爾和安卡拉的重要的非宗教場所修建清真寺。埃爾巴坎還私下裡向人們保證，要敞開軍隊的大門，招募從伊斯蘭宗教學校畢業的學生。

一件幾乎導致雙方攤牌的事件發生在安卡拉附近一座名叫辛詹的小城鎮上。在由繁榮黨市長發起和組織的名為"耶路撒冷之夜"的集會上，應邀參加集會的伊朗駐土耳其大使穆罕默德·巴蓋里在講話中鼓吹土耳其實行伊斯蘭教教法，會場上到處都裝點着伊斯蘭運動"哈馬斯"和"真主黨"的標語牌。

這一事件的發生使整個土耳其深感震驚，人們懷疑，這是不是土耳其伊斯蘭潮開始的一個標誌。以軍方為代表的世俗力量迅速對這一次挑釁作出了強硬反應，就在集會的第二天，20 輛坦克和 15 輛裝甲運兵車隆隆駛過辛詹的大街。雖然軍事發言人說這個行動是計劃中軍事演習的一部份，但大多數分析家認為，軍方行動是對伊斯蘭運動發出的一個警告。對這一事件，土耳其總參謀長似乎更坦率，他在接受採訪時強調，他必須採取堅定的立場來反對伊斯蘭教政治化，他講土耳其軍隊不會重蹈伊朗軍隊 1979 年的覆轍。總參的一位將軍則更為赤裸裸地對埃爾巴坎進行威脅，他說，"我們的刺刀一直是鋒利的。"軍方接着還向政府施加壓力，要求解除辛詹市市長貝基爾·耶爾德茲的職務。

教俗之間的鬥爭沒有至此為止。軍方在各種壓力下放棄了進行"第四次軍事干預"的選擇後，由總統和將軍們構成的、擁有極大實權的國家安全委員會向埃爾巴坎提出了一項壓制伊斯蘭活動的20點計劃，要求政府必須執行。這20點計劃的主要內容包括：執行憲法關於土耳其共和國基本原則的8項法規條文，防止穆斯林原教旨主義份子滲透進國家機關、特別是由繁榮黨控制的市政府機關；將超過需要的數百所宗教學校逐漸變爲職業學校；在一般學校中停止原教旨主義勢力所控制的可蘭經課程傳授；將初等教育由5年改爲8年以防止孩童從小接受伊斯蘭敎教育；禁止或嚴格控制步槍銷售，所有持武器的居民必須登記入冊；對宗教服裝實行嚴格限制，禁止在政府上班或在國立學校任職的婦女工作時披戴穆斯林頭巾和面紗；嚴格監視宗教團體所控制的金融機構活動。

埃爾巴坎在20點計劃面前顯得進退兩難，進不能與國家安全委員會對抗，退又會失去廣大穆斯林選民的支持。在權衡再三之後，埃爾巴坎採取了拖的策略，在表面上接受20點計劃的掩蓋下，玩起議而不決，決而不行，丟卒保車的遊戲。面對埃爾巴坎的"軟抵制"，國家安全委員會也比較爲難。

國家安全委員會不是沒有推翻埃爾巴坎政府的行動能力，但有好多問題使它不能不有所顧忌。戰後歷史上的三次軍隊干預都沒有收到很好的效果，反被有些人指責爲破壞民主制度。這一次如果再出面干預，這方面承受的壓力將會更大。美國對土耳其的伊斯蘭黨固然很有成見，但覺得在能夠控制局勢的情況下，軍隊還是不要出面的好。早些時候美國國務院發言人伯恩斯的講話表達了這層意思，他說："我們認爲土耳其當局是穩定的，其世俗民主制將繼續存在。"美國的態度使得土耳其軍方有投鼠忌器之慮。

其次，如果把到目前爲止尚願遵守民主規則的埃爾巴坎趕下台，可能會使土耳其伊斯蘭運動走向激進化，完全有可能重蹈阿爾及利亞那樣的覆轍。與此同時，也會給世俗政黨送去錯誤的信息，使它們難以擺脫腐敗、低效、官僚主義和相互之間的敵視和對立，難以在選民之中眞正確立自己的威信。

此外，儘管繁榮黨有自己的過失，但它在解決折磨着千百萬土耳其窮人的大量社會問題方面的確有其他政黨所不及之處。而如果這類問題和矛盾因軍方干預而再度遭到忽視，土耳其就不能消除滋生極端激進主義的沃土，民主就不會有適宜自己生長的氣候。

正是在這種形勢下，伊斯蘭黨政府和軍方之間的矛盾才沒有最後攤牌，聯合政府在風雨飄搖之中撑了下來。然而眞所謂"躲得了初一躲不過十五"，聯合政府在執政期滿一年之際，突然發現自己處於一種非常不利的境地：它完全可能被合法地"顚覆"掉。

按照憲法成例，土耳其的新一輪大選如果不提前的話，那將在2000年進行。此前的政府將由那些能控制議會多數的政黨組成。按照繁榮黨和正確道路黨所擁有的議席來看，只要沒有黨內倒戈現象，控制多數議席是沒有問題的。然而，在1996年繁榮黨和正確道路黨達成的聯合方案中，規定了先由埃爾巴坎出任總理一年，然後交由齊萊爾擔任一年。這就產生了一個總理人選的更換問題。按照憲法規定，總理人選更迭，必須經過全套的組閣程序，必須經過總統這一關。即卸任總理首先要向總統遞交辭呈，然後再由總統根據情況委託相應政黨領導人組閣。因此總理人選能否按聯合政府兩黨意志完成交接，在一定程度上就取決於總統德米雷爾的態度了。

那麼總統德米雷爾的態度到底又怎樣呢？作爲總統在理論上講應是超越於黨派鬥爭之上的。但實際上德米雷爾的世俗主義傾向是十分明顯的。同時他考慮到將繁榮黨排除在聯合政府之外，是平息軍方、反對黨以及其他世俗力量同政府矛盾的惟一辦法，也是阻止齊萊爾取得總理職位，重新組成正確道路黨和繁榮黨聯合政府的惟一辦法，因而他顯然是不大會同意聯合政府的要求的。

因此我們看到，埃爾巴坎爲了給齊萊爾接任總理鋪平道路，必須辭職。但是德米雷爾會不會像聯合政府所希望的那樣把組閣權交給齊萊爾就很難說了。因為在繁榮黨和正確道路黨中間，還有一個第二大黨的祖國黨在那裡。更重要的是，當時聯合政府由於部份正確道路黨議員的倒戈已失去了議會多數，這就意味着，如果其他黨派聯合組閣，繁榮黨和正確道路黨已無力否決。

正是看到了這一形勢，在經過幕後的協調並確信能得到有關各方支持的前提下，總統德米雷爾在埃爾巴坎辭職之後，拒絕了齊萊爾的強烈要求，在 1997 年的 6 月下旬把組閣權授予了耶爾馬茲——祖國黨領導人。耶爾馬茲在各方大力支持和配合下，終於在議會中爭取到了簡單多數後向總統提出了新內閣名單。德米雷爾也不敢怠慢，立即予以批准。這樣土耳其第 55 屆政府宣告成立，伊斯蘭黨再度淪為在野黨。以耶爾馬茲為首的世俗主義聯合政府組成。

繁榮黨的下台並不意味着土耳其教俗之間鬥爭的結束，但令世俗力量寬慰的是，伊斯蘭至少在較長的一段時期中將無法利用政權的力量來發展和加強自身了。而對埃爾巴坎來講，這一結局是在"民主方式"下產生的，"成亦蕭何，敗亦蕭何"，似乎也沒有什麼可以多加抱怨的。當然，繁榮黨會認真總結自己成功和失敗的經驗和教訓，會作出更大的努力以迎接 2000 年的大選。相對於阿爾及利亞而言，土耳其沒有走上暴力解決問題的道路是值得慶幸的。但真正的問題還在於，土耳其世俗力量是否能夠珍惜和有效利用它為自己爭取到的這段時間，來消除社會內部積聚起來的矛盾和張力。

四、面對未來的艱難選擇

伊斯蘭原教旨主義在土耳其的崛起既引起人們的震驚，也引發出人們的一系列的疑問和思考。解讀土耳其伊斯蘭潮興起這一現象，無疑對我們把握現代化問題至為重要。

最大的疑問也許是，為什麼一個當年痛下空前絕後大決心進行世俗化改革的國度，一個世俗化改革成功進行了半個多世紀、民主政治建立幾近半個世紀的民族會突然地爆發出一股強烈的回歸伊斯蘭衝動？伊斯蘭究竟有着什麼樣的魅力？

民主制度本身擁有一定的調適能力和糾錯性，它通過政黨這一利益匯聚、表達、代表機制來反映社會中的利益關係。在民主制度下極端主義政黨的崛起總是一無例外地表明了社會運行和發展的不順暢，意味着民眾對現有的經濟政治秩序的高度不滿，標誌着社會矛盾一定程度上的激化。在這個意義上，土耳其伊斯蘭潮的湧動反映了它社會經濟政治發展中的諸多困境，反映了土耳其世俗主義政黨在解決社會發展問題上的無能。

然而，社會矛盾的激化和世俗主義政黨的無能決不是一個孤立和偶然的現象。土耳其社會經濟政治轉型是我們在認識這個問題時必須加以注意的大背景。只有在社會道德規範轉型、自律式約束機制缺如的情況下，才會有大規模的腐敗現象出現。像土耳其1995年大選前的聯合政府總理、正確道路黨主席齊萊爾這樣的政治家都參與了投機、受賄甚至可能還與販毒、謀殺有牽連，是很說明問題的。只有因世俗政府官僚主義嚴重，在管理經濟政治方面的低效無能，不能向年輕的社會精英們提供多種發展機會，才會使大量的人才與現有社會秩序離心離德，既以標榜自己的伊斯蘭傾向作為抗爭，又以推動伊斯蘭運動作為謀求自身價值實現的途徑。只有在廣大民眾對現實的、"世俗的"生活感到無望乃至絕望時，才會使伊斯蘭作為替代性生活方式的選擇具有自己的魅力。也只有到了整個社會生活的無序化達到了一定的高度，對"世俗主義"的道德抨擊，才會產生強烈的社會共鳴。

一句話，轉型社會中激進政治思潮與宗教信仰的合流對社會現代化所構成的威脅，來自於社會病態本身，來自於轉型社會特有矛盾的激化。土耳其民眾對世俗主義的背離完全與此有關。

和西亞北非其他國家相比，土耳其伊斯蘭復興顯現出了一些令人關注的特點，它多少表現出自己的一種溫和合法主義精神，表現出一種伊斯蘭很少有的改革精神和耐心。這些特點究竟是土耳其伊斯蘭黨的僞裝？還是伊斯蘭本來就有着多種面孔，有着自身的民族特色？這又是一個頗費人思量的問題。

和很多伊斯蘭復興運動的原教旨主義極端態度有很大的不同，繁榮黨很注意將自己的行動保持在合法和民主的範圍之中，有時甚至還以民主來"將"軍隊和世俗主義者的軍。這一次上台執政一年，從獲取政權到交出政權，在大方向和大問題上似乎都無可指責。正因爲如此，很多觀察家認爲，土耳其的伊斯蘭復興運動實際上已經整合進了土耳其民主政治的框架之中，任何對它的過度防範和限制都只能反過來促成它潛在的激進主義大爆發，使事物走向自己的反面。

不僅如此，繁榮黨通過自己的工作還表現出了高度的靈活性和適應性。在它執政前召開的一次黨代大會通過的決議中，繁榮黨提出了要以更加積極的態度向其他政治力量開放這樣一個目標。也許更重要的是，繁榮黨有着一批年富力強、充滿朝氣和獻身精神、頗有膽略的領袖人物，他們大多受過良好的高等教育，有着開闊的視野。很多人認爲，伊斯蘭旗幟在他們手裡已經有了全新的意義。他們並非想把土耳其帶回古老的伊斯蘭形式之中，而是想以伊斯蘭傳統精神來作爲現代化挫折和失落的解毒藥。埃爾多甘這個有可能成爲埃爾巴坎繼承人的黨的上層人物便是這樣一引人注目的角色。

埃爾多甘目前是土耳其伊斯坦布爾市負有盛名的市長，在很多方面都被認爲代表着繁榮黨的未來。有人在他的頭上加了"共和主義穆斯林"、"自由主義穆斯林"和"民主主義穆斯林"這樣三頂帽子。所謂的"共和主義穆斯林"，是指他在處理與世俗共和國關係時要比埃爾巴坎"現實"。埃爾巴坎多年來都拒絕參加"共和節"

的紀念儀式，但埃爾多甘並不迴避，每年都參加在伊斯坦布爾塔克辛姆廣場阿塔圖克像前的那些儀式。所謂的“自由主義穆斯林”是指他並不想使伊斯蘭的某些禁令強加給社會。他不反對政府允許有特許權的飯店可以供應含酒精飲料的決定。對此他曾說，鑒於我們的信仰，我們不能在由我們市政府管理的飯店中供應含酒精飲料，但我們不能阻止其他的飯店這樣做，這甚至包括那些我們插足租賃的飯店。他對穆斯林參與過“新年”現象也並不顯得痛心疾首，他講，世俗主義者慶賀新年而我們不慶賀，但我們不能斷言說，慶賀了新年的世俗主義者就不是穆斯林。他講，在這種事情上，只有安拉才有權這樣評論。所謂的“民主穆斯林”是指他在推行政策過程中，經常以獲得民眾支持作為標準。埃爾多甘有一次談及劇院管理時主張鼓勵上演“反映我們自己人民價值觀”的劇目。於是有人問他，“但你不是所有伊斯坦布爾市民的市長嗎？”埃爾多甘打出了民主牌進行辯解，他說，“我難道不是被認為具有我自己的信仰和原則的嗎？我不是因為那些信仰和原則才被選為市長的嗎？作為被選舉人，我不應該尊重那些投我票的人民的意願嗎？”

以埃爾多甘的形象來看土耳其伊斯蘭復興運動，我們就不難理解，為什麼溫和的繁榮黨上層人物經常強調真正的教俗分離、政教分離並不意味着政治權力和世俗權力對宗教和信仰的控制和干涉，相反意味着取消這種控制和干涉。看來繁榮黨或至少說它的溫和派所嚮往的是穆斯林社會而不是伊斯蘭國家。

然而對世俗主義來講，一個很不放心的問題是，伊斯蘭黨的這些言行會不會是一種策略，會不會是演戲，而一旦伊斯蘭黨真正奪得了政權，它會不會徹底破壞遊戲規則，把一整套宗教戒律強加給社會，形成新的神權政治。說到底，人們對出現一個民主、自由伊斯蘭社會的信心不是很足。在這種情況下，如何看待，如何處理與伊斯蘭黨之間的關係就不可能不發生爭議。

土耳其和阿爾及利亞伊斯蘭復興運動的崛起發展到後來階段都在某種程度上得到過“民主”的幫襯。作爲轉型社會中的一種帶有普遍性的現象，民主制度有可能成爲轉型社會非民主力量葬送民主制度的幫兇。這是一個悖論，但又是一個屢見不鮮的事實。歷史一再告訴我們，民主對於“民粹主義”激進政治思潮崛起很難發揮自己的遏制作用。儘管土耳其的情況絕對沒有發展到這樣的地步，但人們還是很難排除這種可能性。由此而產生的問題就在於，當我們面對民主和穩定，民主和世俗化出現不相容狀況時，我們究竟應該怎麼辦？是堅持民主，寧願讓它自毀也不進行干涉呢？還是將社會穩定和世俗化這類目標取向置於優先地位呢？

　　一任民主去作踐自己、葬送自己的例子很多，最典型的要數拿破侖和希特勒了。他們給法蘭西和德意志帶來的苦難和創傷，給世界文明造成的衝擊和破壞眞是史無前例。在我們這樣一個時代裡，儘管衆多轉型社會的困頓已不可能再直接給世界造成那樣重大的威脅，但其所蘊含的破壞能量依然無法讓人們泰然處之。如果說今天的世界國際社會很難出面干涉這類事務的話，那麼，該民族、該國家內部的力量有沒有權利去干涉？有沒有必要去盡“守法”的義務而對此加以容忍？

　　如果我們不受民主原則的束縛，採用強力加以干涉的話，那麼我們可能又會面臨一系列其他的問題。首先，干涉者打破民主程序採取干涉行動必須要以一個前提爲基礎，即認定擁有民衆多數的一方包藏禍心。但干涉者又憑什麼能保證自己的判斷絕對正確呢？特別是面對像繁榮黨那樣形象不壞，沒有劣跡的政黨，這種判斷的正確性是極難保證的。因爲在民主框架中帶有激進色彩的解決方案，本身的確有可能是社會糾正方向、擺脫困境的藥方。

　　其次，干涉者打破民主程序將斷絕激進政黨通過合法途徑獲取政權的可能性，從而驅使這類擁有廣大擁護者的政黨被迫激進化，走上暴力抗爭的道路，把國家和民族推向內戰的深淵。因此這類做法是不是會製造自己所想加以竭力避免的事情？阿爾及利亞延綿數年、導致國家和民族陷入無法自拔狀態的戰爭就是一個極為典型的例子。

最後，干涉會不會給世俗主義政黨和社會以一種錯誤的信息，既不去深入地思考激進主義抬頭的社會經濟政治根源，也不去認真地反省自己的過失、錯誤和總結過去的經驗教訓？同時，干涉會不會掩蓋伊斯蘭黨執政後的無奈和缺陷呢？一般而言，激進的革命性政黨在台下作為一個出色的批評家比它在台上執政更勝任些。從長期來看，激進政黨執政後在很多情況下都不能不遷就於形勢，不能不更多地承擔起自己的責任，以至於它最後會常常自覺不自覺地打破自己的初衷，修改自己的綱領，打磨自己的銳氣。它在社會經濟政治建設方面遇到的一大堆難以解決的課題會使它早年許下的諾言和蠱惑人心的口號逐步地失去魅力。因此，干涉完全可能將激進政黨的薄弱方面保護起來，而讓它始終能夠站在一個比較有利的只需攻擊不需負責的位置上。也許正是考慮了這些方面，土耳其軍方在這一輪與繁榮黨的對立中盡可能地避免使用直接干預的形式。

作為一個處於轉型階段的社會來說，要在這些帶有兩難性質的選擇面前作出自己的抉擇的確不是易事。也許土耳其得益於它現代以來的歷史積澱，也許它得益於幾十年的民主政治建設，也許它得益於已經有所發展的經濟、文化建設，伊斯蘭潮的湧動沒有給它帶來像阿爾及利亞或伊朗那樣的結局。它的各種政治力量在這一回合的鬥爭中表現出一定的克制能力，使整個過程保持在憲法和民主的框架之中，對上述一些難題的解答交出了一份確實不多見的答卷。

民主在轉型社會中雖然不一定能遏制民眾性的激進主義政治思潮，但轉型社會中的各種政治力量能夠學會妥協，整個社會也贊同妥協卻是民主在這些社會中扎根的一個重要條件。儘管土耳其有着自己的特殊性，它的政治局面迄今也未明朗，鬥爭還將延續下去，但它在這一輪鬥爭過程中積累的經驗對它自己，對伊斯蘭世界，對其他轉型社會來講，都是值得去認真加以總結和認識的一筆財富。

第五章 伊斯蘭復興運動的現代化釋義

　　伊斯蘭復興運動作為一種客觀存在是一個不爭的事實。然而，這個運動對整個世界、對穆斯林社會來講究竟意味着什麼，這卻是一個人言人殊的問題。儘管我們今天知道，意義的探尋是一個人類只要存在，便永遠也不會結束的過程，希望能找到一種終極性的答案而一勞永逸地解決在某個問題上爭論的時代，已經成為歷史；但是，我們也還知道，每一個時代的人們，都不會因此而停止他們對意義的追問。相反，每一個時代所臨的獨特問題，具有的獨特解釋角度，使得這種意義的追問具有了一種無可替代的價值。這種解釋與其說找到了一個答案，還不如說反映了探尋者自身的"思想"。正是在這樣的一種基礎上，將和讀者在這裡一起就伊斯蘭復興運動的意義以及由這種"意義解釋"而得出的"意見"進行討論。

第一節　伊斯蘭復興運動＝？

　　當代世界的傳媒借助於科學技術的力量，真正達到了"無遠弗屆"的地步，而人們對於瞭解信息的要求在一個"地球村"時代中也在不斷地增強。這無疑是一種時代的進步。然而信息時代不可能因為科技的發展而使觀察"中性化"，相反，傳媒借助科學技術使自己作爲觀察者所使用的"話語"具有了更大的影響力。我們今天在通過傳媒而形成某種概念、想法和傾向時受這種"知識霸權"的無形影響不是在減弱,而是在增強。儘管我們在哲學的意義上對這種"霸權"是"無可逃遁"的。但積極的日常補救辦法是自覺地去進行多角度觀察和思考。正因爲如此,在我們提出自己的闡釋前,先來看看伊斯蘭復興運動在不同的眼睛中有着怎樣一些不同的形象和意義。

一、冷戰後世界的"綠色威脅幽靈"

從 70 年代後期伊朗伊斯蘭革命的爆發一直到今天,伊斯蘭潮在一個從北非到中亞,從巴爾幹到東南亞這樣一個廣闊的地域中到處湧動,給人們留下了難以磨滅的影響。

在阿爾及利亞,被非法剝奪了自己執政權利的"伊斯蘭拯救陣線"正和得到西方全力支持的政府軍展開了一場長達數年,殘酷無比,至今都還未見分曉的血戰。在素以阿拉伯陣營溫和派著稱的約旦,伊斯蘭原教旨主義組織穆斯林兄弟會基本控制了約旦議會,迫使侯賽因國王親西方的立場不能不有所收斂。在蘇丹,以哈桑·圖拉比爲首的蘇丹原教旨主義組織"伊斯蘭民族陣線"神奇地"征服"了原本壓制他們的軍政府,使蘇丹成爲繼伊朗之後的第二個伊斯蘭教神權國家。在阿富汗,最極端的原教旨主義組織武裝"塔利班"崛起於戰亂之中,削平山頭,統一全國,確立起"阿富汗伊斯蘭國"的神權政體,成爲繼伊朗、蘇丹之後第三個奉行激進原教旨主義路線的國家。在巴勒斯坦,伊斯蘭原教旨主義抵抗組織"哈馬斯"已漸羽翼豐滿,已具有同巴解組織主流派分庭抗禮的實力,並最終迫使巴勒斯坦議會通過了阿拉法特並不熱衷的伊斯蘭"沙里阿法",規定了巴勒斯坦社會生活全面伊斯蘭化的原則。最近,它還借巴以之間達成的和平協議之機,公然向巴解主流派的領導權威挑戰。在土耳其，一向勢力強大的世俗主義和軍方近年來在和伊斯蘭政治勢力的較量中出乎意料的虛弱，近些年來不論是土耳其的地方選舉，還是全國性的議會大選，伊斯蘭繁榮黨所得選票都呈急劇增長之勢。目前處於在野地位的繁榮黨正在等待時機，爭取以更大的實力擊敗世俗政黨，再度執政。凡此種種都向人們表明了伊斯蘭教在當今世界上的政治實力。

伊斯蘭潮給人留下深刻影響的還有一個方面，就是它的恐怖主義行動。極端的伊斯蘭原教旨主義組織和團體有目地、有針對性地綁架人質、組織暴動刺殺政要、實施爆炸、傷及無辜。它早些時候在非洲針對美國大使館策劃的汽車炸彈事件就是這方面很典型的事例。在很多人眼中，伊斯蘭極端勢力所實施的大部份恐怖主義行動，今天實際上已經不再是用來達成某種具體利益的工具，而是用以作為向西方進行挑戰和抗爭以及維護自己尊嚴的戰略手段。

當代伊斯蘭潮所掀起的衝擊波猛烈地撞擊着美國在冷戰後世界上的戰略部署，強烈地干擾美國想在中東地區和世界其他地區建立的新秩序。美國在後冷戰世界上的利益還沒有受到過其他對手如此這般的威脅。正是在這個背景下，西方輿論界渲染，隨着共產主義的消退，美國必須做好準備，以對付激進伊斯蘭這個新的全球性威脅。法國議員雅克·博梅爾聲稱，在蘇聯解體和華約組織消失後，"最嚴重的威脅是來自伊斯蘭國家"，他告誡西方要當心伊斯蘭原教旨主義者這張 "由生物武器、化學武器和核武器" 組成的 "毒辣的弓"；美國學者羅賓·賴特聲稱："伊斯蘭教鼓勵了一個新的伊斯蘭集團的形成。伊斯蘭教正日益填補着意識形態真空和幫助恢復這些穆斯林國家間歷史上的聯繫"；美國中央情報局前任局長蓋茨認為："過激的原教旨主義現象是引起人們嚴重不安的根源"，他一再呼籲美國對這一現象更加倍關注。

另一些人則繼承冷戰思維模式，認為伊斯蘭和西方今天的鬥爭從總體上來講，絕不是一個具體利益之爭，而是兩種意識形態，兩種生活方式之爭。當今的"綠色威脅幽靈"和冷戰時代的"紅色威脅幽靈"一樣，正像癌症一樣在全球擴散，它動搖着西方價值的合法性，危及到西方國家的國家安全。而伊斯蘭神權政治國家更是今天世界上新的意識形態顛覆中心；"伊斯蘭國際"也像當年的"共產國際"一樣，在全世界各國有着為他們利益工作的"第五縱隊"。一句話，伊斯蘭這個目前和未來的敵人裝備着激進意識形態甚至可能還有核武器，試圖發動一場反對西方文明的聖戰。

伊斯蘭陰謀說還將孤立的事件動態的聯繫在一起：從紐約世界貿易中心到最近非洲的爆炸案；蘇丹的內戰；埃及激進的穆斯林組織的恐怖主義襲擊；伊斯蘭政黨在阿爾及利亞、突尼斯和土耳其的深得民心；阿拉伯對波斯尼亞穆斯林的支持；新獨立的中亞共和國的不穩定；伊拉克稱雄海灣和中東的野心；黎巴嫩什葉派為奪取政權的鬥爭；巴勒斯坦人消滅以色列人陰謀；伊朗對一切反西方政權的支持；伊斯蘭世界謀求核武器的不懈努力；甚至伊斯蘭在西方，尤其是在美國的發展等等。總之，所有這些發生在中東及其周邊地區的變化和動蕩都被說成是"伊斯蘭國際"宏大計劃中的組成部份。

伊斯蘭威脅論的信奉者除了以自己的分析來論證自己的看法外，他們還經常從伊斯蘭教義中尋找自己觀點的佐證。他們指出《古蘭經》和"聖訓"中有很多地方提到穆斯林與異教徒作鬥爭的必要和渴求。《古蘭經》要求穆斯林不論何處發現異教徒，都要與之戰鬥，直到對手改悔或被消滅為止。記載有先知言行的"聖訓"是這樣說的："我奉命與多神主義者戰鬥，直到他們說'只有安拉，沒有別的神'為止。我還要和那些聖經的信徒們，即猶太人和基督教一神主義作戰，直到他們付出特別代價，被征服或被羞辱。""聖訓"還稱，不管是誰，只要為擴大安拉的世界而戰鬥，就是為安拉而戰。世界上沒有什麼比這更神聖的了。伊斯蘭敎還把爲擴大主道而獻身的敎徒視爲"殉敎"，允諾死後直升天堂。的確，在伊斯蘭處於上升時期，傳統的伊斯蘭敎義將整個世界劃分成爲兩大部份：伊斯蘭世界和非伊斯蘭世界，並認爲"伊斯蘭國家與非伊斯蘭國家不能永久共存"，"伊斯蘭敎的最終目的是將全世界改變成爲伊斯蘭領域"，"穆斯林必須不斷通過'吉哈德'使非伊斯蘭地區轉變爲伊斯蘭地區"。這樣，還有誰能對伊斯蘭放心呢？

在談及伊斯蘭威脅這個話題時，人們大概是不會忘記亨廷頓敎授的。亨廷頓從 1993 年發表《文明的衝突》，試圖以一種新眼光來看待後冷戰時代的國際政治，此後他致力於完善自己的這一觀點。1997 年他出版的《文明的衝突與世界秩序重建》一書標誌着他這一理論體系的完成。亨廷頓的文明衝突論給人印象最深刻的也許莫過於他對伊斯蘭文明威脅性和危險性的大聲疾呼。

在亨廷頓看來，後冷戰時代的伊斯蘭文明在微觀上構成了一個極嚴重的地區性挑戰。伊斯蘭世界近些年來和它周邊的衆多文明幾乎都存在着邊界和種族的衝突。圍繞伊斯蘭世界的"文明斷裂帶"已成爲今天國際衝突發生最爲頻繁、最爲激烈的地區。

從國際政治宏觀上來看，伊斯蘭已取代了世界上的其他力量，成爲對西方文明提出全面挑戰的主要對象。亨廷頓指出，伊斯蘭文明和西方文明"都把世界看成是由兩部份構成的：我們的和他們的。兩種宗教都是一元普遍主義，認爲所有的人類都只能有一種眞的信仰。兩者都是具有使命意識的宗教，都認爲有義務讓敎外之人皈依自己。'聖戰'和'十字軍'不僅是兩個同義詞，而且還使這兩個宗教和世界上其他主要宗教區分開來。伊斯蘭和基督敎以及猶太敎都有着一種歷史目的論的世界觀，很不同於其他文明中的循環論或靜止論的世界觀。"正因爲如此，伊斯蘭和西方的爭執不是什麼具體利益，而是涉及到"什麼是正確，什麼是錯誤，誰正確，誰錯誤”這樣一些根本性的原則問題。換句話說這些衝突都涉及到了生活方式、價值觀和世界觀這些根本無法調和、無法妥協的問題。

亨廷頓指出，兩大文明持續了 14 個世紀之久的鬥爭實際上都帶有這種色彩，因此展望未來，“只要伊斯蘭還是伊斯蘭，西方還是西方，兩大文明和兩種生活方式的根本衝突就將繼續限定他們間的關係。”基於這樣一個看法，亨廷頓對一種很流行的觀點提出了質疑。這種觀點認為，伊斯蘭問題主要是個極端伊斯蘭原教旨主義問題，西方並不反對伊斯蘭，只反對那些堅持暴力的伊斯蘭極端主義。亨廷頓向持有這種看法的人指出，“對西方來講，重要的問題不是伊斯蘭原教旨主義，而是伊斯蘭。”“而對伊斯蘭來講，它面臨的最大問題也不是中央情報局和美國國防部，而是西方。”

更為嚴重的是，亨廷頓還從世界文明分化組合趨勢中看到了伊斯蘭文明和“儒教文明”在未來有着進行合作，從而對西方的利益、價值觀和權力提出真正具有危險性挑戰的可能，看到了西方文明和非西方文明對壘這樣一個可怕的，有可能發生在 21 世紀初的前景。“一個幽靈，一個綠色的幽靈在後冷戰世界上徘徊”，這句套自《共產黨宣言》的話，也許正是這批人們想向世界所大聲疾呼的。

二、“權力和利益”追求的新形式

把伊斯蘭復興運動整個兒看成是西方世界的威脅的觀點，即使在西方也不是人人都同意的。很多西方的學者和政治家實際上都知道，伊斯蘭並不是一個整體。因此認為那些試圖把伊斯蘭教描繪成是西方下一世紀的主要威脅的看法似乎過於簡單化了。持這種觀點的人認為，儘管伊斯蘭復興運動聲勢浩大，又打着宗教的旗號，但實際上這一鬥爭只不過是這些地區的國家和民族在特殊環境下爭取自身權力和利益的一種新形式而已。他們堅持，在國際政治中，經濟利益、地緣因素和權力關係始終是最重要的。當代的伊斯蘭復興不是真正傳統遺物的復活，而是現代力量借取傳統的形式，試圖改變自身經濟利益和權力關係扭曲現狀的社會運動。傳統和宗教在這裡只是一種手段或形式，人們借助它，使追求現實利益和權力的鬥爭能夠注入蓬勃的精神力量，能夠獲得一種充分的社會動員，能夠取得一種公認的合法性。

持這種觀點的人們指出了這樣一個現實：中東地區的穆斯林世界在到目前爲止的一個很長的歷史時期裡，一直就不是一個在一統權威規範下的一統政治、經濟和文化甚至宗教板塊。今天的伊斯蘭主義差異之大實際上超出了人們想像。它們不僅不是鐵板一塊，相反只是由一些相互間爲權力和影響進行爭奪的不同民族，不同倫理宗敎集團湊合而成的拼盤；是一個從馬來西亞到法國甚至再到美國的多民族現象。它在某種程度上像基督教一樣不是一種超國家的政治力量。還有人指出，中東地區的伊斯蘭實際上是一個產生權力平衡變化的萬花筒，是一種重疊交錯的意識形態結構，它既不是德黑蘭也不是美國所能控制的[1]。

美國的布熱津斯基在他的那本《大失控和大混亂》一書中也講到，今天的伊斯蘭世界實在就是一個多元文化的世界，它不僅充滿了種族、民族、語言、教派、文化、習俗的差異，各伊斯蘭教民族國家的政治經濟制度也大相逕庭。從政治制度分野看，伊斯蘭教國家大約可分爲四種類型：奉行世俗主義的議會民主制國家，如土耳其、埃及、哈薩克斯坦等中亞諸國、馬來西亞等國；實行軍人或文官專權的國家，如伊拉克、叙利亞等國；君主制國家，如沙特等海灣國家、摩洛哥和約旦等；政教合一體制的國家，如伊朗、蘇丹和阿富汗等國。從經濟發展水平看，既有已進入富國行列的海灣諸國，又有被列入最貧困國家的蘇丹、也門；既有正處於經濟起飛階段的馬來西亞、印尼等國，也有已具有相當經濟規模、正處於發展進程中的地區性經濟大國，如土耳其、巴基斯坦、埃及、伊朗等國。

這類觀點的持有者還強調一點，那就是不要把極端的原教旨主義和伊斯蘭教混為一談。他們指出，極端的原教旨主義勢力只是一部份穆斯林而遠非是穆斯林的全部，他們不能代表伊斯蘭整體。極端的原教旨主義實際上不僅是美國和西方的敵人，同時也是絕大多數阿拉伯現政權的敵人。無論在埃及、阿爾及利亞或是在沙特阿拉伯，極端的原教旨主義極端份子都是政府打擊的對象。而且社會上的大多數穆斯林包括知識份子階層和政治家乃至商人並不都贊同原教旨主義極端勢力的立場、觀點和行為方式。因此不能將廣義的伊斯蘭教與政治意義上穆斯林原教旨主義極端勢力當做一回事情來反對。極端的原教旨主義者畢竟是少數人。

而且從國際政治的角度講，出現從中亞經伊朗至阿拉伯再到北非這樣一條"呈弧形的伊斯蘭動蕩帶"，也不能全都歸咎於極端穆斯林原教旨主義。它們的確加劇了緊張形勢，製造了某種聲勢，但新月形地區的衝突和不穩定原因是多種多樣的。其中夾雜有非宗教因素的國家爭霸行為，如受強烈的帝國傳統驅使；也有因國家缺乏內部凝聚力，人們對部落的忠誠導致種族暴力擴散並周期性地爆發；而一心想控制阿拉伯石油供應的西方大國蓄意挑起阿拉伯國家之間的長期不和，也是一個不能忽視的因素。所有這一切不都是能用伊斯蘭原教旨主義這個詞解釋得了的。

這種觀點認為，伊斯蘭世界內部在人文、政治、經濟方面的巨大差異必然導致各民族國家內外政策上的差異，認為穆斯林國家在後冷戰時代，在統一的意識形態激勵下會為着"伊斯蘭大義"一致起來對抗美國和西方的觀點是虛構的，是"伊斯蘭恐懼心理"的虛假放大。他們指出，伊斯蘭國家的內外政策的確會夾雜着許多宗教成份，但在後冷戰時代它們都更關心自己國家的利益。一般情況下都以民族國家爲出發點，來考慮問題。爲了實現國家利益，它們採取不同的戰略，如有的親美、有的反美，有的對美國、西方採取中立政策。這一點完全可以通過最近幾十年該地區的重大歷史事件而看得淸淸楚楚。情況正如布熱津斯基所指出的，"每當在地緣政治、地緣經濟的利益上發生矛盾、衝突時（兩伊戰爭是典型例子），伊斯蘭敎國家之間訴諸武力的事例難道還少嗎？至於因民族、敎派、水資源等諸多矛盾引發的戰爭，也是時有所聞。在長達幾十年的阿拉伯——以色列政治對抗中，阿拉伯各國每每把本國利益置於首位，這不能說不是其屢戰屢敗的主要原因之一。"

這方面的另一個例子是伊斯蘭各國對於新獨立的原蘇聯中亞國家的爭奪。這些國家若與阿富汗、巴基斯坦、伊朗結成牢固的同盟，那將會在中亞地區形成一個巨大的伊斯蘭集團。但是，伊朗、土耳其、巴基斯坦在這個地區各有其自身利益，因而形成潛在的地區性戰略競爭。就在中亞幾國加入由伊朗、土耳其、巴基斯坦共同創建的"經濟合作委員會"的同時，伊朗單獨發起成立了包括阿塞拜疆、哈薩克、俄羅斯、土庫曼在內的"里海經濟合作區"，而土耳其則發起成立了包括阿塞拜疆、亞美尼亞、格魯吉亞、俄羅斯等九國在內的"黑海經濟合作區"，表現出與伊朗爭鋒的勢頭。即使在上述的"經合會"中，意見也無法統一。巴基斯坦希望該組織發展成爲一個卓有成效的地區經濟合作實體，而伊朗則希望該組織向伊斯蘭政治經濟組織方向發展。而在是否吸收天主敎國家亞美尼亞問題上，各方分歧更是難以彌合。這樣，這個覆蓋了從巴爾幹到喜馬拉雅山廣大地區，人口 2.50 億的地區性經濟組織根本無法發揮自己應有的作用。

而在與西方國家的關係這樣敏感性的問題上，伊斯蘭各國的立場也是迥然不同。粗略分類的話，可分出沙特阿拉伯型、土耳其—埃及—巴基斯坦型、馬來西亞—印尼型、伊朗—伊拉克型。而眞正具有強烈反西方傾向的，恐怕只有少數幾個國家的最後一種類型。因此我們的確很難把伊斯蘭世界看作是一個國際政治中的整體或集團。要是認為幅員非常遼闊——從黑人居住的西非，穿過阿拉伯人居住的北非和中東，延伸到伊朗和巴基斯坦，中亞和南亞，直到馬來西亞和印尼——政治上分歧極為明顯的穆斯林世界會對西方發動一場統一的聖戰，那簡直是幼稚的。

由此我們看到，伊斯蘭教並沒有形成如某些人所渲染的那種"國際陰謀集團"。當今的伊斯蘭運動乃是由奉行不同戰略的組織所組成的一個鬆散的運動。奉行伊斯蘭教的重要國家中許多都是美國的地區戰略盟友。領導這些宗教運動的既有受過正式訓練的伊斯蘭教法學家和神學家，也有科學家、工程師、博士、農藝師、醫生甚至律師。他們大都受過良好的西方教育。他們看到的和首先關切的並不是傳統宗教價值的式微，而正是與西方相比之下經濟利益的淪喪和權力關係的扭曲。他們看到了日益嚴重的貧窮和失業、日益擴大的貧富差距、危險的政治腐敗和西方生活方式帶來的消極社會影響以及美國和西方日益咄咄逼人的霸權。他們試圖借助伊斯蘭教這種具有傳統合法性的強大思想武器，提出所謂"伊斯蘭解決方案"來變革社會和現實政治，以最終改革經濟利益扭曲和權力關係不平衡的現狀。

站在這樣一個角度上，我們可以看到，中東穆斯林國家在通常情況下，不是以所謂的宗教文化來認定自我利益的，而是以民族國家這個基點來認定自我利益的。否則像伊拉克侵吞科威特這樣一件事情，是不會引起阿拉伯世界的巨大震動和分裂的。由此可以得出的一個推論是：導致伊斯蘭世界動盪不安的主要原因是該地區各國在經濟利益和權力關係方面的失衡，而不在亨廷頓所說的文明差異。從眾多伊斯蘭國家和鄰國關係曲曲折折的發展中，我們完全可以看到，一切宗教和文明方面的差異都服從於民族國家的經濟及戰略利益需要。正如布熱津斯基所講的，無論是美國對伊朗以及伊拉克的遏制和打擊，還是對於沙特阿拉伯和科威特的堅定支持，都是經濟利益、戰略利益及權力關係上的需要。他認為，這並不是簡單的經濟決定論，而是冷戰後國際政治的真實內涵。即使"伊斯蘭紐帶"在某些場合下被強調，其主要目的還是追求他們各自的利益和權力，而不是什麼"宗教文明的大匯合"。反過來說，西方所鼓吹的"文明衝突"，"伊斯蘭威脅"，實際上也是為自身的戰略利益服務的。彭樹智在《伊斯蘭教與中東現代化進程》一書中指出，西方的誇大其辭的真實目的"是要在後冷戰時代尋找一個能夠替代前蘇聯和共產主義的新的假想敵人，以便為其在政治、經濟和軍事上進一步遏制發展中國家和謀求新霸權的內外政策提供依據"。而某些國家迎合這類宣傳，也主要是為了"換取西方的好處，或者將其作為向西方索求更多更有效支持的籌碼，從而擺脫內部危機，鞏固自身統治。"

三、最終的"解決方案"

　　和外界對伊斯蘭復興運動的看法大相逕庭的是穆斯林自己以及伊斯蘭的同情者對這一運動的看法。這些看法歸納起來大概有以下三個主要的方面：伊斯蘭是當前穆斯林社會可以運用的惟一資源，是伊斯蘭世界邁向現代化的特殊道路；伊斯蘭教是美德、至善，雖然在某些方面和時代出現一定距離，但它有着西方文明所不具有的價值；伊斯蘭復興運動和大多數人對它的貶低不同，實際上具有相當的靈活性和適應性，它完全有可能與現代世界秩序相協調。

　　我們首先來看第一個方面：伊斯蘭是當前穆斯林社會可以運用的惟一資源。

　　儘管不同的人們對伊斯蘭復興運動有着不同的看法，但有一點似乎是有共識的，那就是伊斯蘭復興運動是伊斯蘭世界對於普遍的現代化挫折做出的一種反應。在這一點上，也許穆斯林學者體會的最深切。利昂·哈達爾在他的文章《綠色威脅何在？》一文中很明確地指出，伊斯蘭世界在現當代為追求現代化而作出的一切努力和一切嘗試不僅沒有成功，反而使整個社會陷入深重的危機和空前的混亂之中。因此，"伊斯蘭的復甦是對伊斯蘭世界現代性混亂和焦慮的迴應，是對嚴酷而腐敗的政權的挑戰。⋯⋯伊斯蘭信徒眼下所具有的政治衝動並不是由於阿拉伯人或其他什麼人希望生活在嚴格的伊斯蘭統治下，而是因為他們領悟到，用以解決中東地區問題的西方模式，包括民族主義的和社會主義的政治，經濟秩序都失敗了的緣故。"

關於哈達爾所提到的社會危機，在穆斯林社會中的確表現的非常的深重。它不僅僅表現為一場有形的、巨大的社會危機和政治危機，它也是伊斯蘭世界自近現代以來所面臨的最大的一次精神和道德上的危機。它是伊斯蘭世界在借助自由主義、世俗主義、民族主義、社會主義來恢復自己在殖民主義時代喪失的信念、自信和自尊後的又一次"迷失"，因而也是一次更為深刻的"認同危機"，和在"確定性"徹底喪失後人類那種普遍的"焦慮"和"彷徨"。這裡的情況正像阿布拉比（M. Abu—rabi）所認為的，伊斯蘭世界所遭受到的一切損失和挫折都算不了什麼，"最重要的是它經歷着自己信念、思想和自信上的動搖"[2]。

在這樣一個意義上，我們不難理解整個穆斯林世界對於伊斯蘭復興運動所抱有的情感和態度。作為一個穆斯林，不管他抱有什麼樣的政治態度，都會把伊斯蘭在當代的復興看成是對於現代世俗國家危機，對於"現代性造成的扭曲"，對普遍的社會反常狀態的抗議和校正；會把伊斯蘭復興看成是人們在一個激烈動蕩的社會中對於恢復凝聚力的嚮往和追求；會把伊斯蘭教看成是克服內部分裂，權威和團結流失的最後防衛機制。一句話，回到伊斯蘭這個傳統的支撐點上，是一個在各方面都遭受失敗的社會的惟一選擇。

初看起來，這種"惟一的選擇"完全有可能是一種巴拉卡（H.Barakat）所謂的"受挫、受壓制羣衆的幻想"，是一種缺少現實感的非理性態度。因而也很容易遭到人們的批評。但仔細思考，這裡似乎又有兩個問題可以進行深入的探討。一個是社會在爲自己開闢前進道路中是否只憑藉人類的理性行爲？迄今爲止的社會發展似乎對此作了否定的回答。我們今天知道，即便以崇尚理性著稱的西方文明，當初也是以一種對"理性"的非理性崇拜才打通了自己邁向現代化的道路。因此我們看到，伊斯蘭復興運動力圖重建宗教和社會共同體的努力，儘管在政治上是浪漫主義的，但你也很難排除這種浪漫主義也有可能成爲推動整個社會投入新探索的發動機，並因此而鋪平那漫長的，充滿陷阱和混亂的征程。正是在這個意義上，有的學者認爲，即便是伊斯蘭原敎旨主義，也屬於一種"投石問路"的歷史現象，對它的最終評價只能等待歷史去做出[3]。另一個我們也必須要面對的問題是，伊斯蘭復興運動是不是完全是非理性的？答案可能也是否定的。人們很清楚，伊斯蘭復興運動儘管站在傳統的基點上，在某些方面使用了傳統的伊斯蘭語言和符號，但實際上卻是想找到一種能和現代世界相協調的伊斯蘭傳統新解釋。作爲一種宗教社會運動，在絕大多數情況下，它謀求解釋和超越由現代世界向伊斯蘭提出的挑戰，因此它對傳統的理解總的來講，是變革而不守舊，有彈性而不僵化的。甚至像蘇丹大名鼎鼎的伊斯蘭原敎旨主義精神領袖圖拉比，都把復興伊斯蘭看成是一種工具性的、試驗性的事業。他的確把伊斯蘭復興運動描述成爲"全面的、最終的解決方案"，但其前提卻是，我們沒有別的選擇。

我們現在再來看第二個方面。伊斯蘭既然是穆斯林社會走向未來的惟一資源，那麼這個資源有沒有它的內在價值呢？換句話問，這只是一種"聊勝於無"的自我安慰呢？還是一種有着內在價值的、通向未來的"不二法門"呢？伊斯蘭復興運動對此作出了自己肯定的回答。一些人們明確指出，伊斯蘭價值觀不僅和西方的價值觀相差不遠，而且在有些地方還超過了它。

在大多數人們的印象上，伊斯蘭和西方社會的世俗、民主和開明相比較，是一種多少有點落後、不開化的文化制度。婦女頭上的面紗、嚴峻的"沙里阿法"今天幾乎已經成爲了伊斯蘭復興運動的象徵。然而有伊斯蘭學者很認眞地指出這種印象是不很正確的，西方和伊斯蘭之間在文化上所共有的人道主義精神實際上遠比人們瞭解的要多。阿里·馬茲銳（Ali．A．Mazrui）指出，西方道路沒有解決所有的問題，而西方人認爲成問題的伊斯蘭文化實際上可能比西方文化更具有優勢。"伊斯蘭社會只是在近幾十年中在社會發展和技術方面落後於發達的西方國家，"而在防止社會惡習、爲公民提供高質量的生活方面，伊斯蘭的價值值得我們去認眞總結[4]。

一般認爲，婦女的地位問題最能顯示伊斯蘭教的落後與不開化。伊斯蘭教對婦女貞節問題的重視，在公共場合對性隔離措施的強調，造成了婦女社會地位、家庭地位的"邊緣化"。然而馬茲銳指出，這個問題還有另一個方面：在社會經濟地位上，穆斯林比西方要"先進"得多。穆斯林婦女始終享有獨立的財產權，伊斯蘭社會一直讓女兒和兒子平等地享有繼承權。14世紀的沙里阿法就把剝奪女兒的財產繼承權看成非法。也許正因爲婦女擁有這樣的權利，伊斯蘭教才成"世界上惟一的一門由一位和妻子是賣買拍檔關係的商人所創立的宗教"。相比較之下，西方反而在很長的時期裡，不讓女兒在有兄弟的情況下享有繼承權，英國婦女只是到了1870年才被允許擁有自己獨立財產的權利。

馬茲銳還指出，即使在被西方引以爲豪的婦女"參政地位"問題上，雙方的距離也只有幾十年而不是幾個世紀的功夫。除了新西蘭外，幾乎所有西方國家都是在20世紀才讓婦女獲得選舉權的。

美國分兩個階段把選舉權擴大到婦女，時間分別在 1918 年和 1928 年；英國完成此舉是 1920 年通過的憲法修正案；法國一直到 1944 年，而瑞士婦女是直到 1974 年才獲得選舉權。這比阿富汗、伊朗、伊拉克、和巴基斯坦在這方面的改革整整晚了 10 年。更有意思的是，正是在被認為婦女較少擁有參政權的穆斯林社會中，出現了好幾位女總理，而西方最大也最有影響的美國，迄今還沒有過女總統。馬茲銳的結論是，"伊斯蘭國家雖然在婦女解放問題上落後，但在婦女掌權問題上卻走在前頭。"

十多年前引起轟動的"撒旦詩篇"事件，也許是伊斯蘭文化愚昧和黑暗的一個象徵，尤其在霍梅尼公開下達"誅殺令"後。但如果仔細地思考一下，伊斯蘭和西方社會在這方面的差異比人們通常認為的要小。馬茲銳指出，每一個社會實際上都有着自己認為是神聖的東西，對這些神聖事物的侮辱都被認為是非法的，政府對這類行為都會有懲罰。只不過不同的社會有不同的處罰方式罷了。

在穆斯林看來，拉什迪的小說不是與安拉的對話，而是別有用心的褻瀆。小說暗示，穆斯林的這位先知智力低下；書中甚至還將先知妻子的名字用到一個妓女的頭上，這不能不使人認為這是一種對伊斯蘭教的莫大的誹謗。霍梅尼的行動的確有點過火，特別是有背於當今國際社會公認的法制準則。但是，西方社會有沒有問過自己，它們也能容忍對它們認為是神聖東西的侮辱而一聲不吭嗎？

就拿對拉什迪嚴加保護的英國來說，直到 60 年代，《查特萊夫人的情人》還被當局宣布為在道德上違禁。為什麼呢？因為它渲染一個紳士家庭中已婚成員和莊園中一個下人的戀情，這觸犯了在英國被認為多少是神聖的等級觀念。但這種觀念在今天看來，難道不也是一種偏見嗎？再說，英國為什麼要嚴加保護拉什迪呢，不是它認為藝術家的自由是比宗教尊嚴更神聖的東西嗎？因此問題只在於，西方社會由於它的世俗化而有了新的神聖形式，但西方文明在保護神聖事物方面實際上和穆斯林世界並沒有什麼本質上的區別。

伊斯蘭文明在現代由於缺乏活力、創造力而顯得落後，但從另一方面來講，它也有着常被人們忽視的優越方面：它從沒有產生過法西斯主義或種族主義，很少犯倫理上不可饒恕的滔天罪行。穆斯林沒有納粹的死亡營，沒有大規模的種族屠殺，沒有斯大林的恐怖，波爾布特的屠場，沒有荷蘭的在南非推行的種族隔離，日本1945年前的可怕的種族主義，沒有美國南方先前那種對待黑人的可憎的種族文化。據認為，伊斯蘭對種族主義有相當免疫力，從先知時代起，伊斯蘭教就成功地處理了民族矛盾這個困擾着20世紀西方社會的難題。清真寺裡沒有階級差別，更沒有種族隔離。在阿拉伯的宗譜和親屬關係方面，從不限制種族間的通婚。阿拉伯的原則是，有選定的語言而沒有選定的民族。穆斯林的領導權在歷史上在不同的種族之間多度轉手，從來沒有被認為是不正常。這在其他文明中是罕見的。伊斯蘭從未作出巨大努力去毀滅一個民族。可以說伊斯蘭文明是人類反對這類罪惡行徑的一座堡壘。

最使伊斯蘭文明辯護者難堪的，也許是它的暴力恐怖。今天的人們幾乎都會認為伊斯蘭文明本身有可能是產生恐怖主義的溫牀。然而即使在這一個問題上，穆斯林也有自己的說辭。馬茲銳在自己的文章中指出：伊斯蘭可能比西方文化產生更多的政治暴力，但西方文化則比伊斯蘭產生更多的街頭暴力。因此是"各有千秋"。他認為，西方文明的特點是政治張力較少但社會暴力達到一種很危險的程度。伊斯蘭社會雖然以大規模的戰爭、革命等政治暴力聞名，但在這種社會中，個人間的暴力卻被壓縮到一種最低程度。伊朗人比美國人更少冒險去打劫自己的同胞。而且這個問題不是能用獨裁政府這個理由來解釋的，因為拉各斯和德黑蘭一樣，街頭十分平靜。不用和紐約去比，就拿開羅這個非洲人口最多的城市和非洲最西方化城市約翰內斯堡來比，前者的街頭犯罪只是後者的一個零頭。因此這裡的問題顯然在文化上，伊斯蘭在社團和協商問題上的高投入形成了伊斯蘭日常生活的平靜。在這個角度上，馬茲銳認為伊斯蘭文明和西方文明孰優孰劣，不是一個一句話就能講清楚的問題。在某種意義上，人類文明也許有必要向伊斯蘭請教如何謹防人性最險惡的方面——從飲酒到種族主義，從物質至上到納粹主義，從毒品到作為知識份子鴉片的種種意識形態。

伊斯蘭價值的地位確立之後，剩下的最後一個方面就是：伊斯蘭能否和現代精神相協調的問題。這個問題在眾多穆斯林和同情伊斯蘭的人們眼睛中，是毫無疑問的。

首先他們認為，伊斯蘭教復興在和民主相協調的問題上不存在不可克服的衝突。他們指出，西方文明實際上也是從神權政治逐步走向民主化的。英國 1513 年後的歷史表明，英國神權政治民主化的道路在最初是先加強民主，然後才是削弱神權政治。而主要的民主變革實際上一直到 19 世紀、20 世紀才逐步完成。而現在，伊斯蘭似乎也在走這條路，伊朗伊斯蘭共和國成立還不到 20 年，那裡已可看到神權政治軟化和民主化復甦的跡象。至於其他的君主國這方面就更為明顯。約旦國王在政治自由上遠遠地走在國內合法反對派的前面。沙特和海灣國家也開始利用伊斯蘭稱之為"舒拉"（shura）的諮詢會議作為民主的嚮導。

更具有意義的民主轉化實際上已經在伊斯蘭復興運動中形成。土耳其原教旨主義的繁榮黨不僅僅通過民主方式為自己爭取越來越多的支持，而且還完全遵守民主的遊戲規則，從執政黨轉為在野黨。在這裡需要汗顏的似乎反而是世俗主義政黨和以民主保衛者自居的軍隊，他們在把繁榮黨趕下台的過程中，似乎比繁榮黨更缺少"費厄潑賴"。

其次伊斯蘭教和整個國際秩序的協調上也沒有根本性的衝突。伊斯蘭在很長一個歷史時期裡確實有着強烈的擴張傾向，只要條件許可，就會以"傑哈德"作爲手段，解決與外部世界的爭端，擴大伊斯蘭世界的版圖。從理論上講，不到整個世界都信仰伊斯蘭教，穆斯林是不會和外部世界妥協的。但自近代以來，伊斯蘭教的這個"傳統"實際上已經失效了。由於西方的崛起和伊斯蘭世界的衰落，處於守勢的伊斯蘭國家在列強的脅迫下被迫開始按照西方提出的要求和條件來處理國家間的關係，並逐漸接受了西方有關民族、國家、領土、主權等概念，接受了"主權平等"、"均勢共存"等國際關係思想，不再強調對外的"吉哈德"，並在事實上接受非伊斯蘭國家的和平共存。例如，從 17 世紀起，伊斯蘭世界中最強大的奧斯曼帝國就已經以一個普通國家的地位參與了當時的歐洲各國間政治，甚至接受了損及其利益的國際條約。大多數其他的伊斯蘭國家在對外關係實踐中也都接受了國際通行的準則和慣例。伊朗伊斯蘭革命時期衝擊國際公認準則，鼓吹輸出伊斯蘭革命，那是極端時期的極端做法，不能引爲通例的。我們看到，很少有伊斯蘭國家附和伊朗的"輸出革命"政策。另外，輸出革命作爲一種極端時期的"極端發作"，實際上並不限於伊斯蘭文明。其他文明，包括西方文明也有過這樣的歷史記錄。而人們似乎並不因此而說這些個文明本身"好戰"。情況正如皮斯卡特里（J.Piscatori）所講的，"幾個世紀以來穆斯林政治家表現出了高度的適應性，他們在和非穆斯林國家的正常外交往來中，沒有發現任何困難。"

伊斯蘭世界對於當今國際秩序的適應，還表現在他們處理內部關係事務方面所堅持的原則上：在承認信仰、精神和文化統一的同時，保持領土邊界的獨立性質。旨在加強伊斯蘭各國聯繫紐帶的伊斯蘭國家組織、伊斯蘭大會組織，也毫不含糊地宣稱，尊重第一個成員國的主權、獨立和領土完整。伊朗、伊拉克對於絕大多數伊斯蘭國家來說，是應懲罰的對象而不是要學習的榜樣。

當然，很多人們，即便是穆斯林和同情穆斯林的人們，也還是承認最極端的伊斯蘭原教旨主義是對世界秩序一種威脅。然而他們認爲，極端主義派別到處都有，它在絕大多數情況下不能代表整個運動。更何況伊斯蘭作爲一種"最終的解決方案"，它所強調的主要是社會內在價值的取向和發展模式的選擇。

第二節　現代化釋義視角的轉換

伊斯蘭復興運動是古老的傳統社會在現代化過程中嚴重受挫後，試圖借助傳統力量謀求新出路的一種努力。作爲其極端表現形式的伊斯蘭原教旨主義大革命，則是伊斯蘭社會文化整合危機苦難深重的象徵，是近現代世界歷史上一系列給人類造成深重災難的"社會結構性大震蕩"的最新表現形式。儘管社會在現代化轉型時期普遍存在較高的社會動蕩風險，但"社會結構性大震蕩"卻主要是現代化發展戰略取向失當的後果。爲了更深刻地認識這類社會現象，爲了尋找古老的傳統社會邁向現代化的"綠色通道"，我們的確有必要追根尋源，重新審視既往的理論和哲學。我們希望，一個新的尚欠成熟的解釋框架能把一個朦朧的可能世界，展現在大家面前。

一、"文化糾錯機制"和"文化整合危機"

現代化不等於西方化，這一點已經日益成爲當代世界各國有識之士的一種共識。西方文化的諸多特徵對於它在"前現代"特定歷史條件下"創造"出現代化社會來講，可能是極爲重要的。但這些特徵並不等於其他社會在不同的文化背景和不同歷史條件下"移植"現代化時所必須全盤照抄的東西。根據某些學者的經驗分析，隨着現代化在非西方社會中的成功發展，各地的本土文化將會得到一種復興[5]。亨廷頓這一從世界現代化發展的實際經驗中總結出來的結論很重要，隨着亞洲和拉丁美洲有一定特色的社會發展成就的取得，今天人們在文明的相互學習和相互借鑒中間的確減少了許多盲目性。

然而這樣一個認識也不能走向極端，認爲傳統社會在邁向自己的現代化過程中可以完全隨心所欲，可以完全無視整個世界在社會發展問題上所確立的總體方向而另搞一套。現代社會不管在什麼樣的文化背景基礎上，有什麼樣的變形和創造，它都必須要使自己能適應商品市場經濟這樣一個物質性的基礎，它在自己的文化、體制、思想、觀念、傳統、習俗等方面必須作出重大的創造性調整以適應這個基礎所提出的挑戰。我們看到，即使那些通過所謂"內生型"道路走向現代化的國家（最典型的應該是英國），實際上也經歷了一個相當艱難的調整過程，也沒能避免戰爭與革命的磨難。

人類文化在幾百萬年，甚至有可能上千萬年過程的發展中面對着嚴峻的淘汰壓力。如何在變動的內外環境中保持文化複製傳承的穩定性，一直是社會發展生存所要解決的主要課題。在這個意義上，我們可以把人類"文明"看成是在千百萬年嚴格的環境選擇背景下形成的一種社會生存"大智慧"。然而對我們來說極爲重要的是，這一"大智慧"的總體"價值取向"在最晚近的幾百年中，由於現代工商業這一文明變異形式的出現而發生了急劇的變化：從對"變異環境下穩定能力"的強調轉向了對"穩定的變異能力"的強調。對商品市場經濟的適應能力突然之間成爲了壓倒一切的文化"選擇標準"。儘管我們從理性分析的角度可以知道，"穩定的變異能力"作爲一種文化選擇方向尚未經歷時間的考驗，而且它本身的"可持續複製性"也已經暴露出問題。但是，"文化選擇"和"自然選擇"一樣，總是會表現出自己強烈的"機會主義"特徵：淘汰或抑制一切不具短期優勢的競爭者。於是，不想被淘汰出局的古老文化，就必須修正自己原有的社會生存"大智慧"。

作爲社會生存"大智慧"的文明或文化是可以加以改變和修正的。文化作爲整個進化進程較後期的產物，優勢就在於它是一種遠較生物基因更爲靈活的行爲指令系統。但是我們必須知道，這裡所講的"靈活"，使用的標準是進化意義上的時間尺度，而不是我們個體生命經常在體驗的那種時間尺度。它的最小時間度量單位也許是我們稱之爲"代"的時間跨度。而且更重要的是，古老的文化還有着自己在千百萬年篩選過程中得以強化的"自我糾錯機制"，也還有着自身內在結構上的關聯性，更有着自己"外化"爲人格形式的物質和精神存在。因此，文化無論對於個體生命還是對於一個社會來講，都有着一種強大的慣性。它是可以改變，但卻常常不會以少數人們的意志爲轉移。

古老文明所具有的"變異環境中的穩定能力"之所以能經歷時間的考驗，很大程度上是因爲它能主動地抑制"環境變異"（這裡講的環境是廣義上的環境）。有時這種抑制變異的"大智慧"甚至可以達到這樣的程度：通過社會機體的超常反應，通過"火鳳凰"式的自我毀滅來確保文化自我複製的穩定性。正因爲如此，那些能導致社會加速變異的因素，總體上來講，都不大可能會在這類文化中得到鼓勵和"選擇"。而商品市場經濟這個推動社會變異最強有力的因素，在幾乎一切古老的傳統文明中，都是最主要的抑制和調節對象；都是能引發"社會免疫機制"作出最強烈反應的"異己體"。理解了這一點，我們就不會奇怪，爲什麼當商品市場經濟以強硬的態度要求古老的文化改變原有的總體"價值取向"而向它看齊時，一場文化衝撞，一場社會"整合危機"就勢在難免。當一個又一個的古老傳統社會沉淪於"現代化怪圈"的輪迴時，人類的理性的確說不清楚，究竟是我們在改造自己的，被道金斯稱作爲"覓母"的文化基因呢，還是我們始終在充當着文化斥異機制的不自覺工具。

正因爲如此，在現代化浪潮湧動的地方，以商品市場經濟及與之相應的文化與價值觀爲核心的一整套體制，無論是從古老的傳統社會內部衍生出來的，還是從外部引進或強加的，它作爲一種"異己"的生活方式總是對原有社會造成全方位的衝擊，總是多少伴有社會生活中的大規模"失範"現象，總是造成原有社會一定程度的結構性震蕩。可以這麽說，在世界近現代歷史中，無論我們把目光投向哪裡，都不難看到人們爲現代化所付出的重大代價。也許只理解了這一點，我們才能對馬克思在談到歷史發展辯證法時的感慨有更深刻的領會，才會知道爲什麽人類"進步"本身類似於那種可怕的異教神祇，"只有用人頭做的酒杯才能喝下甜美的酒漿"。

如果我們承認現代化確實是人類孜孜以求的一種進步事業，現代化的實現也確實是人類提升自我的有效手段的話，那麽，現代化實現的過程卻絕對沒有半點詩情畫意。面對一場"可怕的非常複雜的政治、社會和文化大變動"，人們終於在一個更深刻的層次上認識到，自己在現代化浪潮最初衝擊下所嘗試的各種應戰方式爲什麽都很難打通邁向現代化的道路；爲什麽一個轉型社會的人們總有一種徹底喪失"精神家園"，一種在文化上被"拔根"、被"閹割"的感覺；爲什麽"文化整合危機"具有那樣巨大的毀滅性破壞力量；爲什麽受挫的轉型社會會鬱積起一種令人生畏的非理性爆炸能量；爲什麽我們會說，我們所面臨的"文化整合困境"是人類歷史上少數幾場最爲嚴峻的"文化挑戰"之一。

站在這樣一個角度去審視世界近現代所走過的歷程，我們的確能把許許多多看起來很少內在聯繫的重大歷史事件歸爲一個大類。比如我們可以把早年法蘭西的瘋狂和歐洲的動蕩，繼爾德日軍國主義的抬頭和拉美"考迪羅主義"泛濫，再到俄羅斯和中國等一批國家的苦鬥，直至今天伊斯蘭潮的迷狂，用一條紅線穿起來，把它們都看成是"文化整合危機"的產物，看成是古老傳統文化"掙扎"的一種表現形式。在這個意義上，我們能夠看到，這些發生在不同歷史時間裡的歷史事件具有了一種"同時代性"。而人類在這一漫長的過程中所表現出來的理想、希望、激情、喜悅、痛苦、迷茫、瘋狂、乃至殘暴，儘管千差萬別，不能同日而語，但也找到了一個幾乎是差不多的根源。

正因為如此，古老的傳統社會有必要對自己所面臨的時代大課題的複雜性、艱巨性有一個清醒的認識。如果說，我們今天可以把現代化轉型完成之後人類文明可能遇到的再一場"價值取向"大調整這個問題放到一邊暫不考慮的話，那麼我們首先要考慮的，便是如何從歷史中汲取經驗教訓的問題。我們在面對新一輪"文化整合危機"的時候，除了有我們前人向我們提供的經驗教訓之外，實際上並不比他們有更多的優勢。考慮到先前人們的理性和感情都曾被我們的文化"糾錯機制"加以調動和運用，我們今天並沒有任何必勝的把握。如果人類理性昨天存在的盲區，我們今天不去加以揭示的話，歷史就完全有可能換一種形式重演。因此，對於我們今天摸索在現代化道路、模式開闢上的一代人來說，如何站在前人的肩膀上，以反思他們的經驗教訓為基礎，對現實世界進行一種新的觀察和解釋，也就成為減少實踐中盲目性的惟一保證了。

解開古老傳統文化的"轉型密碼"，消解它那令人望而生畏的"自我糾錯機制"，是我們這個時代的大課題，也是能夠打開理解和超越伊斯蘭復興運動和更普遍意義上的"文化整合危機"這把鎖的惟一鑰匙。

二、傳統文化與商品市場經濟的"親和度"

我們在前面已經指出，現代化所造成的"整合性危機"，實質上是人類文化在總體價值取向上一次重大調整的結果。正因為如此，這種危機表現出了自己的必然性和普遍性。正如人們所看到的，現代化作爲一個世界性的歷史進程，無論是在"內生型"還是在"外生型"國家，無論在"早發型"還是在"後發型"國家，都造成了相當的"社會危機"。久而久之，人們便形成了所謂的"進步"代價論。而"惡"作爲一種推動歷史向前發展的"槓桿"，在德國古哲學中也成了歷史發展的"辯證過程"。對於歷史的這種"吊詭"，人們的確無法否認。

然而，當我們把注意力從這種危機的"必然性"和"普遍性"轉到這種危機的"深重程度"上時，便會發現，不同的地區和國家在各自的現代化進程中所遇到的"文化整合性危機"在程度上有着重大的差異。只要比較一下現代化在各地區、在各國的具體歷史進程，人類在追求現代化，在爲自身的"進步"和"提升"所付出犧牲和代價的差異便立即顯現出來。我們看到，有些地區和國家現代化進程相對比較順利：在付出了一定的代價後便邁入了現代化的門檻。而有些地區和國家卻極爲艱難：用盡心機和招數，備嚐磨難和曲折，依然不得現代化之門而入。在較爲極端的例子中，現代化的大門會在一個相當長的時期中對特定的地區和國家始終緊閉，一任你在"文化整合性危機"的地獄中輪迴。

這多少有點讓人感到奇怪，"現代化"爲什麼要挑肥揀瘦？爲什麼對某些地區和國家特別優厚、特別垂顧，而對另一些地區和國家則冷眼相看，把它們打入"另冊"呢？

這樣的一種"歷史不公平"現象，很早就引起人們的關注，很多人對此進行了理論上的探索，從文化、經濟、政治和社會等多種角度進行了解釋。這些探索對我們今天深入認識現代化發展問題有着極大的助益。

站在我們今天所達到的理性思維高度，也許可以發現，通向現代化成功的難易，也許和一個地區、一個國家的傳統文化、社會結構與商品市場經濟的“親和度”有着密切的關聯。我們知道，作爲一種經濟活動的商品、市場在各類社會中都不同程度地存在着，在有些情況下，它還會達到自己的繁榮階段。然而，商品和市場如何才能成爲一種穩定的生產關係，轉化爲人類社會更有效地配置資源的新手段卻是一個人類文明在很長的歷史階段中都沒能解決的一個大課題。商品、市場的繁榮到頭來往往都無法成爲一種穩定的建設性因素，使文明發展進入一個新的歷史階段，相反倒總是成爲腐蝕和解構原有社會最強有力的破壞性因素。而當社會最後因此而解體時，商品和市場也因爲失卻了自己的生長條件而結束了一個發展周期。

在這裡，社會機體似乎表現出一種神秘的抗變異能力，本能地排斥商品和市場經濟。當然我們今天知道，文化所具有的這種通過超常方法清除變異因素，維持自我複製穩定性特徵並不神秘，這種看上去具有“目的論”色彩的特徵，正是複雜大系統內部的子系統在交互作用下形成“超循環”穩定狀態的一種表徵。系統論中把具有這種超常抗變異能力的系統稱爲“超穩定系統”。古老的傳統文化經歷了漫長歷史的考驗，它們作爲一種“超穩定系統”，形成一種“文化自我糾錯機制”，有效抗拒了商品市場經濟這一“異化”因素對社會系統穩定的干擾，本身並不奇怪，甚至應該說這也是它的一種成功之處。

然而，文化演進的辯證法決定了，一種反應模式的成功確立既是一種“進步”，但同時也限制了其他反應模式的可能發展。古老社會對於商品、市場這些異己因素的反應模式一經固化，它在歷史發展的長河中便不再去尋求發展與它們的“親和能力”了。這個潛在的弱點不到商品市場經濟突變成一種成功的文明是不可能顯露出來的。

人類文明對於商品、市場的這種“自我糾錯機制”、“自我抑制機制"最後是在自己的一個"薄弱環節"上被打破的。中世紀後期英國那以各種標準來衡量都是很脆弱的文化和社會結構在各種離心作用下進一步分化,在三個社會基本的價值取向上,進一步突出自己的"非一體化"特徵。簡單地說,那就是在政治價值取向上,強調了社會、社團和個人的權利和自由,進一步限制國家在這些方面的干涉權力;在社會價值取向上,強調了個體在各方面所擁有的"天賦"權利,進一步削弱羣體對個體的傳統權利;在信仰和教化價值取向上,強調了內在救贖的重要性,削弱了信仰的外化形式及其壟斷權。所有這些變化從傳統角度來講,都很難說是一種"進步"。這樣一個高度"離心"的社會,顯然是和整個文明發展的總體方向背道而馳的。它內部競爭的普遍化,國家權力資源的缺乏,將使作爲整體的社會和國家軟弱無力。這樣的一種文明變異,在殘酷的人類文明競爭中失敗的幾率無疑不是降低了而是增加了。也許僅僅是因爲英國獨特的地緣環境,才使這種文化演進中的"有害變異"有可能發生和被保存下來。

然而沒有想到的是,這一高度獨特的變異卻"瞎貓撞到了死老鼠",不經意間提高了整個社會機體和商品、市場的"親和度"。商品、市場高度繁榮後對於社會所具有的普遍解構功能在這種變異了的文化中不是說完全消失了,而是受到了某種限制,它的積極建設性作用第一次在人類歷史上超過了它的消極破壞作用,社會由此而進入了一種全新的良性運行狀態。在很多文明中所表現出來的"文化糾錯機制"在這裡被阻斷了。商品市場這個在其他文化中受到自覺不自覺排斥和抵制的東西,在這裡被吸收、融合進了社會,成爲整個社會系統穩定運動的一個組成部份。我們發現,一個歷史性大課題的解決,就這樣在人們不自覺的情況下完成了。文化在這裡再一次向我們顯示出,它有能力在人們不自覺的情況下形成一種在人們看來是具有"目的"性的東西。

這樣一個歷史性大課題的解決，也同時意味着人類一種新的配置資源方式的誕生，一種新的文化、新的時代的誕生。儘管這個新的文化剛剛形成，還沒有經受時間的考驗，它所具有的"穩定變異能力"本身能不能不斷地創造出保證自我複製條件這一問題，還有待於歷史去加以回答，但是，這種新文化所具有的效率和優勢應變能力卻對所有古老的傳統文化帶來了生存壓力。在這個新時代面前，其他一切文明逐步瞭解到，如果不想被取消"球籍"的話，那就必須從根本上調整自己的傳統文化取向。於是在克服了初期的恐懼、厭惡、仇恨、抵制和反抗之後，終於開始向英國"看齊"了。

其他文明對現代化的追求，在很長很長的一個歷史時期中都沒有認識到這有可能是一個非常艱難的過程，而最重要的問題可能不是下學習的決心，而是搞清楚到底學什麼的問題。結果人們把"英國化"當成是"現代化"。英國一整套經濟、政治和社會體制具有了一種脫離具體社會歷史發展的抽象價值，是一種無需"背景說明"的"先進"象徵。既然現在英國走在了前面，那麼我們要實現現代化就只有老老實實地去學習。"先進工業化國家的今天，也就是其他國家的明天"，於是一場"英國化"運動順理成章地先後在各國展開。

對英國式現代化道路的模仿和借鑒在一些地區和國家取得了重大的進展。北美、北歐的一些國家相對成功地把英國模式移植到了自己那裡。儘管這個"移植"過程由於種種原因而使很多東西失去了"原汁原味"，發生了眾多非人們想像的那些變化（參見古德諾的《政治與行政》），但從總體上來講，這些社會通過變革、通過借鑒提高了自身文化與商品市場經濟的"親和力"，它們或者成功地組織了一個商品市場經濟社會，或者是成功地將商品市場經濟組合進了原有社會系統結構之中。這些地區和國家現代化的成功，使"英國化"更具有了自己的魅力。

然而對於英國模式的搬運，也有反面的經驗和教訓。法國"英國化"的結果造成了令整個世界為之口瞪目獃的結果："理性"之花盛開卻結出了"非理性"的罪惡之果。面對這樣一個慘痛的教訓，人們本來也許可以對"英國化"做法這個問題提出質疑。但實際上沒有。正如 T. 庫恩在《科學革命的結構》一書中指出的一樣，一種認知的"範式"不會在一個或幾個"反例"面前輕易地"終結"，它會努力擴展、修補自己的解釋模型，來包容這些反例。"革命"的人們不僅沒有認輸，不僅不去反思法國式現代化道路，反而站在政治革命和抽象價值觀的立場上，把法國道路看成是一種更具價值的現代化模式。認為這是一種比英國模式更為徹底、更一步到位的"解決方案"，快速、不拖泥帶水地消除舊勢力，為新社會的誕生創造一個嶄新的基礎。

　　有這樣的新解釋，就會有根據這種解釋進行的社會變革新試驗。以"革命的雅各賓派"自稱的幾代革命黨人，高舉政治革命大旗，前仆後繼，相繼行進在激進革命的道路上。然而這類革命實踐二百餘年暴露出的最大問題是：打碎舊機器容易，創立新制度困難。這類革命不要說創立一個能夠超越商品市場經濟的"超現代化"社會做不到，就連改善社會包容商品市場經濟能力這個基本任務也無法完成。沒有經濟制度上的創新，抽象的政治"解放"終於只能是畫餅。這類改造社會的模式在極端的情況下，不是使社會文化的改變朝向增加與商品市場經濟的親和力這一現代化發展的總體方向前進，而是走向這一方向的反面。

　　這就不能不使人懷疑："激烈的反傳統態度本身是不是一種傳統文化的行為方式？"林毓生在回顧"五四運動"反傳統精神時談到的這個觀點，對於我們這一代人來說的確特別的沉重。如果這一懷疑還真有點道理，那麼，我們所做的一切不就成了傳統文化用來抗拒變革的不自覺工具？人類自以為什麼都懂了，歷史的規律也把握了，但實際上卻連自己在追求什麼都不知道。眞無怪乎有人要刻毒地說，"人類一行動，上帝就發笑"了。

對激進革命方式的反省和批判很自然地涉及到了現代化的模式問題。現代化等不等於英國化？英國經驗中究竟什麼才是我們應該着重去加理解和把握的？我們已往所走的道路有沒有可能是一條最爲迂遠、最爲曲折的道路？在追求現代化的實踐中，我們是不是正好"買櫝還珠"，忽略了現代化最本質的方面而去追求它迷人的表象呢？以伊斯蘭復興運動爲代表的一系列由現代化挫折引發的"社會結構性大震蕩"的謎底是不是在這裡呢？

三、現代化挫折與"轉型社會結構性大震蕩"

我們在前面已經指出，英國成功的現代化得力於它傳統社會和文化結構整合性較差的這樣一個特徵。這些特徵對經歷了時間考驗，整合程度達到很高水平的的古老傳統文化來說，似乎旣是"低級"的，也是"病態"的。然而，正是這樣一種整合性較差的社會文化結構，在有利的地理環境保護下，卻爲商品市場經濟的良性運行提供了一個很好的基礎。結果，借助於商品市場經濟的東風，這樣的一種社會文化結構特徵形成了一種文化競爭上的優勢，反過來對整個世界後來的文化發展施加了一種"選擇壓力"：順應商品市場經濟者興，不順應者亡。

英國旣然解決了人類文化發展中長期存在的排斥商品市場經濟的大問題，那麼，它的一整套社會文化體制的確是有着這方面積極的功能的。但問題在於，這些具有扶助商品市場經濟積極功能的一整套社會文化體制不是超歷史的。它們的這些功能在離開了產生自己的特定歷史條件下會不會繼續存在，這是一個完全需要具體分析的問題。由於我們已經提到，英國文化相對而言比較獨特，因此，學習英國經驗，進行現代化變革，應該着重注重其精神實質而不在於它的某些具體價值取向，應該著重使社會獲取一種能與商品經濟協調發展的功能，而不在於一定要以什麼形式。

這種注重功能而不是形式的發展戰略實際上是在上千萬年的生物演化中早就被優選出來的發展"大智慧"。人們在研究生物演化中的"同功器官"時，發現不同的生物會以不同的方式來實現某種必須具備的功能。就拿魚龍和海豚來說，人們發現它們的尾鰭造型極為相似，非常符合流體力學的要求。但兩者之間有一個重大的差別：運動形式上不一樣。魚龍尾鰭是垂直的左右擺動，而海豚的尾鰭是水平的上下擺動。通過對這兩種動物的尾鰭骨骼構造比較，人們一下子就明白了為什麼會有這種運動形式上的差別。魚龍的尾鰭是由爬行動物的尾椎骨演化而來，因而魚龍的尾鰭保留了爬行動物以尾巴左右擺動保持身體平衡的運動形式；而海豚的尾鰭是由哺乳動物的下肢骨演化而來，因而保留了前後（上下）的運動形式。顯然，作為物種來說，滿足某種功能上的要求是生存的頭等大事，但以什麼形式滿足，可以也必然應該從自己已有的傳統優勢轉化而成。

現代系統科學則進一步從理論上確認了這一發展戰略。認為這一發展戰略是系統演化所應遵循的基本原則之一。任何系統由於有自身穩定性的這一基本要求規範，因此它的發展和演化要受到一個"可接受變異拓撲空間"的限制。而這個"可接受變異拓撲空間"的規定，則完全是由系統自身的結構特徵決定的。系統的變異一旦超過這一"空間"，就立即會面臨"解體"的危險。

然而，也許是人類的理性在現代化的初期階段還很有限，也許是社會利益結構的變動有它自身的要求，這一發展戰略完全沒有受到人們的重視。相反，影響巨大的啓蒙運動從一開始就把這個現代化的頭等大問題領向了一個錯誤的方向：注重形式而不是功能。在它看來，現代化實際上就是英國那些對人類來說具有普遍意義的抽象原則的實現過程。儘管今天人們對啓蒙運動缺乏一種起碼的歷史感和"背景意識"進行了全面的清算，但是，它已經產生的影響和後果卻不是能夠一筆勾銷的。正是啓蒙運動把英國文化中的某些基於具體社會歷史文化背景的價值取向絕對化、抽象化，從而影響了人們對於"英國現代化經驗"的看法，影響了人們對現代化道路選擇時的眼光和眼界。

古老的傳統社會的現代化在這樣的一種思路指導下，無疑走上了一條曲折的發展道路。一個社會的傳統都變成了必須加以抛棄的廢物，而不是可以也應該加以利用的資源。現代化所要解決的最大問題也不再是如何根據每種文化的具體特點，去創造一套獨特的"親和"方式以"兼容"商品市場經濟，防止和抑制商品市場經濟對社會解構能力的惡性發展，而是變成了一個"英國化"的過程，變成實現"人類普遍原則"的過程。據認爲這是一個無法避免的過程，不管你如何痛苦。這似乎也就是說，對商品市場經濟的適應只有這樣一種方式和途徑。

當然，"英國化"也不是說絕對的不好。在那些社會和文化整合程度不是很高，因而具有和英國較相似的社會文化結構的地方，英國的經驗比較適用，經過移植後，也容易發揮出兼容商品市場經濟的積極功能。這就是我們在北歐和北美所發現的情況。從另外一個角度來說，"英國化"也是現代化的一種個性表現形式，在這種個性之中，也必然體現了某種"共性"。因而其積極意義是不能一筆抹殺的。但是，當時的問題在於，人們還沒有從這樣的角度來認識英國經驗。他們把這種"個性"直接當做"共性"，當成是具有普遍意義和絕對意義的東西來推廣和接受。這種做法產生的消極後果是：那些"人類的普遍原則"破壞了那些古老傳統文化的基本穩定，推動社會遠遠地偏離了自己的"可接受變異拓撲空間"。而作爲結果，社會解體的威脅直接激活了這種古老文化中潛在的"自我糾錯機制"，從而通過"社會結構性大震蕩"這樣一種"鳳凰涅槃"式自殺行動，清除一切異己要素，使社會恢復到自己所能夠適應的穩定狀態之中。在這種情況下，不僅那些"人類的普遍原則"沒有實現自己的可能，而且商品市場經濟也根本無法在其中生存下去。社會可悲地發現，自己受了那麼多的罪，轉了一圈，卻又回到了原來的出發點。

我們看到，在那些古老的傳統文化邁向現代化的過程中，那些"人類的普遍原則"極大地削弱了這些社會中政治權威、政治權力的合法性，動搖了整個社會道德倫理敎化的基礎（在很多古老的傳統文化中這兩者是緊密地聯繫在一起不可分割的），瓦解了維繫於社會法統和道統之上的"自律精神"。結果我們看到，商品市場經濟在這樣一個基礎上的發展，不僅不能成為一種積極的建設性力量，反而成為對社會結構極具破壞力量的消極因素。

在這種所謂的"轉型社會"中，商品市場經濟與失去監控和規約的高度權力結合在一起，形成相互腐蝕，相互扭曲的態勢，形成古老社會最黑暗、最醜惡的現象，它將一切腐蝕於無形之中，催化出一個人們常稱為"世紀末"的社會全面失範現象。

一個全面失範的社會是可怕的社會。很少有人會按自己的"角色規範"去行事。盛傳的法王路易十五的那句名言，"我死之後哪怕它洪水滔天"，便很典型地代表着人們在一個普遍喪失了理想信念的社會中的一種自白、一種心態。每個生活在這種社會中人都會感到絕望、惶恐和迷惘。"沒有明天，及時行樂"會成為一種腐蝕一切的行為準則。著名的奧地利作家斯·茨威格在他的那本路易十六王后的傳記《命喪斷頭台的法國王后》中所竭力想加以揭示的，也正是在這一大社會背景下王室生活的糜爛和昏庸。很顯然，這樣的一種社會不會擁有秩序、信任和禮節，不會有什麼強烈的正義感和廉恥感，不會有什麼社會運行效率。相反，這樣的社會其運行成本必然地會因整體的無序而增至無限，並使社會中的每個人，尤其是生活在社會底層的普通民眾根本無法承受如此沉重的代價。這樣的一個社會必然是一個民怨沸騰、民變四起，最終必將陷入惡性循環結局的社會。

如果這樣的社會快速解體，讓商品市場經濟在一個元氣尚存而精神更新的基礎上重新運行，這也不失為一種解決方案。但情況往往並不這麼簡單，古老社會的高度整合性、權力結構的高度集中性又是不把社會拖到革命性解決的道路上不會罷手。這就無怪乎所有這類社會的最終解決辦法都非常相近：被逼得走投無路的民眾只能在革命家的帶領下，搶佔道德譴責的制高點，以和"舊社會"作最徹底的決裂的面目"打碎一切"，結束混亂，恢復秩序，回到原來的出發點。寄望於大規模的羣眾"民主革命"能為這類社會開創一個"新紀元"，那已被證明是一種幻想。

總之，商品市場對於古老的傳統社會本身就具有極高的殺傷力。如果這種社會不把自己現代化的中心目標明確定位在努力提高整個社會與商品市場經濟的親和度，減輕後者對社會的殺傷力，並由此來佈置整個改革戰略的話，它就有可能是在緣木求魚。如果這種社會還醉心於其他什麼目標的話，那麼，這種目標越迷人、越宏大，商品市場經濟對這古老傳統社會的殺傷力越容易得到放大。這類社會出現"社會結構大震蕩"的幾率就會越大。

站在這樣的一個角度上來看包括伊斯蘭原教旨主義羣眾大革命在內的一系列轉型社會的結構性大震蕩，我們似乎可以得出如下的幾點看法：

首先，這一類大革命是一個古老的傳統社會在現代化過程中，身受深度苦難和危機的表徵。也是社會在全面解體威脅下，啟動社會"自我糾錯機制"，作出超常規反應，並最終通過羣眾性的非理性大爆發形式，消除異己的破壞性因素，重返自己的"可接受變異拓撲空間"。

其次，引發這一類"社會結構性大震盪"的主要原因是發展戰略的選擇錯誤。這一類古老的傳統社會本身就缺乏積極抵禦商品市場經濟腐蝕的能力。對這類社會來說，注重宏大目標的實現，注重某種特定外在形式的追求而不是內在功能的完善，無條件接受某些"先驗"的政治、哲學原則，忽略社會對商品市場經濟的積極兼容能力，想立竿見影，相畢其功於一役，實際上都是開始在自掘墳墓。

最後，對古老的傳統社會來講，現代化的"怪圈"不是不可能打破，"社會結構性大震盪"不是一種宿命。只要我們樹立一種新的視角，樹立現代化"功能趨同"的追求思路，並以此為基礎，重新審視既往的一切理論和價值，在調動包括傳統資源在內的一切因素，發展出自己對商品市場經濟獨特的適應形式上，就有可能開闢一條邁向現代化的安全通道。

第三節　面向未來的伊斯蘭社會現代化

在經過調整了的文化視角看來，伊斯蘭復興運動實際上只是一種現代化進程受挫後的一種轉向，它代表了社會力圖對改革進行重新定位的努力。不管今天伊斯蘭復興運動有如何過激的表現，它最後仍然必須拋棄感情上的糾葛，歷史經驗中的痛苦，重新去面對商品市場經濟大潮。它的真正出路在於告別激進的左右搖擺，調整傳統政治文化中某些無法適應商品市場經濟的特徵，增強抵抗腐敗的能力和進行自我調整的能力，以新的思維方式，在傳統和現代之間開闢一條"有序變革"之路，使社會一代又一代人所做的建設性工作能夠得以積累。

一、認識自己：現代化挫折後的轉向

在現代化的釋義框架中，伊斯蘭復興運動不是一種"綠色威脅"，而是一種"綠色騷動"；不只是"權力和利益追求的新形式"，而是在遇到現代化挫折後的一次轉向；不可能是"最終的解決方案"，而只能是面向未來的又一次新摸索。當代伊斯蘭復興運動是伊斯蘭世界面臨的政治和社會危機的產物。它的醞釀和爆發有着相當複雜的歷史與現實原因。

從歷史上來看，近現代伊斯蘭世界被所進行的反帝反殖民族解放運動從客觀上激發起伊斯蘭世界所具有的"復興傳統"的傳統。儘管隨着民族獨立運動的持久深入發展，民族主義和民主力量最終在眾多的伊斯蘭國家中佔據了支配地位，但伊斯蘭在抗擊"異教"勢力威脅時所具有的號召力、凝聚力和戰鬥力還是給人們留下了深刻的印象。

二戰使很多伊斯蘭國家獲得了自己的獨立。實行各種政治體制的這些國家在外部發展的壓力下，都做出了某種程度的現代化探索，嘗試了從公有制到私有制的多種發展模式。現代化變革嘗試給這些國家帶來了某些積極變化，但總體上來講，效果都不理想。但由於當時外部環境險惡，很多伊斯蘭國家或者直接捲入了與以色列之間的熱戰，或者間接捲入了美蘇之間的冷戰，吸引了人們的關注，加以南北矛盾，石油財富這些問題也轉移了人們視線，結果使現代化的許多深層次問題都沒有完全暴露出來。

70年代後期的伊朗伊斯蘭革命的爆發以及此後伊斯蘭復興運動的蓬勃發展，才使人們比較清楚地看到伊斯蘭世界前階段現代化進程中所形成的嚴重社會問題。這些問題大體上說來，有如下幾個方面：

首先，工業化的大力發展使伊斯蘭國家有了自己的民族工業，改變了原有的產業結構，加速了整個社會的發展步伐。但這個過程也多少破壞了穆斯林各國原有的以農業牧業人口為主體的傳統農村生活方式。大批農牧民被吸引到城市中來，造成了城市人口的嚴重超載。傳統城市的結構功能完全跟不上發展要求。住房、基礎設施與公共服務網絡嚴重短缺，普遍困擾發展中國家的城市人口爆炸問題在伊斯蘭世界表現得非常突出。貧困、失業、犯罪、暴力、疾病、文盲等與此相關的社會問題日益突出。

其次，權力和商品市場經濟發展攪和在一起，出現了嚴重的權力腐敗現象，各國現代化的成果被少數人攫取或獨佔。中東伊斯蘭產油國的巨額石油財富，絕大部份都落入王公貴族、部落酋長和軍政要員的私囊。在現代化發展步伐稍快的埃及、土耳其、突尼斯和阿爾及利亞等國，當權者在推進國家現代化過程中，利用經濟自由政策和他們自身所享有的各種特權聚斂財富。這使生活在社會底層的廣大穆斯林沒有得到經濟發展的任何好處，他們的貧困狀態沒有得到根本改善。這種由於非經濟原因造成的社會貧富分化過分懸殊，不僅使底層民眾怨聲載道，鋌而走險，而且也使當權者威信掃地。按伊斯蘭社會傳統觀點，當權者應該是社會中的道德的榜樣，應該是遵守社會公德的模範，應該是民眾疾苦的傾聽者和解救者。但現實卻不是這樣。當權者實際上成了社會的蛀蟲，很少關心底層民眾日常生活中的痛癢。正因為如此，當土耳其、埃及的一些伊斯蘭組織在大城市中關心底層民眾的生活疾苦，為絕望的人們分發寒衣和食品時，它們很自然地得到了大家的擁護和支持。我們看到，當權者的胡作非為和失責，使他們在人們眼裡早已失去了自己的合法性。這樣，對社會嚴重不滿，對當權者充滿敵意的廣大穆斯林民眾便很自然地期盼着對這種社會來一個根本性的革命改造。

再次，隨着伊斯蘭世界現代化運動的深入發展，不受約束和監督的政治權力所具有的弊端還不僅表現在斂財腐敗、威信喪失方面，而且還表現在缺乏對於商品市場經濟的管理和開發能力上。許多國家的經濟發展由於受到非經濟因素的干擾而長期處於徘徊狀態，國有企業管理落後，產品競爭能力不強，工廠開工不足，就業不足，生產效益低下，通貨膨脹居高不下。國庫空虛，財政拮据，對外依賴嚴重，致使國民經濟疲弱無力，始終面臨着破產或崩潰的威脅。而在另一方面，達官富豪卻紙醉金迷，用昂貴的進口商品、豪華的生活方式向人們炫耀着自己的權力和財富，這使在飢寒交迫下的民衆忍無可忍。

最後，面對社會變革所遇到的衆多問題，人們逐漸對於這一個時期所嘗試的世俗主義、民族主義、社會主義、國家主義等道路產生懷疑，甚至對所謂的現代化產生信心上的動搖。衆多醜陋的社會現象，傳統社會結構破壞後留下的功能失調，人們建立在傳統文化基礎之上的精神家園的崩潰，所有這些都使得上層精英們所倡導的世俗化、現代化以及與此相關的西方意識形態、價值觀念和生活方式在一般的民衆眼裡成爲他們苦難和失落的根源。

我們看到，正是在爲譴責這些醜惡現象，爲自己不滿和憤怒的表達確立一個合法性基礎，人們很自然地回到了對他們來說是很熟悉、很親切的傳統中去。當然，回到伊斯蘭這一傳統基礎上並不僅僅是爲了表達不滿和進行聲討，也是一種對於傳統生活方式的一種理想化和對於新生活的一種嚮往。這種理想化和嚮往既讓人依戀傳統，也通過人們的希冀，通過人們的詮釋而變更、發展傳統。正如很多人指出的，伊斯蘭教的整個發展歷史都說明了，它的傳統是在一個不斷適應環境變化的過程中得到宏大和張揚的。因此，伊斯蘭復興運動從一種信仰或意識形態的角度來說，並不完全是封閉、倒退的，它有着自己面向未來的那個方面。

從總體上來說，伊斯蘭世界所面對的現代化困境是一個非常艱難的文化轉型問題，由於社會變革環境的惡化，這種轉型難度更是達到了一個令人望而生畏的程度。僅拿伊斯蘭國家不受控制的人口，尤其是城市人口的爆炸性增長來說，就有可能構成一個社會變革在任何情況下都難以逾越的障礙。據統計，伊斯蘭世界的人口出生率幾十年來，一直保持着3％以上的年增長速度，從而使人口結構朝向高速遞增的方向轉化。現在，有些伊斯蘭國家15歲以下的人口在總人口中的比例接近50％這樣一個高水平，這意味着，未來人口擴張的規模還會加速。在城市人口爆炸問題上，埃及也許是個典型的例子。埃及人口的99％集中生活在尼羅河與蘇伊士運河地區兩岸的狹小區域內，城市擴展的規模如今已達到了一個危及生態平衡和社會穩定的程度。

因此，在這樣一個前提下搞現代化的確充滿了風險和困難。寄希望於通過一次激進的革命、大轉向就能解決所有的問題，這本身是不切實際的。在這個意義上，向伊斯蘭回歸，向伊斯蘭尋求出路與其說為社會指明了一條出路，還不如說給了一個過度失望的社會帶來了某種希望；與其說它能創造一個新世界，還不如說它迫使社會改變或修正原有發展模式，開闢新的探索方向。因此，伊斯蘭復興運動更多的是社會苦難的表徵，是社會對自己前階段所走道路的一種否定，是社會藉以重開探索之路的轉向。對伊斯蘭復興運動過分的貶低和過分的褒揚，都不是理性的態度。

需要注意的是，伊斯蘭世界並不是一個統一體。各國在現代化進程中所遇到的問題很不一樣，伊斯蘭復興運動在其中所起的作用便也有差異。在一些現代化挫折不是很深重的伊斯蘭國家裡，伊斯蘭復興運動很少扮演像“黑衣天使”那樣的純破壞者角色。相反，它們不是沒有可能成為現代政治體制所能容納的力量。在這種情況下，伊斯蘭復興運動便會成為底層民眾利益集中和利益表達的手段，對社會發展方向的調整施加自己的影響。儘管這樣一種形態在當今伊斯蘭復興運動中還很微弱，不是主流，但從長遠來說，隨着現代化探索、現代化建設的逐步成功，伊斯蘭復興運動的這一溫和表現形態完全有可能取代運動中的那些"狂暴形式"而成爲主流，成爲伊斯蘭世界中一支恆定的建設性力量，發揮自己的作用。

二、目標定位：直面商品市場經濟大潮

應該說，伊斯蘭世界從一開始就對商品本身並不陌生，也不缺乏商業意識。穆罕默德本人在他一生很長的時間裡就是一個經商者。然而，伊斯蘭社會從總體上來看，其整個傳統文化體系還是建立在游牧或農耕生活方式這樣一種經濟基礎之上的。商業和貿易是伊斯蘭社會生活中的一個重要組成部份，但畢竟只是一種後起的、有起伏的經濟補充形式。而更重要的是，商業、貿易和商品市場經濟還不是一回事，它們分屬不同的經濟範疇，有着很大的差別。因此，我們可以看到，伊斯蘭世界在社會組織、權力結構、交往方式、意識形態和日常生活等方面，和以商品市場經濟爲基礎的現代社會有着很大的不同，基本上屬於我們常講的，古老的"東方"文化類型。正因爲如此，伊斯蘭世界在百多年的商品市場經濟建設方面始終曲曲折折，難以自如。

對於古老的傳統社會來說，對於伊斯蘭世界來說，商品市場經濟在它們的歷史經驗中的確不是什麼好東西。它曾將一個個民族和國家推入苦海，給一個又一個的大陸帶來混亂、動蕩、焦慮和瘋狂。正是對這些苦難的最深切的感受，推動了各個民族仁人志士的奮起反抗。他們針對商品經濟這個"萬惡之源"，或是提出限制，或是倡導抛棄，或是主張消滅，或是堅持超越。然而令人們不無傷感，不無惆悵的是，所有的這些美好願望，崇高的理想，大膽的實踐最後都不免化成遺憾。

儘管我們知道，所有的這些失敗並不能證明超越的不可能，也不意味着商品市場經濟就能獲得永恆的生長。但是，社會實踐的主

流畢竟由此走上了另一個方向。今天的人們至少能從理性上認識到，在資源開發和配置的效率方面，商品市場經濟雖然存在着完善、變革和提高的可能，但卻不是能被輕易地超越的。就連信息技術的發展，系統科學的突破這些革命性的變化也沒有能向商品市場經濟提出人們原來以爲會提出的挑戰。不僅如此，這些科學技術上的進展和突破反而有點令人難堪地向人們解釋了商品市場經濟在配置資源效率上的動態完美性。

正因爲如此，面臨着生存壓力的伊斯蘭世界在追求自己的繁榮、強大和現代化時，就不可避免地要去面對商品市場經濟、建設商品市場經濟。伊斯蘭社會在這方面也不可能是例外。在今天的世界上，現代化的其他一些標準還有可能會被認爲不是現代化的本質特徵，但商品市場經濟卻早已成爲現代化公認的一個不可或缺的基礎。儘管我們這一代人不會忘記"商品來到世間，它的每一個毛孔中，都滴着血與骯髒的東西"這句名言；不會忘記資本原始積累的劍與火，奴隸貿易的淚和恨；不會忘記一個個古老社會，一種種不同的生活方式在商品市場經濟侵蝕下，腐爛時的那種痛苦，垂死前的那種掙扎；而且我們也知道商品市場經濟永遠會給社會帶來激烈的競爭、嚴重的分化和巨大的不穩定。但飽經曲折的我們也許更清楚，你如果不去擁抱商品市場經濟這個完全有可能吞噬你的、可怕的情人，你失去的就不僅僅是機會，而是你的生存權利。的確，商品市場經濟在爲一個社會整體的改善創造了其他競爭形式很難創造的前提條件的同時，也就成爲了世界上權力、優勢、成就感的來源和象徵，也就由此而剝奪了其他那些競爭形式的合理性，甚至還有生存權利。

這樣看來，伊斯蘭世界要實現自己的現代化，就不能不確立自己的經濟基礎轉型的大目標、大方向，把商品市場經濟的建設作爲變革社會的一件頭等大事來抓。在這方面，一切感情的糾葛、一切記憶猶新的痛楚、一切陳年歷史的老賬都必須擱在一邊，都必須服從這種理性的選擇。如果作爲古老傳統社會一員的伊斯蘭世界不能在一輪新的曲折之後勇敢地重新直面商品市場經濟大潮，那麼，它實際上也就無法在全球商品市場經濟發展競爭的歷史時期中佔有任何位置。

當然，直面商品市場經濟需要的不僅僅是勇氣，還需要有智慧。不能從他人和自己的失敗歷史中認眞地吸取經驗敎訓，光憑着勇氣去投入商品市場經濟，那就很有可能讓整個民族重新在那個極其痛苦的現代化"怪圈"中毫無意義地再"輪迴"一遍。現代化的歷史再清楚也不過地表明，古老傳統社會在商品市場經濟面前的軟弱表現，絕不是一種歷史的偶然。在這裡，沒有一種理論"前瞻"的指引，沒有對可能遇到的問題有一種事先的警戒，沒有一種建立在超越前人失誤基礎上的理性規劃和選擇，僅僅想憑僥幸來打通邁向商品市場經濟道路的做法無異於對歷史、對民族的不負責任。儘管我們今天知道，人類的理性認識有着很大的局限，對於像社會全面變革這樣一種複雜任務，所有的事先認識和安排都沒有必勝的把握，所有的實踐都帶有嘗試的性質。然而，我們今天的嘗試畢竟已經不是在一片混沌中的"撞大運"，而是在古老傳統社會中那些個"不可接受變異拓撲空間"已被失敗實踐標示出來的前提下，所進行的實踐。因此毫無疑問，機遇會更偏向"有準備的頭腦"。

在這個意義上，"直面商品市場經濟大潮"就意味着理性和膽略的結合。沒有膽略，我們會遠離時代所規定的大方向；沒有理性，我們就不大可能超越自己的前人。伊斯蘭世界在直面商品市場經濟大潮這個問題時，也許要注意伊斯蘭敎作爲一種"無所不包"的生活方式，對商品市場經濟所要求的相對獨立運行環境不夠尊重。這種"不夠尊重"既可能表現爲按自己的意志粗暴地去干擾它，也可能表現爲把商品市場經濟的特有原則擴大運用到社會生活的各個領域。歷史證明，一種"全有或全無"、"全好或全壞"、"全對或全錯"式的思維方式是無助於複雜的社會改革事業的。在這裡，古老的"東方智慧"似乎應該恢復起來。

三、有序變革：消除文化"自我糾錯機制"

古老傳統社會在現代化過程中最成問題的是經常性地出現所謂的"社會結構性大震盪"。伊斯蘭復興運動的幾個高潮性階段都帶有這種特徵。這種現象從性質上來說，是社會不自覺的一種"自我糾錯機制"；從效果上來說，它通過非理性大爆發的形式掃蕩一切、清除一切，把社會在很大程度上推回到自己的低起點上，使社會很難在一個不斷積累的過程中向現代化、向商品市場經濟靠攏。

顯然，一個古老的傳統社會如果不能阻斷這種"自我糾錯機制"的周期性爆發的話，那麼人們為追求現代化所做的一次又一次努力都將前功盡棄。在某種意義上，古老社會傳統社會的現代化是否能成功，實際上就取決於它能否成功地消解這種形勢於未萌。正是出於這一點，古老的文化不僅需要有一個文化上的重大創新，也需要有一種現代化戰略視野和戰略重點的調整。一切有違這一目標達成的急切心態、急切做法也許正是古老的傳統社會實現自己現代化最大的敵人。

對於"社會結構性大震盪"這一現象的深入研究表明，它的出現與古老社會在推進商品市場經濟、大力自我否定後必然出現的社會"全面失範"現象、"世紀末"之風盛吹現象之間，有着極為密切的聯繫。正是轉型社會中信仰道德危機，政治權威的感召力、合法性危機和全社會的"角色失範危機"結合在一起爆發，促成了社會生活的全面"失序"，促成了社會運行成本的無限增加，從而導致大革命形勢的不可避免。在這方面，伊朗國王巴列維所大力推行的"白色革命"便是一個很好的例證。

人們很早就發現，古老的傳統社會所出現的社會全面危機以及"世紀末"現象與這個時期得到某種程度發展的商品市場經濟有關係。商品市場經濟所具有的無孔不入的特點與傳統社會高度集中的權力在長期互動過程中，總是出現"權力的腐敗"和"市場扭曲"的現象。我們知道，在很多傳統社會中，整個道德、倫理、敎化和信仰和政治權威與權力的合法性和感召力是互爲依托的。政治權威旣是權力的擁有者，又是道德、倫理、敎化和信仰的表率。權威和權力的合法性和感召力很大程度上來自於自身在"道德倫常"方面的模範表現，而反過來，道德、倫理、敎化和信仰又在很大程度上要靠權威和權力的支撐。這是一個相互依存、缺一不可的"共生系統"。所以一旦權力出現腐敗，並長期得不到有力控制的話，便會很快直接導致其作爲道德、倫理、敎化和信仰表率資格的喪失，從而也導致其合法性和感召力的喪失；而反過來，整個道德倫常由於有資格、有責任的守護者的缺如而失去了它的重要規範能力。這樣，整個社會系統的基礎就嚴重地被動搖，社會的軟、硬約束機制會在一個較短的時間內一下子失去自己的功能。

　　與權力腐敗連在一起的是"市場扭曲"。這種扭曲會使商品市場經濟所要求的平等競爭、效率競爭轉化爲腐蝕權力的競爭，從而逆向淘汰市場積極因素，使社會資源配置空前的不合理，使權力進一步加速腐敗。因此我們看到，商品市場經濟和高度集中、很少受約束的權力間的互動完全有可能產生一種惡性的"正反饋循環"機制，在這種機制面前，無論怎樣強大的傳統社會都經不起其巨大的破壞。由此，我們不難理解，爲什麼伊朗這個巴列維曾宣佈要建成"世界第五軍事強國"的國家，會在一個不長的時間裡眼睜睜地看着它垮掉。歷史經驗表明，作爲古老傳統社會一種發展規律的"其亡也忽"現象，與此是有關係的。在一個社會可能面對的所有危機中，沒有什麼比自己打倒自己、自己否定自己更危險的了。

如果古老的傳統社會在自身的現代化之初，所面對的挑戰還只是商品市場經濟的腐蝕，那問題的解決相對還要簡單一些。它還有自己的傳統資源可以加以開發和利用，它自身的合法性和感召力還可以通過對權力系統監控機制的加強，通過還權於社會，通過權力和市場的相對分離，通過社會保障機制、預警機制建立，通過規範系統調整等來加以控制。這些社會變革，也許並不能創造一個適合商品市場經濟長期穩定發展的環境，但它能控制權力腐敗的速度，能解決傳統社會商品市場經濟初期發展中的最突出矛盾，增加原有社會與商品市場經濟的親和能力，爭取到社會轉型、文化轉型所需要的可貴時間。

但問題並不如此簡單，古老的傳統社會在面對商品市場經濟所具有的巨大腐蝕能力的同時，還要面對另一種同樣巨大的腐蝕力量：基於外來社會價值取向的“人類普遍原則”。正如我們在前面指出的，這些“普遍原則”對於西方商品市場經濟的發展來說意義巨大，而且作為人類社會適應商品市場經濟的一種形式也是值得其他社會學習和借鑒的。我們也知道，商品市場經濟作為一種經濟基礎，要獲得良性健康發展，的確有着某些特殊的需要。把這些源於外來社會價值取向的“普遍原則”說得一錢不值顯然是一種虛無主義態度。然而，人們在這一個領域裡的態度很容易極端化。不是絕對錯誤，就是絕對正確。結果，對外來價值取向的學習和借鑒過程，也就變成了對傳統、對現實生活原則的全面批判。古老的文化傳統、社會結構不再被認為是我們變革的基礎和出發點，反倒成了一堆最好是越早拋棄越好的垃圾。

在這種情況下投入全面變革的古老傳統社會所面臨的風險是巨大的。首先，源自外來價值取向的這些“普遍原則”和商品市場經濟本身所具的腐蝕能力聯起手來，加速了破壞傳統社會中權威和權力的合法性和感召力，破壞整個社會的道德、倫理、教化和信仰這一重要社會軟約束機制，爲權力的腐敗、市場的扭曲、社會的全面失控準備了所需要的全部條件。其次，它使得傳統社會根本無法再利用原有的優勢傳統資源來構築適應兼容商品市場經濟的"本土化"形式，因爲傳統這時已經成了落後、反動的代名詞。再次，基於外來價值取向的"普遍原則"所具有的破壞力量是立即充分體現出來的，而其可能具有的建設性力量卻是隱含的，也即是要以一定的文化背景作爲基礎的。比如，自馬克斯·韋伯之後大家比較看好的，基於宗教信仰的"個人內在約束機制"，便很可能由於有的傳統社會不具有"罪感意識"和"自我救贖意識"這一文化基礎而無法一下子培養出來。結果當羣體精神、外在約束被外來價值打破時，一個社會手中便沒有任何東西可以做某種補救。一句話，古老的傳統社會在這種情況下投入現代化變革，失敗幾乎是難免的，因爲它手中沒有任何資源，包括最重要的時間資源可以憑藉。

這樣看來，古老傳統社會在展開自己的現代化探尋過程時，最重要的問題也許是改革突破口的選擇。一種明智的選擇也許是應該竭力避免兩線作戰，四面出擊，而把精力集中在解決商品市場經濟條件下，如何有效地遏制"權力的腐敗"，如何改善政府的形象和效率，如何全面加強社會各方面對商品市場經濟的兼容能力這些問題上。從歷史經驗來看，古老傳統社會能不能避免"社會結構性大震蕩"與這些現代化初期的戰略取向選擇有很大關係。我們發現，像法國的啓蒙運動，俄羅斯的文化虛無主義，中國的五四運動，伊朗的"白色革命"這一類或勇敢地宣佈和傳統進行決裂，或堅決地大力引進外來文化的改革運動，都是在這個眞正重大的問題栽了跟斗，才引發了誰也不希望的、"玉石俱焚"式的大革命。

然而，這方面存在着一則庫恩所謂的"反例"。那就是很多人們都比較感興趣的、土耳其凱末爾領導的"全盤西化"運動。這場運動在對自我進行徹底否定的基礎上，取得了舉世矚目的成就，將年輕的土耳其共和國帶進了現代化國家的行列。這個頗能引起人們思維混亂的例子的確需要解釋，否則人們很難對自己的戰略取向作一種能夠自圓其說的"論證"。今天，深入的研究表明，這場看似"例外"的成功運動實際上並不"意外"。因爲土耳其的反傳統文化是在一個非常特殊條件下展開的，它非但沒有引起政治權威和政治權力合法性的喪失，反而加強了它；此外，新的軍政府精幹強悍，令行禁止以及始終堅持以民族大義爲號召，這些相當獨特的初始條件既有效地遏制了權力的腐敗，又成功地將社會較快地導入另一種規範類型，從而自始至終地避免了社會陷入"全面無序"狀態。

在"有序"狀態下發展商品市場經濟，這是古老傳統社會現代化成功的一個要訣。其他的一切目標，包括發展速度都應服從於這個大局。認爲"無序"是轉型社會的正常現象，認爲"無序"會隨經濟發展而自動的轉爲"有序"這是極其有害的認識。只有在"有序"發展的基礎上，古老傳統社會用來摧毀商品市場經濟最強有力的武器才會失效，社會變革所取得的點滴進步才能通過時間不斷地積累起來。

但像伊斯蘭社會這類古老的傳統文化要做到"有序"發展商品市場經濟，排除激進思潮和運動的干擾不是一件容易的事。沒有一種深刻的政治文化創新和改革，古老的社會結構就有着一種走向"無序"的慣性。

四、文化轉型：傳統的變革與創新

土耳其經驗表明，文化的全盤重造不是沒有可能，"全盤西化"只要能滿足"有序變革"這一條件，同樣能推動伊斯蘭社會進行成功的現代化。但是，土耳其道路的成功是在奧斯曼帝國被肢解，民族大義激勵每一個人，代表舊傳統、舊勢力的奧斯曼蘇丹政府投降賣國成爲過街老鼠，凱末爾軍政府挾戰勝協約國入侵之餘威，以雷霆萬鈞之力推行新變革模式等一系列條件下取得的。這一系列條件的會聚應該說是一種歷史的機緣，很難由人力來創造。在這個意義上，土耳其經驗有着其特殊性，不是其他國家想學就能學到的。今天我們可以看到，即使在諸項有利條件具備方面還有點和當年土耳其相似的俄羅斯，全盤西化的道路也走得極爲艱難。

考慮到這一點，伊斯蘭復興運動以傳統文化爲旗幟來探索適應現代化、適應商品市場經濟的新形式，對於反復遭受"現代化挫折"的古老傳統社會來說，也許更具有一種普遍意義。然而問題在於，爭取在原有社會文化結構之中進行一種"有序變革"是不是做得到？

在發掘傳統文化資源以創造一種適應商品市場經濟新模式方面，"東亞道路"也許具有一定的啓發意義。東亞一些國家在引進商品市場經濟所必需的競爭機制時，將"基本競爭單位"從西方所採用的以"個體"爲核心的形式，改變成以家族或企業爲核心的形式。激烈的家族或企業間的競爭改變了傳統文化中的"止爭"慣性，通過市場淘汰機制，有效地完成了社會配置資源方式從傳統到現代的轉換。而與此同時，傳統文化中的"羣體性"特徵在家族和企業這個範圍內被保留了下來，甚至在激烈的外部競爭壓力下還有所發展。於是我們看到，傳統文化通過自己的轉型而獲得新生，繼續發揮它強大的行爲規範功能和價值認定功能。這在很大程度上避免了西方"個體文化"對傳統社會的致命性破壞。因此在其他轉型社會中較普遍的"文化拔根"現象、"角色失範"現象、社會"原子化"、"沙漠化"現象在實行這種轉換的東亞國家中很少看到。在這裡，我們看到了一種很典型的改造傳統優勢，進行"功能性適應"，而不是"形式性適應"的例子。當然，這樣一種新的適應形式也完全有可能帶來新的問題，這在我們"反思"東亞模式很時髦的今天是不難看到的。但我們必須要注意的是，今天"東亞模式"

存在的問題已經是一個屬於不同層次的、"後"現代化問題了。

在現代化模式探索方面，東亞"家族式資本主義"的意義也許不在於它成功的本身，而在於它給我們的方法論啓示。傳統文化不是一個可以輕易扔掉的東西，你把它當包袱，它就會一直壓住你，成爲你的一個障礙；你把它作爲一個可能也必須加以改造開發的資源，它也許就會成爲你的大地母親，提供不竭的力量。在這裡，良性互動過程的開創，一是要明確現代化的大方向、正確地理解自己的主要任務；再就是需要轉換認識傳統的方法和角度，做好傳統的變革和創新工作。

站在這樣一個角度，我們可以對伊斯蘭社會現代化變革的任務和傳統創新的方向做一個大體的掃描。

政治權力與商品市場經濟的分離。我們在上面的分析中已經指出，政治權力的腐敗是傳統社會在變革中走向全面失落的一個極端重要的基礎，只有使這兩者脫離直接的接觸，商品市場經濟才能有效地發揮自己在配置資源方面的特殊作用；而政府也才能維持良好形象，做到廉潔精幹高效，才能集中精力管好公共事務，營造一個有利於商品市場經濟良性運行的外部環境。因此，在建設傳統社會的商品市場經濟時，極有必要劃清這兩個領域的界限，明確不同的領域有不同的運行機制，有不同的遊戲規則，有不同的角色規範，有不同的成就標準，嚴禁越界行事。那種官商不分，權錢一家，市場原則滲透到社會所有角落的做法是"有序變革"的大敵，必須徹底反省和扭轉。

在這方面，伊斯蘭文化中政治、宗教、社會和經濟生活一統不分的傳統有必要進行調整。無數的歷史經驗證明，大一統社會不破除這種一統現象就不可能適應商品市場經濟的需要和挑戰，就不可能防止在"全民斥商"和"全民經商"這兩種極端的形式中來回搖擺。因此，轉型社會在傳統文化創新中，除了有必要在制度上明確政治權力和商品市場經濟分離外，政治權力或宗教權力完全有必要在精神面貌上游離於商品市場經濟原則，在自己的內部堅決抵制以"金錢衡量一切"的商品經濟原則的侵蝕，堅持和發揚傳統文化中固有"精英意識"、"律己精神"、"反省態度"和"道德楷模要求"。非此不足以保持政治或宗教權威的感召力和合法性，不足以從外部制衡商品市場經濟所具有的毀滅性腐蝕力量。

政治權力與宗教意識形態的分離。政教一體是古老傳統社會具有"超穩定機制"的一個重要保證，是文化在長期的演化過程中被篩選出來的一種"生存智慧"。可以說，沒有這種穩定的機制，也就沒有"古老"的人類文明。然而正像我們在前面指出的，現代化、商品市場經濟所強調的發展大方向已經不再是"穩定"而是"變異"。因此，伊斯蘭復興運動在自己的發展中，有必要對自己的這一個傳統進行反思。作為一種規律，在一個變化和發展成為常態的社會中，政治權力是沒有辦法保證自己不犯錯誤的，因為作為經驗積澱的傳統在不斷變化的環境中已失去了自己的指導價值。這樣政教一體化就有可能使政治上經常有可能出現的錯誤和危機，轉化成為宗教意識形態上的"信仰危機"，造成精神道德世界周期性地遭受不可挽回的破壞，現代化的歷史經驗表明，一個高度變異着的物質世界需要一個相對穩定的精神道德世界的支撐。商品市場經濟是一種無法容忍"信仰危機"的經濟體系。離開了每一個社會成員的"道德自律"，離開了"社會信任"這個基礎，商品市場經濟就會扭曲變型，表現出自己狂暴的破壞性和腐蝕性。

更重要的是，如果經常有可能犯錯誤的政治權力被罩上一層宗教意識形態的光環的話，它就很難認識到自己可能有錯，也很難接受來自外部和內部的批評。一種看法，一種利益一旦上升到宗教意識形態的高度，它就會變成一個是非問題，變成一個路線問題，很難進行商量，很難進行妥協，很難跳出"零和博弈"、"鬥爭哲學"

這類思維模式的局限。這就使一個社會無法追蹤不斷在變異的環境，及時作出自己的調整，非到矛盾積累到極其嚴重的地步，不會感到有調整的必要；也不能在不可避免的利益紛爭中，確立妥協原則，使社會在利益結構的調整上無需採用有可能毀滅整個發展基礎的大破壞形式。

伊斯蘭復興運動今天較難為人接受的一個原因，很可能就是來自於它的不妥協立場。政教合一思維方式經常使他們把自己所從事的利益鬥爭、政治鬥爭看成是真理和謬誤的鬥爭，是上帝和魔鬼之間的鬥爭。應該說，這樣一種思維模式是無法適應一個以很高速率在不斷變異的社會的需要的。

政治權力從自律走向自律和他律的相結合。古老的傳統文化是一種倫理政治文化，它那龐大而很少受制約的政治權力在傳統上主要依靠系統內在的自律來維持自身的正常運行。這種自律一方面表現在它對於宗教或世俗權威一直有着很高的倫理要求，一直在鼓勵和培養社會精英的思想境界和人格魅力；另一方面表現在，政治系統依靠內部自上而下的垂直監控系統來防範下一級官員的瀆職和變質。一般來說，這一套很有自己特色的自律體系在總體上還是很起作用的。

然而在轉型社會中，政治權力所面對的商品市場經濟腐蝕一直是它很難抵擋的誘惑，儘管傳統文化資源的利用，非自我否定式發展道路的選擇有可能增強政治權力在這方面的免疫力。但在這裡我們看到還是缺乏一種制度性的保障。因此如何使政治權力的約束機制走向多維化，如何使政治系統內在的自律機制和系統外部的他律機制協同制約腐敗應該成為伊斯蘭世界在現代化過程中着力解決的問題。

現代化轉型是一個涉及到社會系統方方面面變革的動態過程，而政治文化的變革也不只局限於我們在這裡所討論的範圍。但是，就古老的傳統社會轉型初期而言，解決了這些問題便能讓變革在一個良性循環的過程中積累起解決進一步矛盾的手段和能力。我們不能期望在一個短時期內，在一代人中把所有問題都解決掉。現代化的一個不可忽視的歷史經驗是，改革的成功標誌並不在於它一下子拿出多少成就，而在於能不能創造一種機制，使每一代人所做的努力能夠有效地積累起來，使一種建設和破壞循環交替的局面不再延續。

做好一種方向性的調整，為這種機制打好一個扎實的基礎這或許就是我們這一代人的任務。

【1】 哈達爾：《綠色威脅何在?》，美國《外交》雜誌 1993 年第三期。

【2】 參見《伊斯蘭復興和現代阿拉伯世界中的 "傳統問題"》，《伊斯蘭研究》1995 年第二期。

【3】 參見吳雲貴《伊斯蘭教與中東政治》，《西亞‧非洲》1995 年第一期。

【4】 參見《伊斯蘭與西方的價值觀》，美國《外交》雜誌 1997 年第五期。

【5】 參見亨廷頓：《西方文明：獨特而不普遍》，美國《外交》雜誌 1996 年第六期。

第六章　伊斯蘭復興、文明衝突與國際政治互動

　　近現代的世界歷史對人類來說是一部多變故、多動蕩和多災難的歷史。民族國家內的革命和內戰，文明之間的碰撞與衝突，國際政治結構性的調整和動蕩此起彼伏，無休無止。從這樣一個角度來看伊斯蘭復興運動，它的確有着一種似曾相識的味道。我們從伊斯蘭復興運動所引發的種種矛盾和衝突，再追溯到更爲久遠的一些社會歷史現象，會發現其中有着一些帶有規律性的東西。簡單地說，那就是國際政治結構性的大動蕩，文明之間大規模的鬥爭和衝突總是與某些民族國家所遭受的嚴重現代化挫折密切地聯繫在一起。

　　伊斯蘭復興運動和其他衝擊過國際政治經濟秩序的運動一樣，在很大程度上是現代化道路選擇錯誤的結果。而這種選擇錯誤在某種程度上和人們缺乏多元文化發展視角有關。一個聯繫日益緊密，有機程度越來越高，面臨着更大挑戰的國際社會已經把多元文化間的理解、共存與和合這樣的任務提上了議事日程。人類如果不拋棄自己的"一元普遍文化觀"的話，將無法從根本上躲避自己的"劫難"。

第一節　現代化多元發展模式與國際 政治結構變遷

　　近現代各國在現代化發展方面的差異是造成近現代國家間從經濟實力到政治方向分野的最主要原因，也是引發國際政治利益結構失衡的主要動力。一種適合自身文化特徵的新發展模式的創立以及一種造成現代化嚴重受挫的發展模式的實踐，都能帶來國際政治結構性的不穩定。然而這兩者之間在國際政治利益大調整的要求與方式上有着重大的差異。以一種多元文化觀探尋現代化道路是我們今天維護人類和平的重要途徑。

一、近現代國際政治結構性震蕩

　　國際政治結構性震蕩，通常是指國際政治中主要的大國在相互關係方面的一種根本性變動，是整個國際社會在利益分配整體結構上所作出的重大調整。回顧世界近現代歷史的發展，我們可以看到國際政治中的這種結構性震蕩既頻繁又帶有明顯的周期性特徵。從大英帝國崛起問鼎歐洲到拿破侖帝國摧毀歐洲的力量均勢；從德國早年追逐"陽光下的地盤"到希特勒納粹第三帝國挑起的世界性大決戰；從戰後的冷戰體制到今天兩極格局的解體，可以說都是這種結構性震蕩的一些典型體現。

　　一般認爲，自近現代以來的國際政治基本上是一種缺乏中央調控機制和手段、各民族國家各自爲政的政治系統。在這種系統中利益分配的結構和機制基本上是建立在所謂的"實力原則"基礎之上。因此在這種系統中，特定的國際政治結構實際上反映的是特定歷史階段中，國家間實力的對比關係。在這種系統中，國際政治結構性的穩定性，在某種意義上主要依賴於國際政治利益結構與各國之間的實力對比關係的相對接近或相對平衡；一旦兩者之間的這種平衡關係被嚴重破壞，國際政治結構就有可能出現動盪性的調整。

我們知道，在各國間實力對比關係和國際政治利益結構這對矛盾中，既定的國際政治利益結構具有着維持自身穩定的功能，從而構成一種"保守"的力量；而各國間實力對比關係實際上經常處在變動過程之中，因此，它既是打破兩者之間相對平衡關係的一個主動因素，也是提出變更既定國際政治利益結構的主要原因，在這個意義上，它是一種"革命"性力量。不難發現，國際政治結構性震盪的頻度是和這兩者之間平衡關係被打破的速率有關係。各國間實力對比關係變動得越激烈，國際政治利益結構作出適應性微調就越困難，而衝突的烈度也就會越大。近現代世界歷史上絕大多數的國際政治結構性調整都採取了激烈的震盪方式。

由於國際政治結構性震盪所涉及的範圍寬廣、造成的破壞嚴重、產生的影響深遠，因而長期以來一直受到人們的關注。很多人曾從不同的角度對它進行了探討，希望能揭示出形成這種震盪的原因和機制，希望能對這種結構性的大震盪進行某種預測和防範。英國著名歷史學家湯因比在他對"文明生長"過程的分析中，提出了國家的"退隱和復出"假說。他認為，像意大利、英國這類曾引起世界歷史結構性變化的國家，都在一定的國際地緣政治結構中佔有着某種有利的"邊緣"位置。正是這種有利的地緣位置，使它們具備了能從外部世界的紛擾中抽身"隱退"出來，致全力於自身文明內部問題解決，完成自己"創造者使命"而復出的可能性，一旦這種可能性變為現實，這些復出後的國家就會"把它們的烙印打在社會全體身上"。因此在湯因比看來，國家間利益結構的根本性調整正是這些國家在完成了新文明創造後"復出"的直接結果。

和湯因比的認識方法較接近的學者還有 18 世紀法國的托克維爾、60 年代日本的梅棹忠夫和當代美國的保羅·肯尼迪。托克維爾在他那個時代就對美國和俄國在世界政治中百多年後的領導地位作出了預言，梅棹忠夫則在 60 年代對世界現代化進程的展開與地理分佈關係提出了大膽而且被今天證明不無道理的假說。至於美國學者保羅·肯尼迪，也許受馬克思主義和法國年鑑史學派的影響，他在這個問題的探討上堅持，應該"把注意力集中到物質和長期起作用的因素"上去，他指出，國家在經濟增長速度長期趨勢方面的差別是導致國際間結構性失衡和利益重組的根本原因。

必須承認，所有這些對於近現代國際政治結構性震蕩原因和機制的解釋和探討，都從一定的側面，一定的層次上深化了人們對這個問題的認識。他們所提出了各種假說構成了我們今天對這一問題繼續深入研究的基礎。正是在這些前人的啟示下，我們發現，國際政治結構性震蕩原因實際上還和我們這個世界在近現代展開的現代化進程有關。

現代化是人類從傳統的農業文明向工業文明突變和躍遷的一個過程，在這個過程中，社會對於自然界的開發和利用能力有了一個質的"飛躍"。建立在現代工業基礎上的國家和仍處在傳統農業社會的國家，實際上不是處在同一"重量級"的競爭地位上。在近現代，現代化的實現是所有民族國家在世界上實力地位獲取的主要源泉。因此我們不難理解，為什麼當現代化的過程從英國開始，一波一波地向外輻射時，整個世界實力對比的形勢也隨之發生了天翻地覆、滄海桑田式的變化。為什麼國際政治結構經歷了前所未有的革命性改造。毫無疑問，這是可以用來解釋近現代國際政治結構性震蕩的很重要內容。

對現代化世界歷史進程的進一步深入研究還會發現，直接導致國際政治結構性動蕩的實力對比關係急劇失衡，還有着一個很重要的來源：那就是一些在現代化進程中嚴重受挫的國家對國際社會所提出的挑戰以及不同現代化發展模式出現所造成的實力之間的分野。正是這一些現象的出現，增強了國際政治結構急劇震蕩的能量。

二、現代化發展線性發展觀與現代化挫折

現代化作爲一個從傳統的農業文明向現代工業文明的綜合轉型過程，它的最終目標及實質在於創建一個能保證大機器工業高效、穩定運轉的社會組織結構。高效能夠保證國家在激烈的國際競爭中的有利地位；穩定則保證社會組織結構內部的協調、應變和"自我複製"。就世界範圍的現代化而言，率先取得突破性進展的是英國。英國挾工業革命之偉力，脫穎而出，稱雄列強，舉世矚目。各國，尤其是英國周邊的大陸強國首先遭受到了強大的衝擊。這些一貫以大國自居，完全瞧不起英國的大陸國家在殘酷的生存競爭壓力下面，最後不得不面對現實，不得不拋棄早先對英國所發生的一系列變化的抨擊和蔑視態度而急起直追。

在追趕現代化國家的這個最初階段中，人們很自然地以一種線性的發展觀來理解和現代化發展問題。簡單地說，就是認爲現代化的發展過程就是一個英國化的過程。因此各國有意無意地效法英國，把部份或全部移植英國現代化發展模式視爲出路所在。很多人傾向於認爲，英國模式中的一系列參數、原則也就是衡量其他國家現代化實現程度的準繩和坐標。這樣，一個將英國模式抽象化、理想化的思潮開始興起。儘管這種"移植"事實上也有很多的變形，但"移植"本身在有些地區，比如北美、北歐取得了某種程度的成功。

然而，隨着現代化進程在那些具有自己深厚文化傳統的國度中展開，移植英國模式所存在的問題開始暴露出來。而受害最深，也

最具典型性國家恐怕要算是法國。法國的舊統治階級在強國地位有可能喪失的威脅下，最後不得不以英國爲參照系，全面改造自己的經濟體制；法國新興的資產階級思想代表則出於對英國資產階級能分享政權這一點的嚮往而掀起啓蒙運動，力圖完成意識形態和政治制度方面的變革。然而，在這個湯因比稱之爲"英國狂"的時代中，對英國模式的大量借鑒和模仿，對自己傳統文化的嚴厲批判，不僅沒有推動法國完成現代化的轉型，反而帶來了人們所沒有想到的嚴重後果。法國社會原有古老結構不堪重負，它的功能受到徹底破壞，社會危機、政治危機、道德信仰危機交織在一起，最終點燃了革命的火藥庫。當然，革命未嘗不是好事。然而在社會全面危機、社會結構崩塌情況下的革命卻未能成爲在法國建立英國模式的前奏，相反它開啓一條民族折騰和內耗的道路。在左和右的交相威脅下，社會最後不能不訴諸拿破侖的軍刀來維持穩定和秩序。結果，追求嚮往的實現不了，實現了的又不是原來追求的，人們遭遇了一場歷史的諷刺劇。

現代化的線性發展觀給法國所帶來的災難，直到很久以後才一步一步地表明自己既不是一場"最徹底的革命"，也不是"一種偶然的歷史現象"。人們給它起了個名字，叫"社會結構性大震蕩"。這是社會現代化轉型中的一種特殊現象，是一場由現代化嚴重受挫、社會全面危機引發的"社會機體高燒"，它通過羣衆性非理性大爆發形式，掃蕩一切異化事物，把社會帶回自己相對熟悉的穩定狀態之中。這種最初發生在法國的社會歷史現象後來在其他國家和地區又一再地上演。

對國際政治來說，法國式的社會動蕩每在一個地方爆發，那個地區的原有均勢結構就會被衝得七零八落。處於這種狀態下的一個民族國家會把自己長期來所受到的痛苦和壓抑以理想、激情、革命和戰爭的形式噴發出來，使外部世界爲之顫動。這一伴隨着世界現代化歷史進程始終的現象一直是國際政治中反復出現的結構動蕩的一種重要原因。

人們在搞明白這一類運動的性質前，法國式的災難已經伴隨着現代化的歷史進程從一個個國家、一個個大陸走了過來。以伊斯蘭教作為自己大旗的羣眾性激進革命運動只不過是這個災難的最新、可能還不是最後的一個表現形態。痛定思痛，歷史的經驗教訓終於慢慢動搖了人們對現代化發展線性模式的膜拜。人們開始領悟到，移植別國的成功模式有時不僅僅是無法實現本國現代化的問題，而是會鬧到整個社會"一窮二白"、雞犬不寧的問題。也逐步地懂得這樣一個道理：不存在一個通向現代化的"標準模式"。現代化儘管是一個有着某種共同追求，有着某種共同的發展大方向的世界歷史進程，它不可避免地要以先進國家作為自己變革的參照系，必然地要吸收它們的成功經驗，但這決不意味着現代化是一個可以無視主體性的模仿過程，絕不意味着它是一個不需要文化創新的簡單線性過程。

現代化發展擺脫模仿，進入一個強調主體性的文化創新過程，這就推動了現代化發展模式走向多元化。然而，新的發展模式確立並不完全是對於線性發展觀反省、批判後純理性設計的產物，它更大程度上是在各國大量試錯性現代化實踐基礎上摸索出來的。因此和成功相比，多元化發展摸索中人們遇到的失敗也許更多。這樣我們看到，現代化的多元發展並沒有縮小現代化早期所出現的國家實力之間的分野，反而使這種分野更加多層次化。國際政治的結構失衡又注入了新的動能。

三、現代化多元發展模式與國際政治結構失衡

我們在這裡所講的"多元"一詞，具有比較寬泛的含意。凡是運用自己所特有的資源創造出不同於他人發展現代化既成模式的成

功"道路"，都包括在其中。總的來說，這一類新的發展"道路"能結合自己的"本土"特徵，穩定地突現出特定民族國家在發展自身工業化過程中的優勢能力，從而在激烈的世界性競爭中脫穎而出。

保羅·肯尼迪在《大國的興衰》一書中指出了一個存在於世界近現代歷史中的現象：國家權力、地位的波動變遷，世界經濟政治重心的不斷轉移。在談及造成這種歷史現象的原因時，肯尼迪着重從政治和經濟角度去加以分析，提出了很多有獨到見解的觀點，從而確立了他自己這本書的學術地位。

然而，如果我們換一個角度，從現代化發展模式創立這個文化維度去關注世界經濟政治重心的轉移，似乎還能發現存在着另一種解釋圖景：每一個世界政治經濟中"重量級選手"在國際舞台上的登場，背後都有着一段現代化獨特道路開創的文化旅程和經歷。

英國作為整個世界邁向現代社會的開路先鋒，它如何依靠自己的文化模式的創造，獲取無敵於天下的力量，最終執世界經濟政治之牛耳的故事，是大家都知道的，我們在這裡不再重複。我們在這裡只想簡要地討論一下"美國道路"和"東亞道路"，看看世界政治經濟的重心從地中海到大西洋再到太平洋這樣一個轉移過程的後面那段歷史。

美國在很多人眼裡是一個現代化道路西方模式的典型代表者，把它和英國模式區別開來，作為現代化新道路開闢的一個榜樣，似乎是難以接受的。的確，美國邁向現代化的歷程相對簡單，它的發展模式基礎基本上承繼自歐洲，尤其是英國。然而我們不能因此而忽略了美國在自身發展道路上的獨創精神。簡單的模仿和照搬，絕對不是美國的民族性格。我們在這裡不去多講古德諾是如何在他那本著名的《政治與行政》一書中論述美國政治制度最初的"本土化"變形，以及美國政治體制中很多不同於當時英國的獨特性。因為具體要講的話太專業化了，感興趣的讀者可以自己去看一下。此外，我想大家也明白，古德諾曾作為袁世凱政治顧問這一點，並不妨礙他的這本書在政治學領域中的學術地位。

我們在這裡想介紹的是，美國如何通過"管理革命"這一極大提高生產效率的文化創造，既改變了自己，也改變了世界。人們也許會發現，可能因為是美國獨特的地理與文化環境的關係，它在經過初期的領土擴張後，開始在發展模式上和歐洲分道揚鑣，逐漸把自己的主要注意力從對殖民地、勢力範圍的超經濟剝奪轉向內部社會生產效率的提高，轉向市場深度的開掘。它在這方面通過不斷的努力，尤其是通過著名的"管理革命"的成功，終於取得了重大的突破性進展。美國產品也由此而獲得了全面的優勢和競爭能力，從而確保自己能在平等競爭前提下擊敗一切對手。正是在這樣一種效率優勢的基礎上，美國的政治家才力爭將"門戶開放"、"公平競爭"、"民族自決"、"自由貿易"這一系列原則列為國際競爭新規範。今天我們完全能看清楚，正是美國當年所開闢的這一條新發展道路，人類才超越了歐洲那種嚴重依賴對殖民地、勢力範圍超經濟剝奪的發展模式；才超越了與歐洲發展模式始終相伴隨的"帝國主義戰爭"；才超越了舊式殖民主義的罪惡。也正是美國發展道路所具有的特點，美國才不僅僅佔據了世界經濟、政治中心地位，而且也改變了國際政治經濟交往的基本行為模式。

談論東亞道路或東亞模式在今天也許是有點風險的。亞洲從金融危機到政治危機的不斷爆發，的確使不少人對亞洲道路的爭論從"是不是"一種獨特的發展模式，轉向了"能不能"成為一種有競爭力的模式。我們在這裡並不想參與這一爭論，只是想把它作為世界現代化發展中一種較注意發揮原有社會"羣體文化優勢"的發展模式的代表提出來，希望能夠引起人們的進一步注意。這一類模式實際上在歷史中數度沉浮，而範圍上也不只限於東亞，從德國對組織紀律的重視到日本的"團隊精神"，從李光耀宣講的"家族磚塊論"到韓國強調的"企業集體意識"，它們所體現的都是這一類精神。這一發展模式在整個"西方"充分展現出"個體文化"對商品市場經濟的適應能力時，以一種保持、利用原有文化中的羣體精神來進行抗爭，進行平衡，來組織對商品市場經濟的全新適應形式。這一發展模式儘管在歷史上曾留下劣跡，而未來的競爭優勢在今天看來也沒有十二分的把握。但是，這一模式所具有的發展潛力給人留下了深刻印象。畢竟是這種模式引導一個又一個國家避免了"法國病"，做到了某種程度上的"後來居上"；也突破了阿明、弗蘭克他們認爲後起現代化國家無法突破的"依附困境"，並在幾十年中成爲整個世界經濟的強大發動機。當 80 年代末，日本經濟實力在它頂峰階段時，人們，尤其是美國人從來沒有把"20 世紀是日本世紀"的說法當成是一種"玩笑"。

這樣我們就能夠看到，在近現代導致大國間實力對比關係失衡的諸因素中，現代化的多元發展起了很關鍵的作用。它不僅僅加快各國內部的發展速度，增強國家間的相互交往和聯繫，提高各國參與國際競爭手段、能力和意識，而且還以種種方式拉大國家間的差距。特別是各種不同現代化模式的相繼崛起，在最大程度上加速了國家間的分野，使世界性大國的興起和衰落呈現出較高頻率的轉換，形成一種交替錯落、參差不齊的景觀，從根本上改變了世界政治體系中主要國家的力量對比關係，動搖了既定國際政治結構穩定的基礎。

當一個又一個能充分發掘特定民族國家內在潛力的現代化模式相繼被創造出來，推動特定民族國家的大機器工業以更高效率（從長期講還要考慮穩定這個因素，但從短期講，僅僅高效率就能取得競爭優勢）向前發展，從而當一個又一個國家從國際舞台的"邊緣"相繼推向"中心"時，大國之間實力對比關係的相對穩定便一次又一次地遭到徹底的破壞，而國際政治結構也經歷一次又一次的變遷。

在對新的現代化發展模式的比較中，我們很感興趣地發現，一個內部張力較小的、成功的現代化模式所帶來的大國實力對比變化以及由此而引起的國際政治結構變遷，會以相對平和的方式來完成；而一種內部張力極大的現代化模式，不管它是成功還是失敗，都會對國際政治既定秩序提出重大挑戰，並引起人們常講的"文明間衝突"。只是我們目前還很難斷定，這是不是一種規律。

第二節　現代化挫折和文明衝突

現代化嚴重受挫的社會是一個有着狂熱、道義激情和使命意識的社會，也是一個有着強烈外向衝動的社會。人類文明的大廈曾不止一次地在這種挑戰面前經受嚴峻的考驗。回顧與展望"文明間衝突"的歷史與未來，我們認為，那種嚴重妨礙着發展中國家尋找適合自身歷史文化特點發展道路的"一元普遍文化價值觀"不能再延續下去了。一個高度有機化的現代世界已經很難應對一個現代化嚴重受挫社會必然會提出的挑戰。在這方面，伊斯蘭復興運動中的一些極端做法，正提醒我們必須在還來得及的時候認清這個問題。

一、現代化受挫與西方化

在現代化的世界性潮流中，西方國家毫無疑問地走在了最前面。也正因為如此，西方國家對自己的文化和傳統自視很高。隨着第三世界所面臨的發展困境越益嚴重，這種文化自豪感也在不斷地增強。在西方文明中，很多人有一種根深蒂固的看法，即認為自己的文明是一種具有普遍性的東西。很多西方人堅持，全世界的人們都應該擁抱西方的價值觀、制度和文化。因爲在這些人看來，這是人類最高級、最文明、最自由、最合乎理性、最現代、最好的東西。他們認爲，其他社會中的人們不管有着一個什麼樣的過去，至少從現在開始起都應該採用西方的這一套做法，如果他們在這方面沒有這類要求，仍熱衷於他們過時的傳統文化，他們就是某種錯誤觀念的犧牲品。情況正如亨廷頓所講的，西方總是想把它們自己那套獨特的體制、觀念和文化強加給世界其他地方，而不管這些地方的國家和民族有着什麼樣的文化歷史背景，不管這些國家和民族目前社會的具體情況和存在的特殊矛盾，也不管這種強加最終有可能產生什麼樣可怕的結果。

而作爲一個發展中國家，尤其是那些具有自己深厚歷史文化傳統的發展中國家來講，不是說不可以接受外來有價值的文化，而是在於這樣一種“大換血”式文化轉換是否會危及社會生存的問題。社會大系統作爲一種有機系統，不是能夠“全盤推倒，從頭再來”的機械系統。它在自我演化過程中有一個“可接受突變空間”的限制。超越這一限制，整個文化就不是一個改造問題而是一個有可能被“毀滅”的問題。法國大革命那樣的社會結構性震蕩實際上就是一個有內在生命力的文化在被毀滅時的一種“自救行爲”。而缺乏這種自救能力的文化也就被消滅了。希望能在這種文化廢墟上產生或移植成功一種有朝氣的新文化是不可能的。印第安人，南太平洋一些島國的土著人那種不變的“文化萎靡症”，已對於這個問題作出了最好的回答。

正像許多學者和有識之士所指出的那樣，人類的一切古老文明都十分相似，因而具有着一種普遍性。而盎格魯薩克森文明相對來說卻很獨特。馬來西亞總理馬哈蒂爾在 1997 年的第二次歐亞首腦會議上聲稱，歐洲的價值觀念是歐洲的，而亞洲的價值觀念才是普遍的。儘管大家都知道馬哈蒂爾在處理東西方關係時有他自己過激的方面，而講這話也有相當的政治背景，但這句話所強調的精神並沒有什麼大錯。在這個問題上，對文明問題很有研究的亨廷頓也指出，西方文明中的核心部份，如基督教、政教分離、法治、代議制、個人主義、市民社會和社會多元主義都很獨特，都很難從其他文明中找到。而現代化作爲一種市場經濟體系，作爲一種商品文化，正是扎根在這西方文明的衆多獨特性基礎之上的。

站在這樣一個角度上看問題，我們也就不難理解，爲什麼古老的傳統文明，當然也包括伊斯蘭文明，在借鑒西方文化成果，邁向現代化的過程中會特別地感到困難。這裡的一個根本原因是在於，這兩種文明由於文化上的差距過大而極難"親和"。這也就是說，市場經濟體系和商品文化在這些社會中很難找到一個適宜的、健康的生長環境。因此，古老的傳統文明在接受市場經濟體系和商品文化時所顯示出來的脆弱性和艱難性在絕大多數情況下的確不是一時一事的決策得當與否的問題，而是有着它自己內在的深厚文化根源的。

因此，當人們在種種壓力之下，想在一個完全沒有"法治"、"政治民主"、"個人自由"、"文化自由"、"自律規範體系"這一系列概念的傳統文化中，建立和適應一整個商品市場經濟體系、文化體系時，一個很重要的問題也許是，如何去發掘傳統文化中的某些傳統資源，使之和新的市場經濟體系、商品文化相融合；如何防範作爲新體制的市場經濟體系和商品文化和傳統體制、傳統文化之間的相互腐蝕、相互扭曲、相互破壞，最終造成惡性的正反饋破壞效應。正是這些東西應該成爲發展中國家轉型時期特別予以注意的戰略重點。對外來文化的借鑒和引進應以此爲轉移，並最好是具有創意的。

然而這個問題在西方卻並不這麼看。發展中國家所有具有傳統形式的探索都被否定，所有策略性的權宜做法都被認爲是不夠開放。他們要求發展中國家無條件地全盤西方化。結果我們看到，由於缺乏適應的時間和妥善的形式，西方發展模式的機械搬用，在不同的文化背景下往往成為一種強烈的破壞性因素，整個變革社會中的文化結構、規範體系、組織權威被破壞殆盡。這樣，原本就當竭力避免的社會全面失範終於不可避免地出現了。變革中社會乃至整個世界都不得不面對這一杯他們根本不想喝的"現代化苦酒"。

由此我們也就不難理解，為什麼一些大力引進西方價值觀念和經濟政治體制並因此而得到西方國家全力支持的發展中國家政權，不僅顯得軟弱無力，而且總是因可怕的國內動盪而垮台。本世紀的巴蒂斯塔、蔣介石、吳庭艷和巴列維國王都是這方面的典型例子。

總起來我們可以說，在整個現代化的世界歷史進程中，重大的現代化挫折，以及在此基礎上形成的"社會結構性大震盪"，都和人們的線性發展觀以及基於這種發展觀指導下的社會實踐有關。當然，拋棄線性發展觀並不就等於找到了一個社會實現自己現代化的正確道路。然而這卻是找到正確道路的一個前提。

線性發展觀所帶來的消極影響不僅僅使那些古老的傳統社會苦苦掙扎在現代化磨難之中，它也會使整個世界以一種很特殊的方式感受到受挫社會的痛苦乃至瘋狂。

二、現代化受挫和外向衝動

一個在轉型過程中受挫的社會，是一個全面無序的社會，是一個飢寒交迫的社會，是一個充滿着仇恨和怨忿而又無處發洩的社會，因而也是一個尋找"敵人"的社會。而作為"救民於水火"之中的新政治領袖，更具有一種義務來向人們指出這種敵人之所在。這既是為了說明先前一切社會苦難的原因，指明當前鬥爭的方向的要求；也是向人們承諾美好世界，給人們以希冀的前提；更是動員人們投身運動、煥發激情和加強認同的手段。我們能在近現代世界歷史的畫卷中不止一次地觀察到，正是通過對於"敵人"的發現、打擊乃至消滅，一個民族、一個國家會在特定時期內獲得一種在現代化挫折時期所根本不可能具有的激情、希冀和認同，激發出巨大，有時甚至是可怕的能量來。當這種敵人在這種社會內部時，我們會看到，一種制度，一種意識形態會成爲人們激烈批判的對象，而代表或象徵這種制度或意識形態的那部份社會成員就會成爲"人民公敵"，成爲"祭品犧牲"被送上"神聖事業"的祭壇。如果這種敵人在社會外部時，我們又會看到，國際政治關係會迎來一個風急浪高的時代。"文明間衝突"的戰鬥號角會驚天動地地吹響。

從一個受挫的轉型社會中崛起的羣衆性革命運動，也是一種充滿着反省意識和批判精神的運動。它會對造成先前社會苦難的特定現代化模式持一種徹底批判和徹底否定的態度。伊斯蘭復興運動在這一點上也不例外，它作爲對於伊斯蘭社會轉型期大苦難的一種"清算"形式，在對"現代化"、西方化和商品化這一類所謂的"苦難根源"問題上，表現出了自己極爲強烈的批判、否定和排斥情緒。這種抵制情緒難免會帶有一定的非理性色彩，會有一種否定先前一切的傾向，會在實踐過程中表現出一系列"矯枉過正"的做法，會在理論上有自己一整套東西從根本上否定"現代化"，否定"商品化"，否定"西方化"。把"西方"社會作爲自己敵人，是這種運動的普遍傾向。

從一個受挫的轉型社會中崛起的羣衆性革命運動，還是一個充滿了道德理想主義和希冀的運動。它們在批判那個全面失範的"舊世界"的同時，會憧憬、勾勒出一個理想的新世界，會倡導和追求一種嚴格的社會道德生活，會致力於一種新發展模式的開拓。我們看到，這樣的一種理想和必然地會和處在世界發展主流地位的那些社會發展模式形成一種鮮明的對照，會在理論上和實踐中對一系列重大問題形成自己截然不同的哲學世界觀。會形成一種使人們甚爲敏感的“人類使命意識”。

當然，以我們今天“過來之人”的經驗看，一個受挫社會的所有這些舉動對於探尋一條眞正的解放之路、現代化之路也許不會有什麼直接的幫助，而它想通過對外部世界的改造來實現自我價值的做法，也多半不會成功。它的使命也許只是“破壞破壞者”，即結束特定的現代化模式對社會的全面破壞。一般而言，這類強烈的反現代化激情經過一段時間後，會在現實面前，會在背離現代化的道路無法走通的情況下逐步得到某種揚棄。這也就是說，這一類大規模的羣衆性革命運動遲早會在時間的作用下，站到一個新的高度上重新反思自己，重新規劃自己。應該說，在這方面也許沒有什麼東西會比一個民族從自己的切身體會中吸取經驗和敎訓，然後作出自我調整更好的安排了。

鑒於轉型社會中羣衆性革命運動所具有的這一系列特徵，外部世界，不管是同一文明還是不同文明，最好是與這種運動保持一種寬容的態度。這既是體現一種政治人道原則，又是一種國家安全的需要。說它是一種政治人道原則，是因爲不應該“趁人之危”，落井下石。一個陷於“反現代化運動”的民族的確是一個不幸的民族，在時代的大潮衝擊下，在現代化挫折的打擊下，他們把一場後衛戰當做前衛戰來打，生活在一種虛幻的滿足感之中。他們否定他們前輩追求過的一切東西，摧毀現代社會發展所需要的所有基礎，把整個社會拋入一種“瘋狂”之中。他們在沒有發洩完因“挫折”而積累起來的巨大社會能量前，在沒有遇到新的重大挫折前，是不可能清醒過來，作一種全面反思的。因此，對這類社會持一種寬容態度，保持一定的距離，留一個時間、空間讓它們自我學習、自我總結，是十分必要的。如果外部世界在理解這一道理的基礎上還要加入積極反對、攻擊和干涉這類社會的行列，那麼我們講，這在政治上就是不道德的了。

說它是一種安全的需要，是指盡可能避免把這一社會積聚的高度能量引向外部世界，造成重大的國際衝突和戰爭。一個崛起於現代化挫折中的社會，是一個告別了昨日之困頓、軟弱、無力的社會，是一個同仇敵愾、具有一切行動潛力的社會，也是一個需要敵人和尋找敵人的社會。因此與之保持適當的距離，盡可能避免刺激它、激怒它，避免引火燒身，是外部世界的明智之舉。歷史表明，和這樣的一個社會為敵，作殊死戰鬥，結果往往是利少弊多，損失慘重。無論你自己最初認為有多少必勝的把握。

　　當然，外部世界有時會出現無法保持距離的情況，不管你如何理解，如何克制，如何冷處理，一個崛起於現代化挫折中的社會，就是指你為敵，就要向外輸出自己的“革命”，就是要用它全部的能量向外部世界挑戰，表現出這個社會與外部世界為敵的姿態。這的確是一種非常危險的狀態，因為外部世界的寬容、退讓都無法避免衝突的發生。在歷史上，這一類挑戰者總是最具危險性。因為在這種情況下雙方為之戰鬥的，不再是什麼具體的利益，而是整個兒的生活方式，這類戰爭沒有任何妥協的餘地，除非作戰雙方看不到徹底戰勝的前景。這類戰爭總是使原有的國際政治秩序出現結構性的“震蕩”，甚至重組。正因為如此，這一類挑戰一直成為近現代國際政治中最為棘手的問題，每一次的這類衝突，人類都為之付出了慘重的代價。在迄今為止的歷史中，這種最具危險性的挑戰已經構成過對人類存在本身的威脅，而隨着科學技術在當代世界上的長足發展，人類所擁有的毀滅性武器的多樣化、擴散化，崛起於現代化挫折中的社會的確有可能會再一次、也更嚴峻地把這個問題重新擺在我們大家面前。屆時，人類已不是在現代化和傳統之間或文明之間做選擇，而是在生存和毀滅之間做選擇了。

　　站在國際政治的角度來講，一個崛起於現代化挫折中的大規模羣眾革命運動，也許是今天文明世界最難於處理的問題。在世界近現代歷史上，人類文明的大廈曾不止一次地在這種運動面前顫動。而今天，只要看一下有那麼多的發展中國家都在努力發展自己的生化能力和核能力，你就可以想像，一個相互聯繫越益緊密的世界正面臨一種什麼樣的挑戰和考驗！如果伊斯蘭世界的情況不能得到改善，如果現代化對於眾多發展中國家來講還是那樣的艱難和痛苦，那麼，今天的汽車炸彈到明天也許就會形同兒戲了。在這個意義上，西方和伊斯蘭文明的關係的確是令人注目的。伊斯蘭復興運動對於伊斯蘭社會，對於世界經濟政治未來的發展來說，會留下自己的鮮明印記。

三、文明衝突的歷史和未來

今日的西方有很多人都在為冷戰時代的結束而慶幸，認為西方在半個多世紀的鬥爭中終於取得了徹底的勝利，不僅擺脫了共產主義這一"夢魘"，甚至還"終結"了歷史。西方文明對於自己"勝利"的陶醉，在某種意義上是可以理解的。然而，這一歷史事件的內在含義是不會由於西方人眼下的看法而凝固不變的。的確我們也許離這一重大的歷史事件的距離還太近，還很難擺脫情感的糾纏，還很難有一種恢宏的歷史感。我們發現，西方社會與人文科學中很少有人以一種宏大的歷史眼光將冷戰這一事件放到世界現代化的歷史進程中作一種通盤的考察和解釋，很少有人站在文化或文明衝撞變遷的角度來看待冷戰。即使像亨廷頓這樣被認為確實具有廣闊歷史視野的政治學家，竟也未意識到這一點。他對美國外交的反思和建言只停留在後冷戰時期，他認為在一個業已發生巨大變化了的世界上，帶有冷戰思維慣性的美國外交政策已不能適應一個多元文化的新時代了。如果沒有一種調整的話，後冷戰時代所存在的"文明衝突"也許會鬧到無法收場的地步。

亨廷頓的看法不是沒有道理的。但是問題在於，冷戰本身又何嘗不是一場"文明間衝突"呢？它所反映的又何嘗不是不同文明之間就哪種生活方式優劣問題而展開的全面競爭呢？又何嘗不是一種多元文化時代和"一元普遍主義"文化觀之間的衝突呢？顯然，要在先前東西方之間的"冷戰"和今天西方與伊斯蘭文明之間的"衝突"當中，畫出一條界限分明的鴻溝，那在邏輯上是不能自圓其說的。如果我們再追溯得遠一點，自近現代以來圍繞着現代化發展模式而展開的殊死鬥爭，哪一場又不是"文明間衝突"呢？當一個社會在現代化嚴重受挫時，突然幡然覺悟、改天換地似的以一種前所未有的狂熱批判昨天，嚮往和追求某種"全新的思想方式、生活方式"時，外部世界其實也都知道，他們面對的是一種"世界觀"和生活方式的挑戰，是傳統文明以一種改頭換面的形式向它們自己所無法一下子適應的特定文明模式的宣戰。我們有什麼理由把西方和伊斯蘭之間的矛盾和鬥爭稱爲"文明間衝突"，而把此前同樣性質的矛盾和鬥爭不稱作爲"文明間衝突"呢？正因爲如此，我們可以說，"文明間的衝突"並不是剛剛發生在冷戰結束後的一種全新歷史現象，而是貫穿在整個世界的近現代歷史過程之中、構成近現代國際政治鬥爭的一個重要內容。

如果我們把早期殖民帝國所引起的不同文明間的對抗和鬥爭放在一邊存而不論的話，那麼我們還可以看到，剩下的不同文明間的衝突，基本上都發生在"現代化受挫"之後所爆發的非常運動時期，發生在這個時期所爆發的羣衆性大革命運動之中。回顧歷史不難發現，文明衝突的重大事件，從法蘭西大革命到俄國革命再到中國革命，從德國法西斯崛起到日本軍國主義的猖獗，從拉丁美洲現代化歷史上的蹣跚步態到今日伊斯蘭世界的憤怒激蕩，都說明了這樣一點：沒有現代化進程的嚴重受挫，就不會有極端的反西方運動，因而也不大可能出現一種激烈的全球性生死對抗。

非西方文明並不是一心要和西方文明搞對抗。古老的傳統文明的確完全有可能在一開始就採取抵制和排斥外來文明的政策，但這種抵制和排斥很少採取非理性的大規模羣眾性運動的形式。而且在初期盲目排外被證明無效後，傳統社會一般來講都會產生一種自強的願望，都會採取積極行動借鑒、學習和引進西方文明的優秀成果。我們可以看到一種有規律的現象：一個社會在它以一種極端憤怒的大革命形式拒斥西方文明、拒斥現代化之前，往往都有過一個主動的、大規模的引進和西化的過程。因此關鍵的問題恐怕不是這些社會本質上不願吸取不願借鑒西方文明的優越之處，而是西方文明和這些文明沒有一種自然的親和能力。簡單化的借鑒總是造成無可收拾的巨大混亂，最終被逼上重返傳統的道路。因而如何解決"文化親和"問題，不致使引進的市場經濟體系和商品文化成爲一種勢不可擋的社會解構因素，這才是防止不同文明間衝突一再發生的最重要保障。

從總結文明衝突的歷史經驗角度來講，傳統社會有必要站在理論的高度認眞地反省自己在線性發展觀指導下的盲目性，反省自己急躁求快、想畢其功於一役的心理，以及反省自己既往進行變革社會的戰略和策略。沒有這樣一種反省意識，現代化受挫就有可能一而再，再而三地重現，成爲社會的一種週期性破壞震蕩因素，阻礙自身現代化的發展，也造成國際社會的動蕩不安。而對外部世界，尤其是西方社會來講，要克制自己輸出生活方式和文化價值觀的衝動，應當鼓勵發展中國家去探尋具有自己特色的現代化道路，應當爲這些國家轉型時期遏制社會矛盾的快速積累提供積極有效的援助和支持。我們應該看到，在我們所處的這個時代中，防止變革中社會爆炸性局面的出現，也許將成爲未來世界政治、人類和平所必須要加以考慮和研究的重大課題。一個在科學技術高度發展和高度普及化了的世界上，人們可能會發現自己已經無法承受"文明間衝突"可能帶來的代價。國際社會，尤其是發達國家，有必要在這個方面改變自己的外交政策和思路。新時代的國際和平投資有必要採取全新的形式。

然而，不無遺憾的是，當我們回顧和展望西方世界在這方面的表現時，可能會看到，美國的對外政策，大而言之，西方的對外政策，還從來沒有過一種比較徹底的多元文化共生共存、共同發展的視野。直到今天，一些西方領導人還在把推行自己文化價值觀和生活方式當做一項基礎政策掛在嘴邊，而沒有意識到其中所蘊含的危險意義。在另一方面，一旦遇到由現代化挫折造成的文明間對抗，西方國家很少去想，自己在惡果的形成中是不是有着什麼樣的文化責任，更不必去說反省自己在這方面政策上的失當了。西方國家在這個時候的典型做法往往先是推卸責任，認為這是那些扶不起來的"劉阿斗們"把事情搞砸了，繼爾又會積極地干涉和阻止那些由急劇推行西方化所造成的社會動蕩、社會革命，並把它們看成是第三世界國家民眾冥頑不化，保守愚昧，狂熱盲從的結果，看成是洪水猛獸，妖魔鬼怪，力圖大加撻伐。西方的這些做法不能不激怒一個處於非常狀態下的民族，不能不激化西方和這些社會之間的矛盾，造成激烈的"文明間衝突"。

展望未來，在一個科學技術已把人類緊緊地捆綁在一起的世界上，東方和西方，發展中國家和發達國家的確都需要一種新的多元文化世界觀來指導和處理相互之間的關係，需要以一種理解、同情和互助的精神去協同處理那些可能危及世界和平與人類生存的重大課題。如果說，迄今為止的"文明間衝突"因我們的無知而沒有加以積極預先防範的話，那麼我們希望，未來的"文明間衝突"不要因為我們的偏見和固執而發生。在這個意義上，世界未來的和平與人類未來的前景取決於我們今天的選擇。

第三節　文明間的和合與世界未來

　　人類文明的高度發展已經把我們緊緊地捆在了一起，文明或文化間的相互理解、共存與和合既是我們這個世界和平所提出的要求，也是人類面對未來不測挑戰的惟一資源。離開了"文化多元化"，離開了"文化多樣性"，人類就不會有自己的明天。

一、地球村與文明間理解的需要

　　在我們今天這個世界上，人們越來越能夠感受到各個國家和地區之間的距離在急劇地縮短。人員、資金、技術、信息、商品以及文化的跨國、跨地區間的流動以一種前所未有的倍增效應在增長。人類在經濟領域的合作已經從流通領域邁向了生產領域，商品市場經濟作為一種配置資源最有效的手段，也已經擺脫了主權國家國界的限制而走向了整個世界。人類對生產效率的開掘深度由此達到了一個空前的程度。馬克思在他那個時代聲稱，資本主義在短短二三百年時間中所創造的財富超過了人類先前一切時代所創造財富的總和。而今天西方的一位經濟學家則認為，世界歷史的"中點"似乎應該定在他所出生的那個年代，因為在他看來，他出生之後人類所創造的財富一如他出生前人類所創造的所有財富。

　　高度的有機聯繫使人類成就着先前一切時代都不敢想像的那些事業，這是值得人類驕傲的，更是西方文化值得驕傲的。因為所有這一切的基礎的確是西方文化所奠定的。今天的世界所達到的高度有機聯繫，使人們常常用一個術語來描述這一狀態："地球村"。的確，在我們今天這個世界上，幾乎每一個國家和地區都被籠罩在各種聯繫之中，無可逃脫。離開了全球性的交往和溝通，無論什麼樣的國家都注定要在激烈的競爭中被淘汰。

而從另一個角度來講，一個有着高度有機聯繫的系統又是一個相對脆弱的系統，它內在交往和溝通所形成的"內循環"在很大程度上有賴於所有子系統的密切配合、高度連鎖。今天很有一些貌不驚人的國家和地區，雖然在國際社會中很少有可能發揮重大的建設性作用，但卻完全可能具有巨大的破壞性能力。這一點雖然可能與大規模的毀滅性武器及其擴散有關，但更重要的也許是系統高度複雜化以後必然帶來的脆弱性。今天的許多恐怖份子還把政治目標作為自己的主要襲擊對象，如果在系統專家指導下襲擊敏感目標的話，單是少數恐怖份子就有可能使我們這個高度有機的世界癱瘓一個時期。

60年代，尼克松還未當總統時，就從美國大戰略的角度關注過中國對世界可能具有的影響，他曾在《外交》雜誌上撰文談起這個問題。他當時說了這樣的話，在我們這個小小的星球上，容不得十億最有才華的人民生活在憤怒的孤立狀態之中，來助長它的狂熱，增進它的仇恨，威脅它的鄰國。儘管尼克松對中國的關注後來被證明有着他均勢戰略構想的目的在內，但他對中國當時狀況的擔憂的確不是沒有道理的。

到今天，人們也許對這樣一個問題看得更清楚了。一個現代化嚴重受挫，為狂熱、為激情、為仇恨和憤怒所支配的社會會對整個世界造成一種什麼樣的威脅。人們今天極其關注伊斯蘭世界的核能力，關注他們在生化武器上的進展，克林頓和薩達姆在這個問題上的再三對抗，都不是偶然的。防止大規模毀滅性武器的擴散的確是當今世界安全的一個重要內容。

然而，人們在急切地關注這個問題時，似乎還沒有意識到，所有這些做法都只是一種"治標"而不是"治本"。興師動眾，勞民傷財所對付的只是一棵大樹上的個別果子，而不是這棵大樹本身。

伊斯蘭復興運動、原教旨恐怖主義、極端民族主義都是"現代化發展嚴重受挫"這棵大樹上的果子。如果整個世界不去關注這棵"大樹"本身，那麼即使我們躲過了伊斯蘭這個"劫難"，也還會面對其他躲不過的"劫難"。在這裡我們可能再一次深切地體會到，世界發展問題和世界和平問題那種內在的緊密聯繫。

對於國際社會來說，應該把防止發展中國家有可能出現的"現代化嚴重受挫"當做一個重大問題來對待。這當然不是說要國際社會去替代這些國家尋找一條現代化發展之路的努力。這種做法正如我們曾指出的，有百害無一利，甚至本身就可能是造成"現代化嚴重受挫"的重大原因之一。國際社會所需做的最重要事情莫過於促進文明間的相互理解。

這種"相互理解"首先就要求我們對那些在苦苦掙扎、尋求着新出路的"嚴重受挫"社會表示同情。人們需要明白，他們的某些非理性行為，他們的騷動不安，並非是常態，並非是某種不可改變的傳統或文化原因造成的，而是古老的社會機體在生死存亡之際所作出的本能反應，是社會在徹底解體、完全無序下嘗試為自己保留一條生路的普遍做法。這樣的一個社會所表現出來的一切，不管多狂熱、多激進、多理想化都是值得人們同情的。外部世界應盡其所能地向這些社會表示理解，表示善意，應盡可能地消解它對外部世界的仇恨，盡可能地留一個空間和時間讓它們進行自我學習和自我教育。

其次，人們對於那些正在探尋現代化發展道路的國家，應盡可能地給予一種"中性"的、"技術"的支持，幫助它們建立商品市場經濟所需要的良性發展環境，幫助它們建立和健全社會保障和社會保險機制。而對於它們走什麼道路則盡可能少指手畫腳，或支持一派，打擊一派。相反，外部世界甚至要在某種情況下，給這些國家過於激進的改革措施潑潑涼水。歷史經驗證明，現代化嚴重受挫的前提總是與斷裂性的社會變革以及與之相伴隨的全面腐敗密切相關。

當然，文明之間的理解不僅僅只需要一種同情和憐憫式理解。幫助古老的傳統文明和發展中國家開發自己的文化資源，完成社會現代化轉型還有着一種更爲深遠的歷史意義。這就是我們要在下面討論的問題。

二、文化多元化與文明和合

伊斯蘭復興運動在當代的再度崛起，如果從文化的角度來講，主要是提醒了我們要注意世界現代化進程中的文化特殊性問題。人類文明的諸多分叉形成於一個漫長的文明演進過程之中，它們在最初解決自己所面臨的各種挑戰時形成了很不相同的應戰方式，並在歷史發展的長河中逐漸固定了這種反應模式。這就構成了我們所謂的文化。否認文化中存在的這種差異，或無視這種差異，在現代化進程中要求“一刀切”的做法，已經被證明會給一種文化本身，也會給整個國際社會帶來極嚴重的後果。

當然我們在強調人類文化發展中所形成的差異中，也不能走向絕對化。在所有的差異中，的確有一種是屬於時間維度上的差異，那就是人們常常稱之爲先進、後進上的差異。在這個意義上的差異，是同一種應戰方式在發展程度上的差異，如果其他的條件沒有發生重大變化，那麼走在前面的文化的確向後進者預示了它的明天。在這種情況下，現代化模式的模仿甚至照搬，會節省很多時間和精力，可以少走很多彎路。

但人類文化發展中所形成的差異不只是只有時間一個維度，而且還有一個空間的維度。因此如果我們要以一張圖畫來標示出各種文化的坐標的話，我們所得到的將不是一張時間數軸圖，也不是一張平面分佈圖，而是一張“四維空間分佈圖”。不同的文明，可能和我們在既往線性發展觀指導下所形成的概念很不一樣，實際上並非出自一個起點，而出於同一個起點的文明也完全可能在發展中形成新的分叉。因此，當商品市場經濟向人類各種文明提出必須要適應它的這樣一個要求時，處於不同空間坐標點上的文明應該有自己相應的適應軌跡。在這裡，別人的成功經驗值得總結和借鑒，但是否能照搬，則需要具體情況具體分析。而對於那些原有應戰模式與之相差過大的文明來說，別人的"美餐"完全有可能成爲你的"毒藥"。如果再考慮到不同的國家，不同的時代發展自身現代化的不同環境、不同條件，那麼簡單化對待現代化發展模式就更不可取了。

在我們看來，人類文明在形成對商品市場經濟的適應模式時，儘管會出現很多不以人們意志爲轉移的"趨同"現象，但正如我們在前面所講的，真正成功的有生命力的趨同只能是一種"功能趨同"，是結合了自身傳統文化優勢的那種適應形式，而不會是機械模仿式的"形式趨同"。因而在現代化的發展進程中，大量的功能趨同完全有可能作爲一種文化創新而被"文化選擇"保留下來。這就會使人類文明仍然會因爲早先各自不同的文化傳統而在適應現代化過程中形成不同的分殊。從理論上來說，人類文明在面對未來不測挑戰時，既能從現在的發展模式的分殊中獲得所儲備的應戰能力，而且還會在新的應戰過程中形成新的分殊。

人類文化有差異本身應該來講是一個很正常的現象。不同的文化並不注定會形成"文明間衝突"，在近現代世界歷史上，普遍存在的是"先進"的西方文明對於其他文明所進行的侵略和威脅。其他文明向"西方文明"提出的挑戰，都是僅僅發生在現代化嚴重受挫時期的非常現象。不同的文化在邁向現代化道路的過程中出現分殊應該說絲毫沒有什麼可怕的，相反，正是這些能夠適應自身文化基礎的不同現代化模式的成功開闢，才能防止出現大面積的"現代化嚴重受挫"現象，才能防止由於這種社會內部高度的張力所引起的轉型社會內部的"結構性震蕩"，以及國際政治中的"結構性震蕩"。在這個意義上，文化的多元化就不僅是一種必然，而且還應是我們的一種"需要"。沒有文化的和合，我們也許就不會有我們人類的明天。

從國際政治發展這個角度來看問題，我們會發現，文明或文化之間的和合是一種時代的要求。在我們這個時代的科學技術發展，已使生產效率的進一步挖掘不能不涉及到超越主權國家的國界問題。然而歷史形成的民族國家，以及國家主權的概念是不可能輕易地作出讓步的。這有時不僅僅是一個認識問題，更是一個利益問題。

對於廣大的發展中國家來說，帝國主義、殖民主義在幾個世紀中殘酷的、毫無人道的政治奴役、經濟剝奪還難以忘懷；在現實的世界上，不合理的世界經濟政治秩序、西方國家無形的"文化霸權"、"信息霸權"，都還是一些十分真切的威脅。儘管民族國家的主權和國界在今天這個世界上已不是不可滲透的，但發展中國家依然將之作為保護自己的最後一道屏障，不肯輕易放棄。

對於發達國家來說，儘管它們佔據了競爭中優勢地位，是現有國際政治經濟秩序的既得利益者，它們也確實在竭力地倡導全球化，他們的"全球化"要求在很多人看來也不無問題。首先，他們的全球化是建立在"一元普遍文化論"基礎上，而不是建立在文化間的理解與和合基礎上。他們不遺餘力地在全世界各地推廣和鼓吹西方生活方式和文化價值觀念，並以此作為外交上劃分親疏的標準，在發展中國家裡製造"現代化困境"。其次，在國內選舉政治的壓力下，各發達國家實際上很難具有所謂的"全球視野"和"全球胸懷"，有時甚至相反，表現出極端的民族利己主義。發達國家變相的貿易保護主義政策，嚴而又嚴的移民政策，就是這方面最典型的表現。它們還在全力維護自己和發展中國家在生活環境和福利標準上的巨大差異的同時，指責發展中國家開放不夠。

回顧歷史，我們不能不遺憾地指出，人類文明在漫長的歷史時期裡的互動，總體上是以一種"零和博弈"方式進行的。而世界經濟在目前階段所倡導的那種"雙贏博弈"觀，實際上還遠遠沒有進入文化領域。在這個領域中，大家是指責得多，理解得少。顯然，人類文明的相互理解、和合友好還是一個需要我們共同努力去加以建設的目標。

文明間和合的重要，不僅表現在它是人類克服目前所遇困境的一種必然要求，它實際上還是人類對付未來不測挑戰的惟一手段。

三、迎接人類文明的未來挑戰

作爲人類的一種生存模式，西方文明的確是一種偉大的創造。它在最近的幾百年中獲得了巨大的成功。它在對自然征服的基礎上，使人類告別了自己的物質匱乏時代，將人類文明提升到了一個全新的階段。西方文明在取得自己重大的成功的同時，也把它的影響擴大和滲透到了世界上幾乎每一個角落，並由此而形成了一種對於其他文化的"選擇壓力"。不能不承認這是人類所取得的一個也許是最偉大的進步。

然而，西方文明的成功也伴隨着一種陰影，那就是它對於資源要求的遞增性增長，會使環境最終失去自己的支持能力。面對生態環境的惡化，不可再生性資源的短缺，人口的爆炸……這一系列的挑戰，人和自然之間關係的問題被提上了議事日程。

既往的人類文明很少想到過要做自然的主宰，它們改變環境的能力有限，對大自然的懲罰膽戰心驚，總是想與自然環境保持一種"和諧發展"的狀態。當然，人類這樣的生存方式也在改變着環境，破壞着人們所希冀的"和諧發展"。但總體上來講，這些文化對於自然的低開發水平，相對容易做到"人與自然之間的和合"。更重要的是，既往的人類文明中還有着一種抑制過度發展的機制，這就是我們在前面所講的"自我糾錯機制"。它通過周期性的破壞震盪，使文明在低發展水平上保持自己的"超穩定"。正如我們在第五章中所說的，這種文化在發展上的取向是努力獲得一種"變異環境中的穩定能力"，這也就是說，它有着較強的內在"抗變異能力"。也許正是因為這一原因，它們很少遇到自己歷史上沒有遇到過的麻煩。"太陽底下沒有新問題"的說法，完全符合這一類社會。也正因為這一點，這類文化在近現代老是發生"回歸傳統"的動盪，影響了它們自己社會的現代化事業發展。

西方社會在這一問題上和其他一切既往的文明都不同。它在文化取向上獲取了一種嶄新的"穩定的變異能力"。這也就是說，西方文化在自身的發展中，具備了一種高度的靈活性和變異能力，能在不斷變異和發展的情況下始終使自身保持一種動態的穩定。正因為如此，西方文明在征服自然能力不斷增強，從而給自身社會帶來許許多多新變化的時候，能保持自身的結構穩定而不陷入動盪。從發展方式來講，這屬於一種無限增長模型，因而能獲得巨大的競爭性優勢。尋求到這樣一種發展模式在人類歷史上也許還是第一次。整個人類的現代化事業實際上就建立在這樣一個基礎之上。向現代化邁進，也就是要使自己的社會發展模式能轉換成為這種"無限增長模型"。

迄今為止，西方文明增長模式向我們顯示的還是它優越的那個方面。而這種模式可能面對的麻煩問題還隱藏在背後。我們知道，"無限增長模型"儘管有着強大的自我發展能力和競爭能力，但它的生長和延續需要"外環境"能量的支撐。一旦外環境在能量支撐上面出了問題，這種發展模型連一天也維持不下去。系統科學告訴我們，這種發展模型從理論上來講，對外環境能量的需求是以"指數效應"倍增的,因此任何能量供應系統對於這種發展模型能量需求的滿足,都只能是暫時的。所以不難看到,這種增長在實際上是不可能達到"可持續性"這個要求的。舉一個自然界中最常見的癌細胞增長的例子就能看清這個問題。癌細胞的增長方式很典型地屬於這一類"無限增長模型",儘管癌細胞的初期增長對人體也許沒什麼大影響,但癌細胞惡性發展總會到這樣一個程度:破壞人體這個它所依賴的能量供應系統本身。而一旦達到這一程度,這種惡性發展自己也就走到了發展的盡頭。

正是在這個意義上,我們說,西方文明還沒有經受過歷史時間對它的考驗,它迄今為止所取得的成功,用文化演進的眼光來看,還是極其短暫的。人類文化發展到這個一步,的確已經在很大程度上達到了自己前所未有的成功。然而展望未來,它也將面對大量由其自身成功而帶來的問題。科學技術的高度發展的確能在很大程度上解決我們可能遇到的問題。但是,任何克服這些問題的手段又會產生更大的問題。這一"無限增長模型"無可擺脫的"悖論",實際上已經描繪了人類文明發展所可能具有的一個陰暗面。因此當天邊地平線上已經出現隆隆雷聲時,西方的某些人卻在愚蠢地鼓吹"歷史的終結",西方文明的"徹底勝利"。這真有點令人感到一種"文化暴發戶"式的淺薄。

人類今天已經在有意識地保護瀕臨滅絕的物種,知道所有這些攜帶着獨特應戰方式信息、能夠利用獨特生態資源的基因一旦被滅絕,人類也就會失去一種面對未來不測挑戰時可資利用的手段。因此的確難以想像,人們怎麼會對文化的滅絕可以如此掉以輕心甚至麻木不仁。難道多元文化的存在不是對於人類未來應戰能力的一種至關重要的先期儲備嗎?

從這樣一個角度講,人類文化的"多元和合"是我們這個世界在面對未來不測挑戰時的一種可貴資源,是應該大力加以保護和提倡的。離開了這一點，人類的將來就會變得沒有希望。也許讓我們站得更高一點，以一個造物主的眼光來打量一下我們這個地球，問題會更加清楚一些。在這種觀照方式之下，你會發現，人類社會只是我們這個星球上演化進程的一個晚近產物。在這個演化進程中，"多樣性"的保存和發展是一條貫穿在其中的紅線。西方文明的出現和成功，在某種程度上得益於它自己對於"多樣性"的有效發掘。展望未來，我們依然需要"多樣性"爲我們去創造明天。

嚴格地說，這已經不屬於"現代化視野"中的問題了，但卻是一個在現代化探討的結尾處必然會涉及的"後現代化"問題。也許對伊斯蘭復興運動的文化釋義的意義也包含着這一點吧。

參考書目

1. 彭樹智：《伊斯蘭教與中東現代化進程》，西北大學出版社 1997 年版。

2. 吳雲貴：《近代伊斯蘭運動》，中國社會科學出版社 1994 年版。

3. 周燮藩：《古蘭經》簡介，中國社會科學出版社 1994 年版。

4. 金宜久：《伊斯蘭教史》，中國社會科學出版社 1990 年版。

5. 吳雲貴：《伊斯蘭教典百問》，今日中國出版社 1994 年版。

6. 馬堅譯：《古蘭經》，中國社會科學出版社 1996 年版。

7. 金宜久：《當代伊斯蘭教》，東方出版社 1995 年版。

8. 蕭憲：《當代伊斯蘭復興運動》，中國社會科學出版社 1994 年版。

9. 羅榮渠：《現代化新論》，北京大學出版社 1993 年版。

10. 羅榮渠：《現代化新論續篇》，北京大學出版社 1997 年版。

11. 艾愷：《世界範圍內的反現代化思潮》，貴州人民出版社 1991 年版。

12. 王京烈：《動蕩中東多視角分析》，世界知識出版社 1996 年版。

13. 湯因比：《文明經受着考驗》，浙江人民出版社 1988 年版。

14. 梅棹忠夫：《文明的生態史觀》，中譯本，上海三聯書店

1988 年版。

15. 納忠等著《傳承與交融：阿拉伯文化》，浙江人民出版社 1993 年版。

16. 高惠珠：《阿拉伯的智慧：信仰與務實的交融》，浙江人民出版社 1994 年版。

17. 戴維森：《從瓦解到新生：土耳其的現代化歷程》，學林出版社 1996 年版。

18. 柯拉柯夫斯基：《宗教：如果沒有上帝……》，三聯書店 1997 年版。

19. 高鴻鈞：《伊斯蘭法：傳統與現代化》，社會科學文獻出版社 1996 年版。

20. T. 奧戴等著：《宗教社會學》，中國社會科學出版社 1990 年版。

21. R. 約翰斯通：《社會中的宗教》，四川人民出版社 1991 年版。

22. R. 鮑柯克等著：《宗教與意識形態》，四川人民出版社 1992 年版。

23. E. 夏普：《比較宗教學史》，上海人民出版社 1988 年版。

24. A. Ahmed：《後現代主義和伊斯蘭教》，英國 Routledge 出版公司 1992 年版。

25. E. Gellmer：《後現代主義、理性和宗教》，英國 Routledge 出版公司 1992 年版。

26. E. Karic：《〈古蘭經〉的解釋和伊斯蘭世界的命運》，《伊斯蘭研究》1997 年第 1 期。

27. W. Quandt：《處於變革邊緣的中東：21 世紀的展望》，《中東雜誌》1996 年第 1 期。

28. J. Salt：《土耳其的民族主義和穆斯林情感的興起》，《中東研究》1995 年第 1 期。

29. R.Motimer：《伊斯蘭敎徒、戰士和民主主義者：第二場
阿爾及利亞戰爭》《中東雜誌》1996 年第 1 期。

30. D. 諾思：《經濟史中的結構與變遷》，中譯本，上海三聯
書店 1991 年版。

31. 葉拉索夫：《文明的理論問題》，俄羅斯《近現代史》雜誌
1995 年第 6 期。

32. 凱費利： 《文化與文明》，俄羅斯《社會政治學》雜誌
1996 年第 2 期。

33. S.Huntington：《文明的衝突》，美國《外交》雜誌 1993
年第 3 期。

34. J.Kirkpatrick：《傳統和變革》，美國《外交》雜誌 1993 年
第 4 期。

35. S.Huntington：《文明的衝突與世界秩序重建》，美國西蒙
與舒斯特出版公司 1997 年版。

36. P.Hassner：《是文明衝突還是現代性辯證法》，法國《國
防》雜誌 1996 年第 4 期。

37. J.Huntington：《西方文明，珍貴而不獨特》，美國《外交》
雜誌 1997 年第 3—4 期。

38. F.Zakaria：《文化即命運》，美國《外交》雜誌 1994 年第
2 期。

39. G.Rest：《邁向全球信任的發展史》，美國宅得出版公司
1997 年版。

40. J.Gibson—Graham：《資本主義的終結》，美國布萊克維爾
出版公司 1997 年版。

後　　記

　　書稿作爲中國國家敎委的"九五"社科研究項目，在着手準備資料和開始寫作後才感到它的分量。首先是自己對伊斯蘭這個領域的相對生疏。儘管這些年來在這個領域中花費了很多精力，其成果也以論文和譯文的形式問世，但面對大量的資料和問題，總有一種力不從心的感覺。

　　其次是時間。由於較繁重的敎學和行政工作壓在身上，總無法有整段時間來從事思考和寫作。而今年又正值準備出國訪學，不免在忙中添忙，從聯繫學校到辦理具體手續，耗去了不少時間。這樣，剛寫了一半多的書稿又帶到了國外。在國外有了時間，但卻失去了中文資料的支持，這造成了很多的不便。加上最後交稿時間的限定，因而擺在讀者面前的這本書，實在是很粗糙，很不理想的。

　　然而，作爲引玉之磚，本書的確將自己在現代化發展道路及其諸多影響方面的思考，作了一個總結。這裡所提出的有關現代化發展問題的框架性思路雖然還不成熟，但作爲一個討論的基礎，還是非常希望能夠引起迴響，並得到方家的批評和指正。

　　在本書的寫作過程中，得到了不少友人的支持和幫助。鈕菊生老師夫婦幫助完成了整個書稿的打印工作；朱德米、宋雅浪和苗愛芳等幾位研究生幫助做了書稿的校對和傳送工作；中國政法大學的張桂林老師還特意從英國帶回了不少有關伊斯蘭復興運動的資料；

蘇州大學的潘桂明老師幫助安排聯繫了書稿的出版事宜；蘇州大學管理學院的任平院長對於書稿的評審也做了大量的工作；而夫人錢玉琦在資料的整理和電腦輸入方面更是辛苦有加。沒有他們的這些幫助，我的寫作是難以完成的。

在此謹向所有這些友人表示我個人的真誠感謝和祝福！

張　銘

1999 年 11 月